Tom Buschardt

Schlagfertiger durch ÄRGER-FASTEN

Tom Buschardt

Schlagfertiger durch
ÄRGER-FASTEN

VISTAS

Bibliografische Information der Deutschen Nationalbibliothek
Die Deutsche Nationalbibliothek verzeichnet diese Publikation in der Deutschen Nationalbibliografie; detaillierte bibliografische Daten sind im Internet über http://dnb.d-nb.de abrufbar.

1. Auflage

www.vistas.de

ISBN 978-3-89158-630-3

Illustration Umschlag: © indomercy/fotolia.com
Foto Tom Buschardt: © Kape Schmidt, Köln
Druck: TZ-Verlag & Print GmbH, Roßdorf

Für meine Söhne
Lars und Marc

Inhaltsverzeichnis

Vorwort

Wenn Sie dieses Buch wirklich lesen wollen, damit es Ihnen in einigen Situationen des Lebens mit Schlagfertigkeit weiterhilft, dann machen Sie sich besser schon einmal mit dem Gedanken vertraut, dass Sie anschließend von einigen Menschen weniger gemocht werden. Von anderen wiederum werden Sie mehr gemocht werden: Sie werden witziger wirken, Ihre sprachliche Eloquenz wird sich erhöhen und insgesamt machen Sie höchstwahrscheinlich einen ausgeglicheneren Eindruck. Das ist ein guter Tausch.

Wer schlagfertig sein will muss sich darüber im Klaren sein, dass er damit grundsätzlich seine Bereitschaft schärfen muss, andere vor den Kopf zu stoßen. Schlagfertig heißt ja wörtlich: Sich fertig machen für den Schlag. Aber dann bitte auch austeilen. Sonst nutzt das alles nichts. Das Austeilen sollte im Optimalfall mit einer Prise Humor und Eloquenz erfolgen und ohne jemanden nachhaltig zu beschädigen. Eher mit einem entkrampfenden Witz als einem Witz auf Kosten anderer.

Aber wir haben es immer wieder auch mit Zeitgenossen zu tun, die das Leben zur Hölle machen. Leider machen sie das nicht mit ihrem eigenen, sondern mit unserem. Und deshalb muss man sich zuweilen etwas heftiger wehren. Die Alternative ist: Man frisst den Frust in sich hinein oder gibt ihn im schlimmsten Falle an jemand anderen weiter, der gar nichts dafür kann. Fragen Sie sich immer: Was ist die Alternative?

Sie ärgern sich (dazu später mehr) über die Verhaltensweise eines Kollegen, über seine Macken und seine ständige Nerverei im Großraumbüro? Setzen Sie sich angemessen zur Wehr. Dazu müssen Sie Ihre Komfortzone verlassen. Die Alternative ist viel schlimmer: Ihr Frust steigt, Ihre Aggression nimmt zu, Sie gehen immer widerwilliger zur Arbeit, Ihre Leistung nimmt ab, das fällt auch irgendwann einmal Ihren Kollegen und Vorgesetzten auf … Die Abwärtsspirale nimmt immer schneller Fahrt auf.

Unser Bedürfnis nach Harmonie und Zuneigung ist dabei unser Hauptproblem. Das zeigt sich nicht nur in Partnerschaft, Familie und Freundeskreis, sondern leider auch gegenüber zahlreichen Fremden, die uns täglich begegnen und um deren Zuneigung wir buhlen, weil wir etwas von ihnen wollen, oder weil wir ohne deren gütige Mitarbeit unsere eigenen Ziele nicht erreichen können: Sachbearbeiter in den Ämtern, Busfahrer, Hotelpersonal, Handwerker, Monteure, Hausmeister, Taxifahrer. Oder in großen Unternehmen auch Kollegen anderer Abteilungen auf deren Mitarbeit wir angewiesen sind, die uns aber ungestraft hängen lassen können ohne dass es vom Unternehmen sanktioniert wird. Die fehlende Sanktion ist es, die uns im Arbeitsalltag in solchen Situationen frustriert sein und verzweifeln lässt. Schlagfertigkeit ist eine Sanktion, die wir sofort und höchstpersönlich anwenden können. Und wenn wir es geschickt machen, dann können wir auch gegen Vorgesetzte schlagfertig sein.

Bei Süßspeisen gibt es den schönen Spruch: „A moment on the lips – forever on the hips.“[1] Das gibt es auch mit unserem Ärger. Behalten wir ihn für uns, fressen ihn in uns hinein, bleibt er uns „ein Leben lang“ – oder zumindest für sehr lange Zeit – erhalten. Wir erinnern uns noch Jahre später an den Kollegen, der doof zu uns war und dem wir damals leider keinen zurückgegeben haben. Damit ärgern wir uns wieder über uns selbst und haben die Ärger-Kalorien weiterhin auf unseren Hüften. Betreiben wir Ärger-Fasten und belassen die Ärger-Kalorien bei demjenigen, der uns gerade übel mitspielt, bleibt unser Ärger-Polster schön mager.

---

1 „Einen Augenblick auf den Lippen, für immer auf den Hüften.“

Warum drehen wir den Spieß nicht einfach um und schlagen unsere Gegner mit ihren eigenen Waffen? Jemanden „beim Wort nehmen" – diese Formulierung passt gut zur Schlagfertigkeit. Es ist allemal besser, als ihn „beim Kragen zu packen". Worte können zwar auch Gewalt sein – aber wenn man sie dosiert einsetzt, können sie gewaltige Effekte hervorrufen.

Bei Kindern fragt man sich irgendwann einmal, warum man ihnen überhaupt das Sprechen beigebracht hat. Da frotzelt man sich ein wenig, die Stimmung steigt und die Sprüche schaukeln sich hoch: „Dann such ich mir einen neuen Papa." „Brauchst du nicht. Wenn Du weiter so machst, gebe ich Dich zur Adoption frei." Und der Junior antwortet wie aus der Pistole geschossen: „Du hast den Spaß gehabt – jetzt leb auch mit den Konsequenzen." Da muss man selbst aus pädagogischen Gründen nicht mehr unbedingt ernst bleiben.

In diesem Buch arbeite ich überwiegend mit Beispielen aus dem Alltag. Beispielen, wie ich sie selbst erlebt habe und Beispielen, die mir Teilnehmer in meinen Seminaren geschildert haben. Und es enthält solche, die während meiner Seminare entwickelt wurden. Es ist ein Buch voller Alltagsbeispiele, weil wir nur dann unsere Schlagfertigkeitskompetenz erhöhen können, wenn wir unsere Kommunikationskompetenz erweitern. Unser Alltag ist voller Trainingsmöglichkeiten – doch dazu müssen wir uns Kommunikationsmuster und Kommunikationsebenen von Menschen genauer anschauen. Wenn wir hinter die Kulissen schauen und wissen, wie deren Tricks funktionieren, die uns ständig Ärger bescheren, dann können wir diese Tricks selbst anwenden. Oder, was noch besser und effektiver ist, deren Tricksereien rechtzeitig erkennen und mit Schlagfertigkeit gegensteuern, ihnen den Wind aus den Segeln nehmen. Es sind Beispiele, wie sie Ihnen nach dieser Lektüre zu Hauf in Ihrem Alltag auch auffallen werden. Sie können mit diesen geschärften Sinnen künftig selbst solche Kommunikationssituationen rechtzeitig erkennen und mit ihnen trainieren.

Als Journalist habe ich vor 30 Jahren schon die Erfahrung gemacht, dass man im Prinzip immer im Dienst ist. Man nimmt Veränderungen in seiner Umgebung anders wahr, fragt nach, recherchiert – und am Ende kommt ein Beitrag dabei raus. Als Kommunikationstrainer ist es fast noch schlimmer. Ich habe – insbesondere in den Tagen unmittelbar vor einem Schlagfertigkeitsseminar – den verstärkten Drang, Dinge in der Kommunikation auszuprobieren. Einfach um zu sehen, was dann kommunikativ passiert. Als typischer Restaurantgast würde ich zum Beispiel vermutlich auf die Kellnerfrage „Sind Sie der Salat Pute?" nur mit „Hier bitte." antworten. Aber als Kommunikationstrainer kann ich diese Steilvorlage doch nicht ungenutzt liegen lassen. Ich muss einfach ausprobieren, was passiert, wenn ich darauf wahrheitsgemäß antworte: „Nein. Ich bin Tom Buschardt." Dieser Witz lässt sich noch weiterentwickeln, doch dazu später mehr.

Glauben Sie mir: Ich muss Schlagfertigkeit reichlich am eigenen Leib ausbaden. Beispielsweise wenn ich meinem Sohn sage: „Kannst du die Jacke bitte mal kurz halten?" und er sie dann nach zwei Sekunden fallen lässt, dabei grinst und sich freut, dass er den Kommunikationstrainer mal eben 1a vorgeführt hat: „Du hast gesagt: kurz!" Merke: Wer austeilt, muss auch einstecken können. In meinen Seminaren kann es vorkommen, dass von zehn Teilnehmern, die ihre Erwartungshaltungen definieren sollen, acht in der Vorstellungsrunde den Satz sagen: „Ich ärgere mich immer darüber, wenn …" Ich führe dann eine Strichliste und frage anschließend: Wenn wir immer sagen: „Ich ärgere mich darüber" – was sagt das eigentlich über uns aus? Wenn wir uns doch ärgern – warum machen wir es dann? Was finden wir so schön daran, uns zu ärgern? Oder sollten wir nicht langsam mal sagen: Mein Gegenüber versucht mich zu ärgern? Und dann sind wir schon bei dem, was wir als Grundlage benötigen, um Schlagfertigkeit überhaupt erst zu entwickeln: Gelassenheit und eine andere Sichtweise auf die Dinge.

Warum zum Beispiel heißt eines der erfolgreichsten Brettspiele „Mensch, ärgere Dich nicht!" und hat als Aufgabe, die anderen zu ärgern, indem man sie schlägt und zurück (ins Starterfeld) schickt? Ein Spiel mit dem Titel: „Mensch, ärgere Dich!" würde niemals ein Kassenschlager werden. Wenn Ihnen jemand auf den Fuß steigt – haben Sie dann Schuldgefühle, weil Sie Ihren Fuß so unglücklich unter den des anderen geschoben zu haben? Eben nicht. Aber warum haben wir das, wenn uns jemand ärgert und den Tag verdirbt, sodass wir meinen, ihm nicht Kontra geben zu dürfen und uns stattdessen beispielsweise den ganzen Tag über einen unfreundlichen Kassierer im Supermarkt ärgern? Wenn Ihnen jemand in die Suppe spuckt, greifen Sie dann zum Löffel und denken sich: „Naja, so viel Spucke war das jetzt ja auch wieder nicht – gemessen am Gesamtverhältnis der Flüssigkeit in meinem Teller"?

Warum ändern wir das nicht einfach? Betreiben Sie eisern das Ärger-Fasten! Hauen sich nicht den Bauch voll Ärger, das gibt ein unangenehmes Völlegefühl. Packen Sie die Kalorien des Ärgers den anderen auf den Teller. Da ist noch Platz.

Im Prinzip helfen wir diesen unangenehmen Menschen auch ein wenig dabei, selbst bessere Menschen zu werden. Denn wenn sie nicht irgendwann einmal merken, dass ihre Art andere Menschen kränkt, verärgert und ihnen den Tag verdirbt, dann können sie sich nicht weiterentwickeln. Also: Schlagen Sie nicht gleich mit dem sprachlichen Knüppel drauf – aber etwas Gegenwehr hilft Ihnen und den anderen ungemein. Denn oftmals ist es die bisherige Sicht auf die Dinge, die uns die Sicht auf die Lösungen versperrt. Und wenn wir diese Sichtweise nur ein klein wenig ändern, tun sich ganze Welten vor uns auf, die wir mit unserer Sprache und einigen einfachen Techniken selbst gestalten können. Das müssen wir trainieren. Durch Bücher. Durch Seminare. Und im täglichem Fitnesscenter der Kommunikation.

Tom Buschardt

Gelassenheit durch „Ärger-Fasten“

Jemand nimmt Ihnen die Vorfahrt, ein Fußgänger checkt seine E-Mails während er über den Zebrastreifen schlendert und Sie gerne weiterfahren möchten, ein Kollege lässt Sie im Meeting mit der Chefin auflaufen, die Kellnerin ist schnippisch, das Essen im Restaurant versalzen und ihr kleiner Sonderwunsch (Salzkartoffeln anstelle von Pommes) wurde nicht erfüllt. Die Werkstatt hat Ihr Auto doch nicht am Freitagnachmittag fertig gestellt (was Ihren versprochenen Wochenendausflug mit der Familie unmöglich macht), der Mann vom Telefonanbieter kommt irgendwann von Montag bis Freitag in der Zeit zwischen 9 und 17 Uhr und im Drive-in hat man Ihnen die falsche Bestellung mitgegeben, was Sie aber erst zu Hause bemerken.

Die alltäglichen Situationen, in denen wir aus dem Hemd springen möchten, sind vielfältig. Manche Dinge nehmen wir hin – andere nicht. Jeder von uns hat bestimmte Dinge, die ihn mehr ärgern als andere Menschen. Es sind unsere wunden Punkte – dort, wo wir besonders leicht verletzlich sind. Üble Zeitgenossen in unserem Umfeld nutzen das aus und legen gerne „den Finger in die Wunde“. Manche von ihnen tunken ihn vorher auch noch in Salz, damit es so richtig schön brennt. Dann beneidet man irgendwie Menschen wie den Dalai Lama, der immer fröhlich und ausgeglichen wirkt. Woher nehmen andere nur diese Gelassenheit?

Zugegeben: Es gibt Naturtalente, die es einfach drauf haben. Aber alle anderen können es lernen, indem sie bestimmte Faktoren analysieren. Dazu gehört es zum Beispiel Dinge, die wir nicht ändern können, als unvermeidbar zu akzeptieren. Fangen Sie mit dem Wetter an – das ist die einfachste aller Übungen. Gegen Regen, Kälte und Schnee gibt es inzwischen passende Kleidung.

Wenn Sie also frieren, dann liegt das nicht am (Scheiß-)Wetter, sondern an Ihrer schlechten Vorbereitung. Andere Dinge, insbesondere Eigenschaften von Mitmenschen für die wir keinen Erziehungsauftrag haben (also in der Regel alle, sofern Sie nicht in einem Erziehungsberuf oder als Schließer in einem Gefängnis arbeiten), müssen wir lernen zu akzeptieren. Bei Reisen fällt uns das am Leichtesten: Wir akzeptieren zum Beispiel die kulturellen Eigenheiten der Einheimischen (vorausgesetzt Sie sind keiner von jenen Touristen, über die *RTL2* so gerne in den Spätreportagen berichtet).

Was bringt es uns, wenn sich jemand mit dem Auto vordrängelt und wir uns anschließend die Seele aus dem Leib hupen? Verkehrsexperten haben untersucht, dass – wenn der Verkehr wieder fließt – der Hintermann bei normalem Sicherheitsabstand nur 1,2 Sekunden Zeit verliert. 1,2 Sekunden! Das bedeutet: Um auch nur 1 Minute Verspätung zu erleiden, müssten sich 50 Fahrzeuge vordrängeln. Jetzt, wo Sie diese Information haben: Regt Sie das noch auf? Gut, mögen Sie vielleicht jetzt denken: „Dann soll er uns mal erklären, dass man in der Stadt dadurch eine Ampelschaltung verpasst und dann wie ein Depp als letzter nicht mehr über die Kreuzung kommt." Richtig. Die Letzten werden die Ersten sein. Nehmen wir diesen Gedanken einmal auf. Es drängelt sich einer vor, der kommt deshalb noch über die Kreuzung und Sie stehen als erster an der roten Ampel und müssen warten. Die Ampelschaltung im Berufsverkehr dauert im Schnitt ca. 40 Sekunden. Sie verlieren also 40 Sekunden Zeit. Aber: Ist es nicht wesentlich stressfreier in den Ampelphasen als Erster der neuen Fahrzeugkolonne zu fahren? Na klar! Der Letzte hat doch immer den Stress: Komme ich noch über die nächste Ampel? Wieso fahren die da vorne noch nicht an? Kann der nicht mal das Handy weglegen, wenn er vor mir fährt und zum Vordermann aufschließen?

Bleiben wir im Straßenverkehr. Nun sind Sie es, der sich dazwischen drängelt. Ihr Hintermann flippt total aus. Er hupt wie wild und gestikuliert herum – meinetwegen auch nur mit einem hochgereckten Finger, den Sie deutlich im Rückspiegel erkennen können. Vermutlich mit der unverfänglichen Botschaft: „Schauen Sie mal. So lang ist der Mittelfinger an meiner rechten Hand." Was ist denn schon passiert? Zunächst einmal stehen Sie genau da, wo Sie stehen wollten. Punkt für Sie. Der Hintermann regt sich gerade furchtbar auf – Sie dürfen jetzt nur nicht den Fehler begehen, sich über dessen Aufregen selbst aufzuregen. Stattdessen nehmen Sie wahr: Ich stehe, wo ich stehen wollte – vor ihm. Er hat gerade viel mehr Stress als ich und ich erfahre, wie seine Hupe klingt. Da ich ihn aber nicht weiter beachte, verschlimmert sich die Situation für ihn leider nur noch mehr. Seine Reaktion auf Ihr Verhalten ist gewissermaßen der Schlagfertigkeitseinsatz, den Sie bewusst einkalkulieren. Es ist nichts Überraschendes, dass der Hintermann einen Hup-Anfall bekommt, wenn Sie sich davor drängeln – also kalkulieren Sie es bewusst ein und ärgern sich dann nicht darüber, dass sie nun durch eine „Behupung" bestraft werden, sondern freuen Sie sich, dass Sie Ihr Ziel erreicht haben.

Ein Seminarteilnehmer schilderte, dass er sich über einen Autofahrer geärgert habe. Dieser hätte sowieso an der Ampel halten müssen und deshalb wollte mein Teilnehmer als Fußgänger vor dem Pkw die Fahrbahn überqueren. Der Autofahrer hupte und fuhr bis zur roten Ampel vor. Mein Teilnehmer erschrak und ärgerte sich über den Autofahrer. Was der Seminarteilnehmer über den Autofahrer dachte, und was der Autofahrer über den Fußgänger dachte, war vermutlich identisch und sollte hier nicht schriftlich wiedergegeben werden. Mit der Gelassenheit müssen wir jetzt irgendwo anfangen. Also unterstellen wir beiden Seiten mal nur gute Gedanken.

Der Fußgänger könnte denken: „Oh. Er hätte mich überfahren und hat es mit einem akustischen Warnsignal verhindert." Der Autofahrer könnte denken: „Oh. Der arme, unaufmerksame Kerl wird gleich von mir überfahren. Da warne ich ihn mal besser mit der Hupe." Zugegeben: Vermutlich ist die hier nicht schriftlich wiedergegebene Variante wahrscheinlicher. Aber WISSEN tun wir es nicht. Es kann natürlich auch sein, dass der Autofahrer sich dachte: „Was soll ich ihn anfahren? Das kostet wieder Zeit und den ganzen Schreibkram mit der Polizei und so weiter." Das hoffen wir mal nicht, aber es könnte (!) ein Argument sein.

Hupen funktioniert für den Autofahrer nur, wenn andere das Hupen genau so interpretieren, wie er es gerne hätte. Denn im Grunde genommen kann die Hupe nur einen Ton von sich geben und nicht wirklich kommunizieren. Also: Warum tun wir ihm dann den Gefallen und folgen seinem Interpretationswunsch?

Die Hupe ist für den Fahrer in Griffnähe, er braucht nicht eloquent zu formulieren und sie hilft ihm sowohl über intellektuelle Unzulänglichkeiten als auch über generelle Sprachbarrieren hinweg. Die Hupe spricht gewissermaßen „Autofahrer-Esperanto"[2] und kommuniziert international. Das ist in Paris nicht anders als in Mailand, Berlin oder San Francisco. Wer (außer bei Gefahrenhinweisen) zur Kommunikation die Hupe benutzen muss, sollte eher unser Mitgefühl berühren als unser Ärger-Zentrum. Ein weiterer Tipp zum Umdenken für mehr Gelassenheit: Der aggressiv hupende Autofahrer ist eingeschränkt (oder besser: beschränkt) in seinem Intellekt. Denn in seinem Aberglauben geht er davon aus,

---

2 Esperanto ist eine Plansprache/Welthilfssprache mit dem Ziel, dass sie von möglichst vielen Menschen auf der Welt verstanden werden kann, ohne dass diese noch eine Fremdsprache klassisch erlernen müssten. Gewissermaßen der „kleinste gemeinsame sprachliche Nenner" für eine besonders einfache Form der Kommunikation.

dass sich durch Hupen ein Stau auflöst oder sich die Fahrbahn verbreitert. Er ist nicht lernfähig, dies spätestens nach der zweiten Wiederholung zu erkennen und sein Hup-Verhalten zu ändern. Er praktiziert nicht die Form des Warn-Hupens, sondern die des Straf-Hupens. Es vermittelt ihm die Illusion von mehr Gerechtigkeit auf der Welt. Er braucht unser Mitgefühl – nicht unseren Ärger!

Wie oft haben Sie über einen unangenehmen Zeitgenossen schon gedacht: „Er kann halt nicht aus seiner Haut heraus und ist einfach so doof"? Genau DAS ist korrekt: Niemand kann aus seiner Haut heraus. Und auch über den Schatten springen geht zumindest physikalisch nicht. Auch heute noch kennen Kinder den abfälligen Spruch: „Doof geboren – nix dazugelernt", den wir schon in den 1970er Jahren auf dem Schulhof als Ventil für unseren Ärger genutzt haben.

Eine wesentliche Ursache für den Ärger, den Sie empfinden, liegt in Ihrer persönlichen Haltung. Es beginnt in Ihrem Kopf: Wenn Sie zulassen, dass andere Menschen Sie ärgern können, dann geben Sie diesen Macht über Ihre Gefühle. Sie erlauben anderen, Sie in Ihren Handlungsoptionen einzuschränken. Sie begeben sich damit selbst in eine schwächere Position. Warum akzeptieren wir also nicht, dass Menschen so sind, wie sie sind?

Werfen wir dazu kurz einen Blick ins Tierreich: Dass ein Hund bellt und ein Vogel fliegt ist nichts Neues. Es ist nichts Besonderes, denn die Natur hat es so eingerichtet. Hund und Vogel verhalten sich also artgerecht. Genauso, wie die Löwin ein Zebra reißt. Wir denken zwar: Das arme Zebra – aber die Löwin macht als Raubtier nur gerade einen wesentlich besseren Job als das Fluchttier (Zebra). So ist die Natur. In meinen Kommunikationstrainings spreche ich beim Verhalten bestimmter Berufsgruppen auch gelegentlich von „artgerechtem Verhalten" und meine damit ein gewisses

Verhalten, das natürlich auch eine bestimmte Art der Kommunikation umfasst. So ist es etwa die ureigenste Aufgabe der Journalisten von *RTL-Explosiv*, *SPIEGEL-TV*, *Monitor*, *Panorama*, *Frontal 21* und vielen anderen, ihre Gesprächspartner zu bedrängen. Ihnen Dinge zu entlocken, die sie nicht unbedingt zugeben wollen, oder die sie in der Öffentlichkeit gerne beschönigen würden. Das ist ihr Job! Sie folgen also ihrer Natur, denn das ist auch eine der Aufgaben von Presse in einer demokratischen Gesellschaft.

Der Polizist bei der Alkoholkontrolle in der Silvesternacht wird streng zu uns sein, ein Notarzt der mit Blaulicht als Lebensretter zum Einsatzort kommt, wird sich trotz Regen draußen vor der Tür nicht die Schuhe ausziehen. Ein Notar wird auch bei kleinsten Abweichungen zweier Dokumente auf Präzision bestehen, ein Verantwortlicher für Qualitätsmanagement eine ganze Tranche von Waren sperren und ein Brandschutzbeauftragter herumquengeln, dass wir den Schreibtisch so nicht stellen dürfen. Meine Lektorin wird auf korrekter Rechtschreibung und logischen Zusammenhängen bestehen, und die Kassiererin im Supermarkt auf dem vollständigen Geldbetrag. Und so muss ich ein Kapitel noch einmal anpacken und neu überarbeiten – und Sie müssen noch einmal ans Auto laufen und die EC-Karte aus der Mittelkonsole herauskramen, weil Ihnen fünf Euro an Bargeld fehlen. Der Finanzbeamte besteht auf die Einhaltung von Fristen, die Bank auf Begleichung der Kredite und die Putzfrau darauf, dass Sie abends den Schreibtisch frei räumen, weil sie ihn sonst nicht abwischt. Die Textil-Reinigung besteht meistens auf Vorkasse und die Post darauf, dass Sie die Briefe ordentlich frankieren.

Wenn wir akzeptieren, dass Menschen sich gemäß ihrer Natur verhalten, dann können wir damit schon etwas gelassener umgehen. Wir akzeptieren folglich den Rahmen, in dem sie sich bewegen. Den Rahmen, in dem Kommunikation stattfindet und den Rahmen, in dem sich eventueller Ärger vermeiden lässt, indem wir die Naturgesetze respektieren. In vielen Zitate-Sammlungen findet sich das sogenannte Gelassenheitsgebet, das verschiedenen Urhebern zugeschrieben wird – je nachdem, wo man nachschlägt. Oft findet man es auch ganz ohne Bezug auf „Gott" als Gelassenheitsformel: „Gib mir die Gelassenheit, Dinge hinzunehmen, die ich nicht ändern kann, den Mut, Dinge zu ändern, die ich ändern kann, und die Weisheit, das Eine vom Anderen zu unterscheiden." Das ist deutlich mehr, als nur ein Kalenderspruch oder eine Bauernweisheit. Wir lernen dadurch nicht unbedingt zu akzeptieren, dass unsere Möglichkeiten eingeschränkt sind. Vielmehr lernen wir, dass es Gesetzmäßigkeiten gibt, die nur wenig oder gar nicht zu beeinflussen sind. Wir können nicht fliegen – aber wir können uns mit Flugzeugen kurzfristig darüber hinwegsetzen. Spätestens, wenn das Kerosin aufgebraucht ist, sind wir aber wieder da, wo wir zu Anfang waren. Ich kann also das Nicht-Fliegen-Können nur temporär austricksen und darf mich deshalb nicht darüber aufregen, wenn ich wieder auf der Erde bin. Ich kann mich nicht grundsätzlich dagegen entscheiden, zu essen. Aber ich kann (im Rahmen meiner finanziellen Möglichkeiten) darüber entscheiden, was ich esse und worauf ich einen Schwerpunkt lege.

In einer meiner früheren Firmen beschlossen die Kollegen und Kolleginnen in der Fastenzeit tatsächlich zu fasten. Aber sie dachten sich dabei etwas anderes aus, als die christliche Lehre es vorsehen würde: Eine Kollegin fastete „Räder" – machte also alles zu Fuß. Ein anderer fastete „Fernsehen", eine Kollegin wiederum „Haarspray" (was in diesem Fall das Erreichen der Klimaziele der Bundesregierung realistischer machte), eine weitere fastete „Auto". Einer fastete „Arbeit" und reichte Urlaub ein. Ich beschloss, „Ärger" zu fasten.

Das war eine schöne Zeit – und gut eineinhalb Jahre habe ich das auch konsequent durchgehalten. Ärger-Fasten. Kein schlechter Gedanke.

Und so einfach können Sie Ärger-Fasten umsetzen. Folgende Situation: Ein Dienstleister hat irrtümlich eine Rechnung zu hoch ausgestellt, aber bereits das Geld per Lastschrift abgebucht. Die versprochene Gutschrift lässt auf sich warten. Weil es sich um einen finanziellen Vorgang handelt, wählen Sie die schriftliche Kommunikation. Die erste E-Mail bleibt zwei Tage unbeantwortet, die zweite Mail, die Sie als Reminder schicken, enthält eine Frist: „Ich erwarte Ihre Antwort bis Dienstag [Datum], 12 Uhr." Die dritte Mail geht an Ihren Bankberater, der eine Rücklastschrift veranlasst, was den Zahlungsempfänger noch eine zusätzliche Bankgebühr kostet. Nach fünf Werktagen Schweigen erhalten Sie nun innerhalb weniger Minuten eine Reaktion. Ziemlich effektiv, oder? Der Dienstleister antwortet beispielsweise so: "Ich habe meinen Berg die letzten drei Tage abgearbeitet. Sie waren mit an erster Stelle … Wir kennen uns doch so lange." Das darf uns jetzt nachträglich kein schlechtes Gewissen machen. Hätten wir nicht doch noch weitere fünf Tage warten können? Hätten wir unseren Mails nicht noch einmal hinterhertelefonieren können? Hätten wir nicht noch eine dritte oder vierte oder fünfte Mail schicken können? Im Ärger-Fasten dürfen Sie sich nun nur maximal zwei zulässige Varianten durch den Kopf gehen lassen:

1. Wenn die Geschäftsleitung in fünf Werktagen Rechnungsreklamationen langjähriger Kunden nicht bearbeitet bekommt, dann ist die Firma definitiv schlecht organisiert.
2. Wenn die Verantwortlichen so einen riesigen Berg zu bearbeiten haben, laufen die Geschäfte ja spitzenmäßig. Da fallen zehn Euro Bankgebühren nicht so ins Gewicht.

Keine Sorge: Andere machen das mit Ihnen noch auf eine härtere Tour. Sie haben sich beispielsweise bei einem Online-Portal angemeldet (Dating, Auktion, Community usw.), aber vergessen die neue Kreditkartennummer zu hinterlegen. Das Portal haben Sie nun einige Zeit nicht mehr genutzt und die dort hinterlegten Nachrichten nicht gelesen. Die gelten aber rechtlich als zugestellt. Plötzlich gibt es Post vom Inkasso-Unternehmen oder ein Mahnbescheid vom Gericht. Was glauben Sie, wie schnell der Vorgang in Ihrer Agenda von Null auf Position eins rutscht? Sehr effektiv, oder? Demnach brauchen Sie kein schlechtes Gewissen zu haben, wenn Sie auch effektiv vorgehen – um vor allem Ihren Ärger zu vermeiden.

Ärger-Fasten macht den Kopf frei. Probieren Sie es aus.

Stellen Sie sich folgende Situation vor: Man ist in Eile, will aber noch schnell den halbvollen Kaffeebecher in die Spülmaschine räumen, hat aber schon beide Arme voll. Es kommt, wie es kommen muss in einer solchen Situation: Die Küche ist vollständig eingesaut, die Kleidung beschmutzt und der Becher auch hinüber. Eine Situation, die absolut dazu geeignet ist, komplett durch die Decke zu gehen. Nun zerlegt man die Situation in kleine Scheibchen: Kann ich etwas daran ändern, dass der Becher kaputt ist? Nein. Ist der Becher ersetzbar: Ja. War der Becher teuer? Unter 5 Euro – also eher nein. Komme ich zu spät? Ja. – Dann schicke ich mal eben eine SMS (erstes Ärgernis gelöst). Schnell durch die Küche wischen und die Scherben aufsammeln (zweites Ärgernis gelöst). Umziehen (Erkenntnis: Es sind mehr Kleidungsstücke da, als ich auf einmal anziehen kann – es ist also lösbar). In der Straßenbahn wird per Mobiltelefon schnell ein neuer Becher bestellt (Alternativ: Aus der Innenstadt mitgebracht). Fertig. Dauert keine zehn Minuten. Dazu muss ich aber einige Dinge grundsätzlich akzeptieren, dass die Natur dafür gesorgt hat, dass

- Kaffee schwarz und flüssig ist,
- eine weiße Küche zu haben meine Entscheidung war,
- mir einfach gelegentlich „Dinge" passieren,
- Porzellan zerbricht, wenn es herunterfällt,
- ich derjenige war, der das Porzellan fallen gelassen hat,
- man sich umziehen sollte, wenn man voller Kaffee ist,
- niemand verletzt ist,
- es eine praktische Sache ist, mehr Kleidung zu besitzen als eine Garnitur,
- es ja zum Glück SMS gibt,
- es inzwischen möglich ist, übers Internet zu bestellen.

Wenn Sie die Liste durchsehen, finden Sie schnell den Punkt, an dem das Denken ins Positive rutscht.

Menschen, die sich von Kleinigkeiten aus der Fassung bringen lassen, gelten nicht als souverän und man schreibt ihnen auch keinen klaren Verstand zu. Sie sind mit angewandter Schlagfertigkeit leicht aus der Fassung zu bringen, während man selbst ganz entspannt bleibt und aus dem Lachen nicht mehr herauskommt. Diese Menschen erfahren aber allerdings auch den enormen Nachteil, dass sie von ihren Vorgesetzten nicht für anspruchsvolle (und karrierefördernde) Aufgaben herangezogen werden. Wenn die sich schon wegen eines nicht-funktionierenden Tackers oder einer unhöflichen Kundenäußerung ins Orbit der großen Gefühle katapultieren – wie sollen sie dann erst einmal eine Restrukturierungsmaßnahme verantworten oder auch nur ein Team-Meeting mit kontroversen Gesprächspartnern leiten? Das ist vor allem in der unteren und mittleren Hierarchie-Ebene der Fall. Weiter oben wird dieselbe Eigenschaft anders interpretiert. In der Führungsetage ist das „Aufregen über Kleinigkeiten" dann wiederum als „Detailversessenheit" sehr geschätzt. Man muss auf dem Weg nach oben folglich seine Verhaltensweisen verändern, oder zumindest die Eigenschaft, Kleinigkeiten große Emotionen beizumessen, vorübergehend außer Kraft setzen. Halten Sie sich dabei an einige Grundregeln.

1. Lernen Sie „nein“ zu sagen und das auch durchzusetzen.
2. Prüfen Sie die Situation durch eine „externe Sicht“: Ist das jetzt hier wirklich so schlimm, oder sind meine Ängste etwas übertrieben?
3. Blenden Sie sogenannte XXL-Adjektive („total schlimmes Problem“, „katastrophale Entwicklung“) Ihres Gegenübers aus und bemühen Sie sich, Informationen wertfrei aufzunehmen.
4. Legen Sie sich einen Fluchtweg zurecht. Wenn die Situation zu eskalieren droht, verlagern Sie die Auseinandersetzung auf einen anderen Zeitpunkt. Das geht auch mit Vorgesetzten.
5. Vorsicht bei E-Mails. Wer sagt denn, dass eine Mail innerhalb von wenigen Minuten beantwortet werden muss? Emotionen schaukeln sich hier auf. Selbst wenn Sie die Mail gelesen haben – Ihr Gegner kann nicht wissen, ob Sie gerade telefonieren oder mit anderen Arbeiten beschäftigt sind. Bleiben Sie auf der Sachebene. Als unter Geschäftsführern unserer damaligen Firmen-Gruppe eine Auseinandersetzung von der Gegenseite mit einem immer größeren Verteiler sanktioniert wurde half nach zwei Stunden Nicht-Antworten der einfache Satz: „Ich kann leider nicht erkennen, dass der Sachverhalt durch einen größeren Verteiler ein anderer geworden ist“. Das wirkt Wunder.
6. Manchmal muss man stehen bleiben, sich umdrehen und kämpfen. Halten Sie einen Augenblick inne und prüfen Sie die Konsequenzen. Kurz-, mittel- und langfristig. Wie wichtig ist Ihnen Ihr Bonus, Ihre Reputation oder Ihr persönlicher Seelenfrieden? Kollegen, die uns im Büro ständig ärgern und

nerven, können zu einem viel größeren Problem werden, wenn man den Ärger in sich hineinfrisst, anstatt einmal den entscheidenden Konflikt zu suchen. Fragen Sie sich immer: Was ist die Alternative? Wenn Sie einen geregelten Job haben, den Sie noch 18 Jahre bis zur Rente ausüben möchten und der Kollege hat ebenfalls noch 18 Jahre bis zur Rente vor sich – wollen Sie dann wirklich so lange Frust schieben? Gehen Sie davon aus, dass Ihrem Gegner die emotionalen Folgen seines Verhaltens unter Umständen gar nicht bewusst sind.

7. Nutzen Sie andere Alternativen, die für Sie realistisch und sinnvoll erscheinen. Gelassenheit kann beispielsweise mit Entspannungsübungen erreicht werden, Atemübungen können helfen, andere wiederum probieren Hypnose aus. Hypnose arbeitet beispielsweise mit selbst-kreierten Wohlfühlorten, an die man sich selbst „beamen" kann. Diese Orte sollte man in ihren letzten Details für sich behalten. In meinem Ort gibt es beispielsweise eine Waldlichtung, einen See und den Geruch von Kiefern und Fichten. Mehr wird hier aber nicht verraten, sonst wird mir das dort zu voll.

All diese Übungen können Sie natürlich nicht erst anwenden, wenn Schlagfertigkeit gefragt ist. Aber sie helfen Ihnen dabei, insgesamt eine etwas andere Sicht auf die Dinge zu bekommen. Das geht nicht von heute auf morgen, bildet aber eine wichtige Basis dafür, dass sich eine alltagstaugliche Gelassenheit auch in Stresssituationen sofort abrufbar bereithält.

Der Leiter der Kulturredaktion eines *ARD*-Senders in dem ich arbeitete, stand vor der Herausforderung, einen mehrseitigen, völlig wirren Hörerbrief beantworten zu müssen. Wir zermarterten uns die Hirne, wie eine Lösung aussehen könnte und er schrieb einfach: „Vielen Dank für Ihr Schreiben vom … Ich habe Ihren

Brief mit großem Interesse gelesen. Mit freundlichen Grüßen …“ Diese Gelassenheit muss man erst einmal aufbringen, wenn man sich mit derartig wirren Gedanken beschäftigen muss, die zudem noch eine ganze Anzahl unsachlicher Beschimpfungen enthielten. Aber ist es nicht genau das, was wir mit Gelassenheit erreichen wollen? Einen klaren Kopf behalten, effektiv aus dem Problem herauszukommen und vor allem den Gegner in seine Schranken zu weisen, ohne dass wir ausfallend oder beleidigend werden müssen? Da hat offenbar gerade jemand reichlich Ärger-Fasten betrieben.

Als ich meine Ausbildung in der Systemischen Aufstellung machte, war die erste Sitzung der totale Alptraum für mich. Ich lebte damals in Scheidung, leitete zwei Firmen und mein Trainingsgeschäft lief bereits sehr erfolgreich und forderte ebenfalls vollen Einsatz. Ich hatte also den Kopf voll tausend verschiedener Dinge und wollte die Ausbildung möglichst schnell, effektiv und zielgerichtet hinter mich bringen. Wohlgemerkt: Nicht Erfahrungen zulassen und mich ausbilden lassen, sondern „hinter mich bringen“. Folglich machte ich den Opener in der Gruppe, damit das endlich mal losging und man sich nicht festquatscht. Ich wurde in die Mitte eines Stuhlkreises gesetzt, bekam einen kleinen Stoff-Raben in die Hand und wurde gefragt: „Was macht es mit Dir, wenn Du da jetzt mit dem Raben sitzt?“ Ich wäre fast geplatzt und durch die Decke gegangen. Da half am ersten Ausbildungstag nur kräftige und schmerzhafte Überwindung – an den anderen Tagen hatte ich mir vorher einige Entspannungsübungen zurechtgelegt und konnte mich darauf einlassen. Meine Ausbilderin bestätigte mir anschließend, dass sie am ersten Tag nicht dachte, dass ich die Ausbildung erfolgreich abschließen würde.

Das persönliche Grundgesetz

In den ersten Seminaren, die ich zum Thema Schlagfertigkeit und Gelassenheit gegeben habe, fiel im Laufe der zahlreichen Praxisübungen auch bei den gelungensten Vorschlägen der Teilnehmer immer wieder die Bemerkung: „Ja, das war jetzt schlagfertig, witzig und auch effektiv – aber das passt für meine konkrete Situation nicht." Es stellte sich heraus, dass die persönlichen Werte, das individuelle Verhältnis zu Familienmitgliedern, Freunden, Kollegen oder Vorgesetzten dabei eine wichtige Rolle spielten. Genauso, wie die Vorgeschichten, die das gegenwärtige Verhältnis der Akteure zueinander prägten und mitbestimmen.

Die Lösung ist ein persönliches Grundgesetz, das man für sich selbst oder in der Gruppe erarbeitet. Es bietet die Grundlage eigener Ziele und Werte, die man beim Einsatz von Schlagfertigkeit so dringend als Orientierungshilfe benötigt. Aber es dient nicht nur der Orientierung, sondern auch der Schnelligkeit, auf die es bei der Schlagfertigkeit ganz besonders ankommt. Lieber eine weniger eloquente Replik zum Gegner herüberschicken, als eine hervorragend ausformulierte Volte, welche meinen Gesprächspartner aber erst nach ein oder zwei Minuten erreicht – wo die Kommunikation schon wieder an einem ganz anderen Punkt sein kann. Darüber hinaus laufen Sie Gefahr, an Boden zu verlieren, wenn Sie sich minutenlang gedanklich mit einer passenden Antwort beschäftigen. Ihre Gegner werden Qualität nicht zu schätzen wissen – ihre Schnelligkeit wird aber (bleibenden) Eindruck hinterlassen. Glauben Sie mir: Auch mir fällt manchmal erst Stunden nach einer Situation die passende Antwort darauf ein. Es kommt nicht oft vor, aber es passiert. Dann ist der Ärger umso größer, denn mit dieser Lösung kann man nun nicht mehr punkten. Aber es macht schlauer fürs nächste Mal in einer ähnlichen Situation.

Damit Sie einen besseren Anhaltspunkt haben, was mit diesem persönlichen Grundgesetz gemeint ist, habe ich Ihnen hier eins aus dem Teilnehmerkreis meiner Seminare zusammengestellt, das auch einige meiner eigenen Paragraphen enthält, die ich für mich in Anspruch nehme und an denen ich mich zu orientieren versuche.

1. Dauerhafte körperliche Gebrechen meines Gegners sind von der Replik ausgeschlossen.[3]
2. Persönliche Schicksalsschläge meines Gegners sind von der Replik ausgeschlossen.
3. Es gibt keinen „Tag der Schlagfertigkeit" an dem ich losziehe, um meinen Mitmenschen schlagfertige Sprüche um die Ohren zu hauen, nur damit ich mich besser fühle.
4. Die beste Schlagfertigkeit ist die, bei der beide Seiten ihr Gesicht wahren.
5. Schlagfertigkeit ist ein berechtigtes Mittel, anderen ihre Sichtweisen deutlicher vor Augen zu führen, ihnen den Spiegel vorzuhalten.
6. Ich respektiere den Niedriglohn-Sektor und die Schwierigkeiten, mit denen die Angestellten dort konfrontiert sind.
7. Ich respektiere kulturelle und religiöse Besonderheiten. Sie sind von der Replik nicht grundsätzlich ausgeschlossen, aber ich gehe sorgfältig damit um.
8. Ich achte darauf, in welchem Kontext Aussagen in Ordnung sind und in welchem Kontext ich mit genau derselben Aussage verletzten könnte.

---

3 Ein verstauchter Knöchel kann ggf. genutzt werden („Ich glaube, Du hast dir nicht nur den Knöchel, sondern auch den Kopf verstaucht"), wenn es die Situation erlaubt – ein amputiertes Bein nicht („Ich glaube, Dir hat man nicht nur den Fuß, sondern auch das Hirn amputiert.").

9. Als Vorgesetzter bin ich bei Untergebenen eher „argumentativ schlagfertig“.
10. Wenn ich als Vorgesetzter austeile, muss ich einstecken können – sonst lasse ich es besser ganz.
11. Als Untergebener muss sich dafür sorgen, dass der soziale Status des Vorgesetzten gewahrt bleibt (keine Demontage!).
12. Bei Mann/Frau-Schlagfertigkeit achte ich darauf, dass Aussagen nicht sexistisch wirken.
13. Wenn mir jemand deutlich unterlegen ist, spiele ich meine Überlegenheit nicht ohne Grund leichtfertig aus.
14. Schlagfertigkeit bedeutet nicht, jemanden zu vernichten oder nachhaltig zu beschädigen.
15. Ich begegne meinem Gegner auf derselben Flughöhe mit meiner Replik, wie er in meiner Wahrnehmung hereingeflogen kommt.
16. In der Wahl zwischen Eskalation und Deeskalation entscheide ich mich eher für die Technik der Deeskalation, zum Beispiel durch humoristische Überzeichnung.
17. Verletze ich meinen Gegner unangemessen, bin ich bereit, um Entschuldigung zu bitten und nehme gegebenenfalls seine Überreaktion als Folge in Kauf.
18. Bemerke ich, dass ich unbeabsichtigt einen wunden Punkt meines Gegners getroffen habe, biete ich – auch zu einem späteren Zeitpunkt noch – ein klärendes Gespräch an.
19. Gruppen-Schlagfertigkeit gegenüber einem Einzelnen hat nichts mit Schlagfertigkeit zu tun, sondern ist die Vorstufe zum Mobbing.
20. In einem verbalen Schlagabtausch, akzeptiere ich es, wenn mein Gegner witziger ist und lache auch mal über mich selbst.
21. Ich nutze keine Dinge zu meinem Vorteil um andere „klein zu machen“, für die ich selbst keine Leistung erbringen musste.

Zum Beispiel: Nationalität, Geschlecht, Alter, Geburtsort, Elternhaus usw. Sehr wohl darf ich aber damit humoristisch spielen und ggf. Vorurteile/Eigenschaften/Erwartungshaltungen des Gegners darüber in der Schlagfertigkeit nutzen.

22. Ich spiele meinen sozialen Status nicht leichtfertig gegenüber anderen aus, die mir im sozialen Status unterlegen sind.

Zu Punkt 8 ein besonderer Hinweis: Zwei weibliche Auszubildende bezeichnen in einem Gespräch während der Mittagspause eine nicht anwesende Kollegin voller Hochachtung als „voll die coole Bitch" oder titulieren sich selbst als „Alpha-Pussies" – für die beiden ist das so lange in Ordnung, bis ein Kollege oder Vorgesetzter das wagen sollte, sie so zu nennen. In einem Unternehmen bekam ich mit, wie ein Abteilungsleiter laut über den Flur rief, damit die Mitarbeiter aus den umliegenden Büros endlich in den Meetingraum eilten. Einer von ihnen sagte dann halblaut zu den anderen: „Los Leute, der Muezzin hat schon zweimal zum Gebet gerufen." Das war lustig. Aber auch nur, weil der Abteilungsleiter kein Kollege mit arabischem Migrationshintergrund war. In DIESEM Falle wäre es vollkommen respektlos gewesen. Aussagen wie „Der Chef hält wieder Hochamt" sind also in Ordnung, wenn der Chef nicht gerade als absolut frommer Kirchgänger gilt. Sie sehen: Auf den Zusammenhang kommt es an. Deshalb ist es falsch, Standardformulierungen und Standardsprüche unterschiedslos in verschiedenen Situationen anzuwenden.

In meinen Seminaren bevorzuge ich bei der Tisch-Stuhl-Anordnung grundsätzlich ein offenes U. Das ermöglicht ein bequemeres Mitschreiben und auch etwas Schutz, wenn ein Teilnehmer in einem Schlagfertigkeits-Seminar zu Beginn vielleicht noch etwas zurückhaltender ist. Womit ich gar nicht arbeiten kann, ist der klassische Seminar-Stuhlkreis. Einmal hatte der Auftraggeber meines Seminars wohl eine falsche Bestuhlung bestellt und der Hausmeister daher mit viel Mühe alle Tische aus meinem Raum hinausgetragen. Der Referent im Nachbarraum hatte bereits das weit verbreitete Herzchen mit einem „lich Willkommen" aufs Flipchart gemalt und freute sich soeben über eine frische Lieferung Klebepunkte. Er hatte meine Tische. Ich dachte mir, „Stuhlkreis" passt viel besser zu ihm als zu mir. Also: Raum tauschen oder Tische schleppen? Ich schlug ihm den Raumtausch vor.

„Können wir vielleicht den Raum tauschen? Bei mir sieht es aus wie in einer Therapie-Stunde."

„Leider nein. Ich brauche die Tische hier."

„Dann muss der Hausmeister wohl noch mal ran."

„Welches Thema haben Sie denn?"

„Schlagfertigkeit. Und Sie?"

„Früherkennung psychischer Störungen bei Mitarbeitern."

Na, wenn das nicht mal ein hervorragender 1a-Superfettnapf war, in den ich da gesprungen war.

„Also wenn ich in einen Fettnapf springe, dann aber auch mit beiden Beinen und mit Anlauf."

„Daran habe ich keinen Zweifel"

Anders war die Situation nicht mehr zu bereinigen. Als Schlagfertigkeitstechnik habe ich in dieser Situation nur das Beschreiben des Offensichtlichen angewendet. Als Trainerkollegen wussten wir beide, dass ich mit meiner einleitenden Bemerkung „Bei mir sieht es aus wie in einer Therapie-Stunde" ziemlich danebengelegen habe. Kann passieren. Dann hilft nur eine Entschuldigung, oder die Beschreibung des Offensichtlichen. Mein Trainerkollege hat es aber genauso gemacht: Er hat meinen nassforschen Auftritt direkt mit der Trainertätigkeit in Bezug zur Schlagfertigkeit in Verbindung gebracht: „Daran habe ich keinen Zweifel."

Jeder kann jeden besiegen

Werfen wir einen kurzen Blick in die Natur. Das schnellste Säugetier der Welt ist der Gepard. Er erreicht an Land eine Spitzengeschwindigkeit von 120 Stundenkilometern. Die schafft er aber nur für gut eine Minute – danach braucht er 20 Minuten Pause zur Regeneration. Ein klassischer Sprinter. Gelingt es seinem Beutetier aber durch raffiniertes Hakenschlagen, ihn 61 Sekunden an der Nase herumzuführen, dann sieht der Gepard ziemlich dumm aus. Steckt man den Gepard ins Wasser, ist der Delfin mit 90 Stundenkilometern klarer Sieger. Holen Sie den Delfin an Land, macht er einen ziemlich elenden Eindruck. Oder nehmen wir ein Auto-Quartett. Besiegt der Ferrari den Smart? Vermutlich. Beschleunigung, PS, Höchstgeschwindigkeit, Hubraum – alles keine Frage. Fragt man aber beim Aufeinandertreffen der beiden Karten nach der Kategorie „Verbrauch“, wird der Smart als Sieger hervorgehen.

Für Dreharbeiten hatte ich zwei Flugdrohnen angeschafft und machte meine ersten Probeflüge im freien Gelände. Mein Sohn beobachtete das eine Weile und fragte dann etwas irritiert „Was machst Du denn da?“ – mit einer deutlich negativen Betonung auf dem „Du“. Ich antwortete, dass ich versuchen würde eine Acht nach der anderen zu fliegen um die Drohne bei Dreharbeiten für Kunden professionell einsetzen zu können. „Gib mal her, ich zeig Dir wie das geht“ – sprach's, nahm sich die Steuerung und flog eine perfekte Acht nach der anderen. Seine Kernkompetenz durch Videospiele hat ihm hier geholfen. Einen Image-Film kann er deshalb nicht konzipieren, redaktionell umsetzen und vertonen – aber für die Drohne ist er klar im Vorteil.

In der Schlagfertigkeit verhält es sich ähnlich. Wir müssen akzeptieren, dass wir Schwächen haben. Sei es, dass jemand unseren wunden Punkt treffen könnte oder wir es bei ihm ebenso tun könnten. Oder dass uns jemand überlegen ist, den wir aber an anderer Stelle wieder auf dem falschen Fuß erwischen könnten. Irgendwo gibt es immer einen Menschen, der etwas besser kann als wir selbst. Nicht unbedingt in unserem Kernbereich der Kernkompetenz, wohl aber in anderen Fertigkeiten. Deshalb verlieren Sie als Erwachsener im Memory gegen eine Siebenjährige.

Für uns Menschen ist dies eine wichtige Erkenntnis: Jeder kann jeden besiegen – er muss nur die richtige Kategorie finden, oder – und das ist dann die Alternative – muss den Gegner auf das Terrain locken, wo er selbst im Vorteil ist. Meistens ist das unser Fachgebiet im Job oder unser Hobby, in dem wir uns sicher fühlen und etwas besser auskennen als die meisten Mitmenschen in unserer direkten Umgebung. Oder es ist das Ergebnis der Informations-Sendung, die wir zufällig gestern Abend gesehen haben und die uns noch ein wenig im Gedächtnis ist.

Vielleicht ist das auch der Grund, weshalb die Erde rund ist: Wir bilden auch mit unseren Fähigkeiten und Defiziten einen Kreislauf. Der eine kann fischen, ist aber ein schlechter Rechner. Der gute Rechner kann vielleicht nicht Kochen und der gute Koch hat keine Idee von Quantenphysik. Und da es in unserem Leben manchmal aufs Kochen ankommen und manchmal auf Quantenphysik, ist die Erde einigermaßen in der kommunikativen Balance. Wir müssen uns nur die Mühe machen, genau die Ressourcen zu heben oder weiter zu entwickeln, die wir benötigen um ebenfalls einmal die Nase vorn zu haben.

Wenn Sie von Tiger Woods zum Golf herausgefordert werden, haben Sie vermutlich schlechte Karten. Aber vielleicht spielen Sie besser Skat als er? Kein Grund also, vor einem Tiger Woods grundsätzlich vor Ehrfurcht zu erstarren.

Allgemeinbildung ist eine unserer stärksten Waffen!

Je höher die Allgemeinbildung, desto umfangreicher sind unsere Möglichkeiten. Das klingt etwas nach Muttis Mahnungen während der Schulzeit – aber da ist etwas dran. Allgemeinbildung ermöglicht es uns, Dinge in einen neuen Zusammenhang zu setzen. Das wirkt intelligent, flexibel, witzig. Aber es trägt auch dazu bei, dass wir in größerer Gesellschaft beim Smalltalk nicht beim Thema „Wetter" intellektuell bereits „out of stock" geraten. Je höher die Allgemeinbildung, desto größer unsere Chancen, unangenehme Situationen mit Schlagfertigkeit zu überbrücken, auszugleichen und Ärger zu vermeiden.

Schlagfertigkeit entsteht auch dort, wo man Fachsprache in andere, neue Zusammenhänge setzt. Politisch unkorrekt verhält es sich beispielsweise mit den beiden Begriffen „Ricke" (jagdlich für „junges Reh") in Bezug auf eine junge Frau oder gar dem noch abschätzigeren Begriff „Stöckelwild" für eine weibliche Jägerin oder eine „zur Jagd freigegebene Frau". Es ist nicht ansatzweise zu empfehlen, eine halbwegs selbstbewusste Frau als „Ricke" oder „Stöckelwild" zu bezeichnen. Zum einen weil es frauenfeindlich ist, zum anderen wegen der zu erwartenden Sanktionen. Rechnen Sie besser fest damit, dass sie sich sehr zeitnah in eine „Rachegöttin aus der römischen Mythologie"[4] verwandelt.

Dominante und etwas eitle Vorgesetzte werden gerne als „Platzhirsch" bezeichnet – im Grunde genommen aus der Jägersprache der „stärkste Hirsch im Revier zur Brunftzeit". Hier tun wir dem dominanten Vorgesetzten mit „Platzhirsch" natürlich streng genommen Unrecht, aber der Begriff wird von den Zuhörern richtig verstanden werden, ohne dass sie einen Bezug zur sexuell

4 Furie.

motivierten „Brunft“ herstellen. Unter Jägern ist es Brauch, beispielsweise dem Fuchs bei der Jagd eine Chance auf Entkommen einzuräumen. Das nennen die Jäger „waidmännisch Jagen“. Wenn also im Meeting Kollege A nach allen Regeln der Kunst vorgeführt wird und man dessen Mängel bei der geleisteten Arbeit offen ausbreitet, dann kann – sofern beide Seiten den jagdlichen Fachbegriff kennen – beispielsweise mit der Formulierung „Das war jetzt aber nicht waidmännisch von Ihnen“ eine leicht humorvoll eingefärbte Kritik an der Vorgehensweise der Mitarbeiter gegen Kollege A vorgebracht werden. Andere wiederum, die mit Kollege A sehr mitfühlend sind, würden eher von einer „Treibjagd“ oder „Kesseltreiben“ sprechen.

Überhaupt ist unsere Sprache geprägt von den Jägern. So sprechen wir davon „jemanden zur Strecke bringen“, was eigentlich meint, dass das erlegte Wild nach der Jagd mit der rechten Seite nach unten in einer Strecke auf den Boden gelegt wird. Oder man sagt mit Blick auf eine wenig erfolgreiche Kampagne „Wir haben jetzt den ganzen Etat verblasen“ und greift dabei das traditionelle Totensignal, das jeder erlegten Tiergattung nach Ende der Jagd zu letzten Ehre geblasen wird, zurück. Alleine über die Jäger und ihre sprachliche Durchdringung unseres Alltags könnte man ein eigenes Buch schreiben. Aber auch aus anderen Branchen entnehmen wir Begriffe, die dann wiederum witzig werden, weil sie aus einem anderen Zusammenhang stammen.

In Firmen etwa kommen verschiedene Menschen zusammen, die unterschiedliche Definitionen über das angemessene Verhalten auf betrieblichen Toiletten ihr Eigen nennen. Es dauert in der Regel nicht lange, dann hängen die ersten selbstgebastelten Hinweisschilder zur Benutzung von Toilettenbürsten an den Türen, meistens mit scheinbar lustigen Grafiken aus dem Internet. Zuweilen muss sich auch ein Vorgesetzter per Dienstanweisung dazu äußern, wenn die betriebliche Eskalation schon ernsthafte Formen angenommen hat. Das sind dann echte Führungsaufgaben, die wiederum zu einer Gegenreaktion der Belegschaft führen. Da ist dann schnell von der „SoKo Toilettenbürste" die Rede oder – etwas prägnanter – vom „Streifenpolizisten". „Streifenpolizist" ist kein lustiges Wort. Ist es aber die Replik auf den Chef und seine Toilettenbürsten-Dienstanweisung, kann es sein Bouquet voll entfalten.

Im Sinfonieorchester kommt dem sogenannten „1. Konzertmeister" eine besondere Bedeutung zu. Umgangssprachlich kennen wir ihn als „ersten Geiger", da der Konzertmeister aus der Gruppe der sogenannten „1. Violinen" stammt. Er ist – die Musikwissenschaftler mögen mir die Vereinfachung bitte verzeihen – so eine Art „stellvertretender Dirigent". Er steht in der Hierarchie des Orchesters folglich sehr weit oben. Die Formulierungen „Der spielt mal wieder die erste Geige", „Der will mal wieder die erste Geige spielen" oder „Der hält sich wohl für den ersten Geiger" sind im allgemeinen Sprachgebrauch üblich. Schlagfertigkeit erreichen Sie zum Beispiel dadurch, dass Sie diese Formulierungen einfach als bekannt voraussetzen. Jeder kennt den Begriff „erste Geige spielen". Sie wandeln beispielsweise ab: „Der hält sich wohl für André Rieu!" Nun hat, streng genommen, der Geiger André Rieu in seinem Orchester wiederum einen klassischen ersten Geiger sitzen, aber auf solche Feinheiten kommt es bei Schlagfertigkeit nicht an. Bedingung ist natürlich, dass der Gegenüber weiß, dass André Rieu an prominenter Stelle Geige spielt und er in der Lage ist, die Verbindung selbst herzustellen. Vielleicht wäre für die Pointe aber auch David Garrett eine Alternative zu André Rieu. Ferner gelten die Konzerte von André Rieu nicht als besonders anspruchsvoll für den gehobenen Klassikliebhaber. Es schwingt demzufolge der unausgesprochene Vorwurf der „leichten Kost“ mit. Ein Restrisiko bleibt bei Schlagfertigkeit immer. Sie setzt voraus, dass der Gegner zumindest die gleiche oder vergleichbare Allgemeinbildung vorweist, wie man selbst.

Weitere Begriffe, die sich aus der klassischen Musik ableiten sind „taktvoll“, „aus dem Takt geraten“, „er gibt den Takt an“, „er dirigiert uns herum“, „mit Pauken und Trompeten“, „Auf in den Kampf, Torero!“, „Da hat er jetzt seinen Triumphmarsch!“ oder auch „Er meint, das wäre große Oper und am Ende ist es (wieder) nur Operette!“ Ist die Dekoration für die Firmen-Weihnachtsfeier mal wieder etwas zu schwülstig geraten, würde auch ein „Hier sieht es ja aus, wie in Bayreuth!“ passen. Damit wären dann nicht die netten Häuschen aus der Bayreuther Altstadt gemeint, sondern eher der Bezug zu den Wagner-Festspielen. Wagner-Opern gelten als besonders schwer und – je nach Inszenierung – für überladen, schwülstig.

Nehmen wir an, sie wollen das merkwürdige und etwas in Boshafte abdriftende Verhalten eines Kollegen scherzhaft und überspitzt kritisieren und sagen „Du darfst auch nicht mit Wasser in Berührung kommen oder nach Mitternacht gefüttert werden“ dann setzt dies voraus, dass der Empfänger Ihrer Replik (und eventuell noch die Umstehenden) *Gremlins kleine Monster*“[5] kennt.

Kollege A ist Grafiker einer Werbeagentur und beginnt das Wochenmeeting mit einer erneuten Argumentation für seine bereits mehrfach zu Recht abgelehnten Entwürfe. Etwas genervt unterhalten sich die Kollegen B und C darüber:

„Jaja. Der A geht wieder mal in Berufung.“

„Aber sein Plädoyer ist voller Leidenschaft.“

---

5 Zwei Fantasy-Filme, bei denen sich ein süßes kleines Monster durch Wasserkontakt vermehrt. Seine „Kopien“ zeichnen sich durch besonders asoziale Charakterzüge und Hässlichkeit aus.

„Die Geschworenen [also die Belegschaft] / den Richter [den Chef] bekommt er damit nicht überzeugt."

„Wenn er da mal nicht am Ende in der Todeszelle sitzt." [Strategie: maßlose Übertreibung]

„Stimmt. Das letzte Mal hatte er schon Bewährung."

„Diesmal mache ich aber nicht den Bewährungshelfer für ihn."

„Aber wir leisten hier im Meeting gerade echte Sozialstunden."

Sie bleiben also in der Sprache der Juristen und machen sich ihrer Verärgerung oder Genervtheit Luft. Ein Schlagfertigkeits-Ping-Pong, über das A sich vielleicht ärgern mag, wenn er es denn mitbekommt, das aber nicht ehrverletzend oder beleidigend ist. Wie oft ärgern wir uns über Kollegen, die das Meeting unnötig aufhalten, weil sie das Offensichtliche nicht erkennen wollen oder erkennen können? Verschaffen wir unserem Frust doch etwas Freiheit. Wir verschaffen uns mit Schlagfertigkeit Luft – zum Atmen, zum Denken und zum Handeln.

Ein Wort an dieser Stelle zur politischen Korrektheit. Salvador Dali hat einmal gesagt, dass man unendlich kreativ sein kann, wenn man erst die Grenze zum guten Geschmack überschritten habe. Das mag auf Menschen wie den selbsternannten „König von Mallorca" Jürgen Drews als Lebensmotto und die Berichterstattung über ihn in der *BILD* funktionieren – für die Schlagfertigkeit sollten wir das nur als Übungsfeld einsetzen, weil wir sonst Gefahr laufen, andere in unserem Umfeld maßgeblich zu verletzen.

Hier ein Dialog zwischen Chef und seinen Monteuren. Die machen gerade in der Werkstatt Pause, der Chef kommt dazu:

„Was seid ihr denn für eine Schläferzelle?"

„Wart mal ab. Hier ist gleich Bombenstimmung."

Beides ist nicht politisch korrekt, aber die Replik bleibt im Bild „Terrorismus". Der Chef setzt auf den Begriff „Schäferzelle" als eine

Werkstatt (Zelle), in der gerade nicht viel los ist (Schläfer). Der antwortende Monteur bleibt im Terror-Sprachbild und antwortet mit „Bombenstimmung". Das geht und ist in Ordnung. Allerdings nicht, wenn wenige Tage zuvor tatsächlich ein Terroranschlag verübt wurde. Hier kommt es folglich auch auf den Gesamtzusammenhang an.

Elmar „Elmi" Hörig, ehemals quotenstarker Star-Moderator bei *SWR3/SWF3* und inzwischen politisch umstritten, lässt diese Grenzen unter seinem Label *Kultcomedian* weit hinter sich. Als die Nachrichten die Meldung verbreiteten, dass ein Mann seine Frau an einem Seil um den Hals hinter dem Auto hergezogen habe und die Frau dabei lebensgefährlich verletzt wurde kommentierte Hörig: „Abendessen vorbei! Lecker. Dreh noch 'ne Runde mit dem Auto. Natürlich mit der Frau im Schlepptau." Als bekannt wurde, dass ein des Mordes und Folter Beschuldigter offenbar bei *RTL* in einem Bewerbungsverfahren für eine Reality-Show angemeldet war, schrieb Hörig: „Höxter Bestie bewarb sich bei ‚Bauer sucht Frau'. Drama. Baby! Wenn's da mal ein paar Tote gäbe, wär's auch nicht so schlimm." Ein gewisser „roter Faden" seiner Kommunikation ist durchaus erkennbar. „Elmi" wohnt inzwischen als Rentner auf Lanzarote, kümmert sich dort liebevoll um Katzen und postet weniger Zärtliches auf *Facebook* und *Twitter*. So nennt er Angela Merkel öffentlich auf seinem *Twitter*-Kanal *Kultcomedian* etwa „Rautenlilly" und eine „fleischgewordene Flüchtlingsdrohne". Bitte beachten Sie: Brachial-Komik ist ein absolutes Nischen-Segment. In Kinofilmen oder TV-Serien wie *Stromberg* („Wenn Du als Chef einen Furz lässt, fordert der Betriebsrat gleich eine Lärmschutzwand.") ist das witzig, weil es bekannte Büro-Charaktere maßlos überzeichnet – aber auch pointiert. Die Serie *Stromberg* war auch deshalb ein riesiger Erfolg, weil jeder Mensch in den Angestellten oder Chefs Charakterzüge von bisherigen Bürokollegen wiederfinden konnte. Selbst die Übersteigerung von Stromberg (der ja bereits eine Übersteigerung ist) in der *Switch*-Parodie als Hitler in „Obersalzberg" hält noch genügend brachial-komische Ansätze für uns bereit, um darin aus der Distanz Bekanntes wieder zu finden. Für allgemeine Schlagfertigkeit ist diese Technik der Brachial-Komik in der Wirklichkeit nicht seriös zu empfehlen, aber als politisch-unkorrektes Übungsfeld (ohne Publikum, eher in Gedanken) durchaus eine gute Gelegenheit, Schnelligkeit bei der neuen Zusammenstellung von Sachverhalten und Begrifflichkeiten zu trainieren. Man muss ja nicht jede Pointe, auf die man in seinen dunkelsten Gedanken kommt, an die Öffentlichkeit lassen. Die Gedanken sind frei. Das gesprochene Wort nicht.

Die Allgemeinbildung braucht nicht ein umfassendes Studium, auch wenn es sich an vielen Stellen als nützlich erweisen kann. Aber wie gehen wir zeitlich damit effektiv um, wenn wir Schlagfertigkeit trainieren möchten? Wir können keine Enzyklopädien durchackern nur für den Fall, dass wir vielleicht einmal etwas davon für eine schlagfertige Replik gebrauchen könnten. Da wären Aufwand und Nutzen in keinem sinnvollen Verhältnis zueinander, schließlich leben wir nicht nur zur sprachlichen Selbstverteidigung, sondern auch, um mit anderen Dingen im Leben Spaß zu haben. Wir müssen uns folglich etwas breiter aufstellen, unsere Interessen und den Medienkonsum etwas breiter fächern, damit wir möglichst viele Ansatzpunkte haben. Darüber hinaus entsteht dadurch in unserem Umfeld (beruflich wie privat) der Eindruck, wir hätten auf Alles und Jedes eine Antwort. Im freundschaftlichen Frotzeln wird man uns deshalb häufiger herausfordern (wodurch wir in Übung bleiben und täglich nebenbei Schlagfertigkeit trainieren) und im beruflichen Umfeld wird man uns eher in Ruhe lassen, wenn sich unsere Repliken als effektvoll erwiesen haben (wir haben Probleme gelöst und sind gelassener – und dadurch erfolgreicher – im Job).

Allgemeinwissen unterscheidet sich nicht nur zwischen verschiedenen Bildungsniveaus, sondern auch von Generation zu Generation. „Sarah Lombardi" musste ich zum Beispiel nachschlagen. Die Frage ist natürlich, welche Mittel und Methoden für mehr Allgemeinbildung besonders zeitsparend und effektiv sind. Jeder Deutschlehrer oder Rechtschreibschwäche-Therapeut wird bestätigen: Ohne Lesekompetenz keine Sprachkompetenz.

Gehen Sie in einen gut sortierten Zeitschriftenhandel und schauen einmal bei Special Interest-Titeln nach. Schon in meiner Kindheit gab es *PM* – eine Zeitschrift zu überwiegend naturwissenschaftlichen Themen, leicht und verständlich aufbereitet. Die geht in meiner Familie gelegentlich an meine Jungs als Lektüre. Und ja: Ich schau da auch ab und zu rein. Genau wie in *GEOlino* oder die *GEO*. Nehmen Sie sich die Zeit. Auch eine Reportage über Krabbenfischer auf *DMAX* dient der Allgemeinbildung, so lange nicht bei *Bauer sucht Frau* schon Sense ist mit der Saat. Sie lesen jetzt doch auch. Solche Special Interest-Titel geben schnell und punktuell etwas mehr Allgemeinbildung in den Kopf. Heben Sie sich die Ausgaben nach Möglichkeit auf, falls sie später einmal etwas nachschlagen müssen. Vertrauen Sie nicht unbedingt *Wikipedia* in kritischen Details. Es hat seinen Grund, dass Universitäten *Wikipedia* bei akademischen Arbeiten nicht als Quelle akzeptieren.

Natürlich ist das auch eine Generationenfrage. Als ich freier Mitarbeiter der *Kölnischen Rundschau* war, mussten wir vor (!) der Arbeit mindestens drei lokale und eine überregionale Tageszeitung gelesen haben sowie deren wichtigste Inhalte auf Nachfrage parat haben. Das ist jetzt 30 Jahre her. Wer in der Fernsehnachrichten-Redaktion nicht mindestens drei Sendungen der Hauptkonkurrenzsender geschaut hatte, sah in der Redaktionskonferenz ziemlich alt aus. Später, als Leiter einer PR-Agentur, konnte ich schon froh sein, wenn eine durchschnittliche Mitarbeiterin morgens 20 Minuten Frühstücksfernsehen geschaut hatte vor der Arbeit. Wohlgemerkt das Frühstücksfernsehen von *SAT.1* – nicht das von *ARD/ZDF*.

Opa erzählt von früher? Das mag hier auf den ersten Blick so aussehen. Aber nach 20 Jahren im Trainingsgeschäft und auch bei zahlreichen Seminaren zum Thema „Schlagfertigkeit" haben genau diejenigen Teilnehmer/innen die besten Ergebnisse bei Übungen zur sprachlichen Flexibilität, die viele unterschiedliche Medien und Quellen konsumieren, Bücher und Zeitschriften regelmäßig lesen und sich darunter auch ein nennenswerter Anteil anspruchsvoller Qualitätsliteratur befindet. Unabhängig, ob Sachbuch oder Belletristik. Die Position im Unternehmen ist dafür nicht zwingend entscheidend. Sie können nicht generell davon ausgehen, dass jemand in einer höheren Position automatisch über eine höhere Allgemeinbildung verfügt, auch wenn es häufig der Fall ist, weil Menschen mit größerer Allgemeinbildung eine flexiblere und erfolgreichere Arbeitsweise nachgesagt wird und sie deshalb vor Beförderungen leichter und intensiver wahrgenommen werden. Dennoch erlebe ich in Seminaren immer wieder, dass auch Menschen mit einem niedrigeren Schulabschluss in der Summe eine höhere Allgemeinbildung aufweisen, als manch ein Abiturient. Von diesen Menschen wird allerdings eine ganze Reihe klassischer Medien genutzt – vom Fachbuch bis zur Bildungsreise.

Lesen kostet Mühe – das gilt auch für mich! – angesichts günstiger und verlockend attraktiver Streaming-Dienste, die inzwischen auch auf dem Mobiltelefon überall verfügbar sind. Nicht immer schaffe ich meine Zielvorgabe im Schnitt zwei Bücher pro Monat zu lesen (eins aus beruflichen Gründen und eins aus persönlichem Interesse).

Es kostet Überwindung. Im Zweifel hilft ein Hörbuch – auch wenn das selbst lesen einen nachhaltigeren Effekt hat. Konsumieren Sie (gelegentlich – aber mit steigender Freude) Sparten-Medien wie *Arte*, *Deutschlandfunk* oder die Informationsprogramme der *ARD*-Hörfunksender wie z. B. *WDR 5* oder *BRinfo*, *Auslandsjournal* oder *Weltspiegel* im TV. Eine lange Autofahrt kann man gelegentlich mit *NDR/MDRinfo* nutzen. Nicht nur mit Musik.

Sie lesen regelmäßig *DIE ZEIT*, oder die *Süddeutsche Zeitung*? Sehr gut. Aber kaufen Sie sich dann ab und zu mal das *Goldene Blatt* oder *Coupé*. Und anders herum. Wenn Sie gerne *auto motor sport* lesen oder *Bunte*, kaufen Sie ab und zu mal *FAZ Quarterly* oder *Manager Magazin*. Sie sollen nicht das Eine durch das Andere vollständig ersetzen. Nur gelegentlich mal unter und über den Tellerrand schauen: Welche Themen beschäftigen diejenigen, die wir als „Subkulturen" bezeichnen? Was interessiert die wesentlich Älteren, die wesentlich Jüngeren? Lesen Sie als Frau mal den *Playboy* und als Mann die *Freundin* oder *Brigitte*. Als Vater muss ich mich derzeit in Mangas einlesen, um nicht den Anschluss zu verlieren.

Schlagfertigkeit bedeutet auch, Zusammenhänge blitzschnell zu erfassen, sie umzudeuten und dann neu zu artikulieren. Umdeuten kann man aber nur, wenn man weiß, wohin man umdeuten kann. Dafür braucht es Munition im Kopf – und die ist in unserer Medienwelt reichlich vorhanden. Wir müssen uns nur aus der „Berieselungs-Anlage-TV" entfernen. Übrigens eine interessante Beobachtung: Fast jeder aus meinem privaten und beruflichem Umfeld, der fürs Fernsehen arbeitet oder arbeitete, hat zu Hause für die eigenen Kinder strengere TV-Nutzungsregeln aufgestellt, als man das bei Nicht-TV-Eltern vorfindet. Oder einmal weniger politisch korrekt nachgefragt: Warum kostet eine Flasche Wodka beim Discounter nur 4,49 Euro und Fernseher können nicht gepfändet werden?[6] Gibt es einen Kausalzusammenhang zwischen diesen beiden Tatsachen?

Eigene Regeln vermeiden „Ich ärgere mich"

Darüber hinaus sollte man sich konkrete Verhaltensweisen ebenfalls als Regeln festlegen. Eine meiner persönlichen festen Regeln aus der Rubrik „Geringere Bedeutung" lautet: Ich laufe keiner Straßenbahn und keinem Bus hinterher. Zu oft hat man es als Schüler oder junger Erwachsener erlebt, dass einem die Tür direkt vor der Nase zu gemacht wird. Das scheint eine Veranlagung der städtischen Angestellten zu sein – oder es ist eine subjektiv geprägte und damit verfälschte Wahrnehmung. In jedem Fall liegt der Ärger bei mir, denn der Busfahrer hat seinen Bus ja sowieso bekommen. Mit der klaren Regel: „Ich laufe keinem Bus hinterher" vermeide ich also die Konfliktsituation. Der Preis, den ich dafür zahlen muss: Ich komme im Zweifel etwas zu spät. Das mag angesichts großstädtischer ÖPNV-Verbindungen umsetzbar sein – wenn ich in einem ländlichen Gebiet eine Stunde auf den Bus warten müsste, würde ich die Regel sicher noch einmal überdenken müssen.

Eine weitere Grenze ist, dass ich bei wirklich unzureichender Dienstleistung, zum Beispiel im Restaurant nur ein kleines, oder sogar gar kein Trinkgeld gebe. Das bedeutet nicht, dass man Fehler die passieren können, gnadenlos abstraft. Aber wenn ein Kellner auch nach dreimaliger Aufforderung zum Flaschenbier in einem Restaurant

---

6 Selbst bei pfändbarem hochpreisigen Flat-TV findet nur eine „Austausch-Pfändung" statt. Das bedeutet: Der Gepfändete bekommt die Möglichkeit, auf einem anderen, billigeren Gerät, weiter TV zu schauen.

kein Glas bringt und sich mit „sofort“, „gleich“ oder „bringt der Kollege sicher bald“ herausredet, während das Bier schon langsam die Idealtemperatur eines guten Rotweins annimmt, dann frage ich mich, warum ich ihn an diesem Ärger nicht etwas teilhaben lassen kann. Ich kann nur dann gelassen sein, wenn ich eine Sanktionsmöglichkeit nutze, die mir als Gast zur Verfügung steht. In diesem Fall sitze ich also im Anzug mit meinem Ältesten im Restaurant. Der lernt natürlich von Papa, dass man im Restaurant seine Limo nicht aus der Flasche, sondern aus dem Glas trinkt. Und da soll ich mein Bier aus der Flasche an den Hals setzen? Also Gang zur Theke, nachdem ich bereits zehn Minuten auf ein Glas gewartet habe.

„Sie geben mir jetzt ein Glas.“

„Mache ich gleich.“

„Nein Jetzt! In diesem Augenblick! Keine Diskussion!“

Später am Tisch dann folgender Dialog:

„Wir haben heute viel zu tun.“

„Das sehe ich. Und deshalb ist es auch in Ordnung, wenn es etwas länger dauert. Aber Sie hatten von der Theke bis zum Tisch zwei Flaschen und ein Glas auf ihrem Tablett. Das hat mit einem vollen Restaurant nichts zu tun.“

„Ich dachte, Sie trinken das aus der Flasche.“ [Damit räumt er ein, dass die eigentliche Motivation eine ganz andere war, nämlich Nachlässigkeit gegenüber dem Gast.]

„Ich sitze hier mit meinem Sohn und trage einen Anzug. Wenn da draußen demnächst mein Motorrad steht, und ich im Biergarten auf der Mauer hocke – DANN können Sie mir mein Alkoholfreies in der Flasche servieren. Jetzt und hier im Restaurant nicht.“

Zu streng? Zu hart? Kann sein. Aber ein Restaurant, wo die Vorspeise zwölf Euro kostet, sollte gewisse Ess- und Trinkgepflogenheiten seiner Gäste richtig einschätzen können. Wir haben dort übrigens bei anderen Gelegenheiten auch schon eine Stunde auf unser Essen gewartet, ohne dass es zu einem Konflikt kam. Hier also einige Selbst-Regeln zur eigenen Orientierung, die sie natürlich beliebig ergänzen, erweitern, umformulieren oder streichen können:

1. Wenn ich mit einer Dienstleistung unzufrieden bin, äußere ich das.
2. Je nach Höhe der Unzufriedenheit gebe ich nur ein kleines oder gar kein Trinkgeld.
3. Wer sich mir (oder meiner Familie) gegenüber auf eine bestimmte Art und Weise verhält, ist definitiv unten durch.
4. Jemand, der mir (im übertragenen Sinne) durch die Beete läuft und die Blumen umknickt, bitte ich nicht noch zu Kaffee und Kuchen herein.
5. Von meinem Recht auf Reklamation mache ich angemessen Gebrauch.
6. Ich akzeptiere das „artgerechte Verhalten“ aller Berufsgruppen als Basis für meine Kommunikation.
7. Ich laufe keinem Bus oder Straßenbahn hinterher.
8. Handwerker, die unangekündigt 20 Minuten zu spät kommen, treffen mich zu Hause nicht mehr an.
9. Handwerker, die auf (!) meinem Grundstück schon bei der Vorbesichtigung ihre Zigarettenkippen auf dem Boden austreten oder in die Blumenbeete schnipsen, werden nicht beschäftigt.
10. Werden von Dienstleistern meine Bedürfnisse nicht respektiert und Absprachen missachtet, habe ich die Bereitschaft zu einer angemessenen Eskalation.
11. Firmen, die von mir einen Auftrag wollen und nicht auf die Mailbox sprechen, werden nicht beauftragt, da diese Vorgehensweise nicht zeiteffektiv sein kann.
12. Ist ein Verkäufer unfreundlich, verlasse ich das Geschäft – selbst, wenn ich das Produkt unbedingt haben möchte.

Der Versuch, uns als Kunden sprachlich zu gängeln, ist bei Unternehmen jeder Couleur sehr groß und bedarf eines gewissen intellektuellen Widerstandes. Nehmen wir als Beispiel *Starbucks*. Dort bestellen Sie sich keinen kleinen, mittleren oder großen Kaffee. Sie haben die Wahl zwischen „venti", „tall" und „grande". Laut Dictionary bedeutet „tall" im Deutschen „groß" und „grande" bedeutet im Deutschen „groß". Wie jetzt? Sie haben also die Wahl, zwischen venti, groß und groß. „Venti" stammt aus dem Italienischen, bedeutet „zwanzig" und lässt laut *Starbucks*-Denkweise einen Hinweis auf die Größen-Einheit 20 oz (flüssige Unzen) zu. Machen Sie den Venti-Test und bitten im Freundes- oder Kollegenkreis jemanden 20 flüssige Unzen in ein Glas einzufüllen und die Menge richtig abzuschätzen. Das geht mit 0,2, 0,3 oder 0,5 l sehr gut – bei 20 flüssigen Unzen wird das ein echter Partyspaß. 20 flüssige Unzen sind übrigens fast 0,6 ml. Faktisch haben wir also die drei Bechergrößen: groß, groß und groß. Ich mag da altmodisch sein, aber klein, mittel, groß ist irgendwie übersichtlicher, selbst wenn die kleinste Größe schon recht viel Flüssigkeit haben sollte. Das Unternehmen hat definitiv eine andere Kommunikation als wir. Deshalb werden die Mitarbeiter dort angehalten, die (falsche) Bestellung des Kunden in der richtigen Sprachregelung von *Starbucks* beiläufig zu wiederholen. Man spottet bereits über „Starbuckisch", aber so erzieht sich ein Konzern seine Kunden in der Hoffnung, dass sie demnächst gemäß der *Starbucks*-Regeln bestellen. Gehen Sie einmal zu *Subway* und bestellen dort ein einfaches Standard-Sandwich. Also nicht unbedingt das „Sub des Monats", sondern auf Altmodisch: „Käse/Schinken-Brot". Danach dürfen Sie ein Quiz beantworten nach Brotsorten, Soßen, Käsesorten, Schinkensorten, Remouladensorten … Bringen Sie Zeit mit und vor allem etwas zum Essen für zwischendurch – denn das dauert jetzt eine ganze Weile.

Sie bitten Ihr Kind sonntags vom Bäcker noch ein paar „Müslibrötchen“ mitzubringen. Sie erhalten aber nur „Normale“, weil das Kind sagt: „Müslibrötchen hatten sie nicht.“ Das mag juristisch gesehen richtig sein, denn die heißen je nach Bäcker schließlich Fitnessbrötchen, Joggingbrötchen, Haferrosinen, Marathonbrötchen oder haben noch bescheuertere Namen. Die Verkäuferin beim Bäcker übersetzt nicht den Kinder-Ausdruck „Müslibrötchen“ in das korrekte „Markenprodukt“ und ordnet das richtig zu (sie müsste folglich eine gedankliche Transferleistung erbringen). Es ist schließlich Sache des Kunden, gemäß der Beschriftung zu bestellen. Das Kind ist von der ganzen Auswahl sowieso erschlagen und spekuliert darüber, ob das Geld noch für einen Muffin mit Farbstreuseln reicht. Eine Umsatzbeteiligung des Verkaufspersonals (Müslibrötchen sind teurer als „normale“) würde das Personal vielleicht kommunikativ etwas motivieren. Aber auch nur „vielleicht“. Dafür haben Bäcker, weit und breit kein religiöses Bauwerk in Sicht, „Abtei-Brötchen“ im Angebot. Kinder können für uns Erwachsene in solchen Momenten sehr entlarvend sein:

„Mama, was sind denn Abtei-Brötchen?“

„Also … ja … die sind eckig. Das sind so welche, die haben oben so Körner … und einen etwas dunkleren Teig.“

Glauben Sie mir: Das Kind hat keinen Schimmer, ob es die mögen könnte oder nicht. Die Verkäuferin beim Bäcker antwortet schon viel konkreter und ist eine echte Hilfe bei der Information:

„Was sind denn ‚Abtei-Brötchen‘?“

„Diese hier!“

Noch Fragen?

Ich rufe bei der Hotline eines Softwareanbieters an und erkundige mich nach einer kostenlosen zweiten Lizenz für den Laptop. Viele Hersteller bieten so etwas grundsätzlich oder auf Kulanz an –

einzige Bedingung: Die Software kann nicht zeitgleich auf zwei Rechnern in Betrieb genommen werden. Das ist nur fair. Auskunft der Hotline: „Das ist das Problem bei unserem Produkt: Das geht bei uns nicht." Kurz bevor ich mich dazu entscheide, eine andere Software anzuschaffen (denn 2 x 150 Euro wäre mir zu teuer gewesen) recherchiere ich noch einmal auf deren Website, komme ins Stutzen, rufe jedoch zur Sicherheit vor der Bestellung noch einmal dort an und habe einen anderen Mitarbeiter am Telefon: „Habe ich das richtig verstanden, dass die zweite legale Lizenz einen Aufpreis von 9 Euro bedeutet?" „Ja." Ob nicht auch die erste Mitarbeiterin darauf kommen könnte, dass der Kunde bei einem doppelten Preis von 2 x 150 Euro vom Kauf Abstand nimmt, bei 9 Euro Aufpreis aber zum legalen Neukunden wird, dem man vielleicht anschließend alle zwei Jahre noch ein Update verkaufen kann?

Es wird nicht mehr zugehört in der Kunden-Kommunikation. Das mag am Zeitdruck des Verkaufspersonals liegen, wo selbst bei *Burger King* und *McDonald's* die Kassenbedienzeiten statistisch erfasst werden. Deshalb bittet man Sie nach dem Bezahlen auch auf einen Parkplatz zu fahren, obwohl niemand hinter Ihnen in der Pkw-Schlange steht. Wenn Sie vor dem Schalter warten, registriert ein Sensor das und wertet Ihr Warten als Bedienzeit, wodurch sich die Statistik verschlechtert.

Aber es liegt vor allem auch daran, dass die Unternehmen die Personalkosten extrem nach unten drücken und dann für bessere, intensive Schulungen oder erfahreneres Personal kaum noch Geld da ist. Da wir Kunden das zum größten Teil auch von der eigenen Arbeit kennen (erledigen Sie nicht auch inzwischen Arbeiten, für die es früher noch extra Mitarbeiter gab in Ihrer Firma?), nehmen wir den schlechteren Service in Kauf und übersetzen oftmals „gemeinte Kommunikation" vom Servicepersonal in die „gehörte Kommunikation". Nur so funktioniert die Kommunikation reibungslos und wenn wir es unterbrechen und durchbrechen, dann bieten sich für Schlagfertigkeit hervorragende Ausgangssituationen.

Das *ZDF* hatte in einer Sendung mit dem Titel *Achtung Kundenfalle* den Test gemacht und mit Lockvögeln den Kunden in einer Kfz-Werkstatt Zusatzkosten für Leistungen aufs Auge gedrückt, bei denen sie normalerweise davon ausgehen können, dass diese Leistungen inbegriffen sind. Oder haben Sie nach einem Reifenwechsel und der Autowäsche als Kundenservice jemals für das Reinigen der Scheiben 12 Euro extra bezahlt? So der Test vom *ZDF*. Erschreckendes Ergebnis: Nur die Hälfte aller Kunden machte von der Möglichkeit zur Reklamation Gebrauch, die anderen zahlten anstandslos 12 Euro für das Reinigen der Fahrzeugscheiben.[7] Das ist – und jetzt spricht der Kommunikationstrainer aus mir – keine Sache der Mentalität oder Unkenntnis der Rechtslage. Im Gegenteil: Es hat etwas mit mangelnder Kommunikationskompetenz zu tun. Denn nur, wer sich ausdrücken kann, hat eine Chance Gehör zu finden bei Menschen, die uns Übles wollen. Das wird nicht besser, wenn wir im Alltag ein Telefonat mit dem Schreiben einer E-Mail umgehen oder anstelle des persönlichen Kontaktes lieber *WhatsApp* nutzen. Völlig baff war ich als ich mitbekam, wie eine Mutter an ihre Kinder (alle in derselben Wohnung anwesend) eine *WhatsApp* verschickte: „Essen ist fertig". Verstehen Sie das nicht falsch: E-Mail und *WhatsApp* sind schon in Ordnung. Aber sie dürfen klassische Kommunikationskanäle nicht ersetzen und ersticken. Flexibel und wortgewandt können wir nur sein, wenn wir im Alltag in der verbalen Kommunikation bleiben und dort für den Ernstfall trainieren.

---

7 Die Reporter haben das hinterher natürlich aufgeklärt – niemand wurde geschädigt.

Das ist übrigens der entscheidende Moment, in dem unsere Gedanken in Mechanik umgewandelt werden. Die Synapsen im Gehirn übermitteln die Informationen chemisch und elektrisch. Unsere Artikulation mit Stimmbändern, Kehlkopf, Lunge, Zunge und Lippen ist durch die Umwandlung der Gedanken in Worte ein komplexer mechanischer Vorgang. Das braucht länger – deshalb sind die Gedanken schneller als das, was wir sagen. Wir können folglich vorher wissen, was wir sagen werden. Das funktioniert nicht immer, weil uns auch schon mal „etwas herausrutscht" was besser ein Gedanke geblieben wäre. Aber die grundsätzliche verbale Kommunikation ist enorm wichtig, um in der Schlagfertigkeit das richtige Timing hin zu bekommen. Denn ohne Timing – und mit viel Nachdenken – können wir unseren Gegner nicht mit Schlagfertigkeit niederstrecken oder uns zumindest seines Angriffes erwehren, damit wir wieder etwas mehr Luft und Raum bekommen für die weitere Kommunikation. Ist das hier ein Plädoyer für mehr „miteinander sprechen"? Aber ja! Es geht nicht anders. Wer überwiegend nonverbal kommuniziert schult nicht seine verbale Kompetenz.

Für einen Kundenauftrag im Coaching eines Call-Centers (sowohl verbal als auch in der Chat-Funktion) habe ich einige Callcenter anderer Anbieter in meiner Eigenschaft als Kunde dort, verdeckt getestet um beurteilen zu können, auf welchem sprachlichen Niveau man dort unterwegs ist. Probieren Sie es bei einer echten Reklamation einmal aus: Chat oder Telefon, dass die Chat-Kommunikation (also schriftlich) um Einiges lösungsorientierter und kompetenter verläuft, als im telefonischen Kontakt. Dabei sollte dieser doch eigentlich unkomplizierter verlaufen, weil man direkt miteinander interagieren kann und auch stimmliche „emotionale Schwankungen" oder sagen wir mal etwas neutraler „Schwingungen" besser und leichter wahrnehmen dürfte. In ganz professionellen Callcentern analysiert bereits eine Stimmerkennungssoftware den Gemütszustand (gut gelaunt, versteckt aggressiv, aggressiv usw.) der Anrufer und gibt dem Callcenter-Agent wichtige Interpretationshinweise zu dem jeweiligen Anrufer, zumal im Callcenter (gerade wenn sie in Übersee betrieben werden) nicht unbedingt deutsche Muttersprachler sitzen. Bei besagtem Warenhaus funktioniert die schriftliche Kommunikation erstaunlicherweise besser, selbst wenn man den Chatverlauf mit (Trainer-)Aussagen spickt wie:

„Schöner Textbaustein. Bitte antworten Sie doch selbst auf meine Frage." oder

„Nicht schon wieder einen Textbaustein. Hier ist kein Bot[8], sondern ein echter Kunde."

Schauen wir uns die Kommunikation mit einem minderqualifizierten Verkäufer an. Treffen wir auf ein derartiges Exemplar – und mit dem kommunizieren wir ja persönlich (also „mechanisch") wenn wir im Einzelhandel einkaufen gehen und uns nicht anti-kommunikativ durch einen Online-Shop klicken. Es steht der Kauf eines neuen Fernsehers an, Sie haben gerade eine Bonuszahlung oder Rückerstattung vom Finanzamt erhalten und möchten sich gutgelaunt etwas gönnen. Sie werden diesmal nicht im Internet bestellen, sondern kaufen bei Ihrem örtlichen Elektronikfachhandel – wegen mir auch in einer der großen Ketten. Sie betreten das Geschäft und müssen zunächst einmal einen Verkäufer suchen. Dann treffen Sie auf eines der eher gelangweilt/unhöflichen Exemplare, der Sie mit Fachfragen verwirrt und wie einen Idioten dastehen lässt: „Reichen Ihnen 100 Hertz oder wollen Sie später auch Filme in 4K sehen?" Das entspricht nun nicht der Erwartungshaltung an einen Verkäufer, wenn man sich

8 Computerprogramm, das automatisch (Routine-)Aufgaben abarbeitet.

zu Hause etwas vorinformiert hat und nun im Grunde genommen mit der Beratung nur einen letzten Entscheidungs-Schubs haben möchte. Plötzlich werden die Größe Ihres Wohnzimmers und die Entscheidung zwischen Full-HD und Ultra-HD zur Kernfrage, ohne dass man Ihnen den Unterschied zwischen den beiden HDs noch einmal erläutern mag. Ihr Verkäufer ist folglich einer jener Verkäufer, der den Dienst am Samstag nicht mit einem Kollegen wegtauschen konnte und das nun an Ihnen auslässt. Unabhängig davon, ob Sie vorhatten, das DFB-Pokalendspiel heute schon auf dem neuen Fernseher zu schauen – wollen Sie hier wirklich noch Geld ausgeben? Wir könnten die Unverschämtheiten jetzt noch etwas weiter ausschmücken – aber vermutlich können Sie das schon ganz gut selbst mit eigenen Erfahrungen fortsetzen. Die Alternative wäre: Man macht als Käufer die Faust in der Tasche, blendet alle Unverschämtheiten aus und zahlt. Ich garantiere Ihnen: Schon auf dem Weg nach Hause denken Sie darüber nach, ob man den Fernseher nicht doch besser im Internet bestellt hätte. Zu Hause starten Sie online einen Preisvergleich und stellen fest, dass es ihn bei X für 20 Euro weniger gegeben hätte. Diese 20 Euro hätten Sie nicht gestört, wenn der Verkäufer freundlich und kompetent beraten hätte. Außerdem ist ja am Abend das Pokalfinale ihres Lieblingsvereins, das darf dann auch mal ein paar Euro kosten. Jetzt haben Sie aber ein weiteres Problem zum unfreundlichen Service: Das Ding war zu teuer! Folge: Noch mehr Ärger. Die Regel 12 löst nicht ihr TV-Problem, jedoch Ihr Wohlbefinden. Sie weisen den Verkäufer in die Schranken und kaufen keinen Fernseher. Zumindest nicht dort. Ihr Risiko-Einsatz: Ich gucke heute Abend das Pokalfinale noch auf dem alten Fernseher. Ihr Gewinn: Ich habe die nächsten fünf Jahre keinen Fernseher zu Hause stehen, der mich täglich an den Ärger beim Kauf erinnert.

Ich brauchte einen neuen Motorradhelm. Ich musste die Marke wechseln, weil es die von mir gewünschten Helmeigenschaften bei meiner Stamm-Marke nicht gab.

„Welche Marke bevorzugst Du denn?"

„Die letzten zehn Jahre hatte ich welche von [Marke]. Damit kam ich gut zurecht."

„Tja. [Marke] hasse ich ja."

„Das sind ja ziemlich extreme Gefühle, die das bei Dir auslöst. Wie gehst Du damit um?"

Er hat sich dann wieder etwas gefangen und eine akzeptable Beratung hinbekommen. Gekauft habe ich dennoch bei einem anderen Händler, der ebenfalls gute Beratung anbietet.

Flughöhe analysieren und kontrollierte Eskalation zulassen

„Wie man in den Wald ruft, so schallt es wieder hinaus" – das ist nicht nur ein geflügeltes Wort, sondern auch zugleich die Entschuldigung desjenigen, der ihnen gerade eine pampige Antwort serviert hat, nachdem sie ihn wiederum zuvor unsachlich kritisiert haben. Nehmen wir den Satz einmal auf und wenden ihn auf unsere Techniken der Schlagfertigkeit an. Wir sind folglich auf eine gewisse Form angegriffen worden. Nennen wir es einmal die „Flughöhe", auf der uns jemand mit seinen Vorwürfen in unser Wertesystem hineingeschossen kommt. Das nehmen wir auf und nutzen folgende Möglichkeiten als Basis unserer Replik:

1. Ich nehme den Vorwurf auf und federe ihn deeskalierend ab.
2. Ich nehme den Vorwurf auf und drehe ihn ins Leere/lasse ihn ins Leere laufen.

3. Ich nehme den Vorwurf auf, drehe ihn so, wie ich ihn gerne hätte, und schicke ihn als Angriff wieder zurück.
4. Ich weise den Vorwurf von mir.
5. Ich weise den Vorwurf von mir und gebe ihn 1 zu 1 wieder zurück (ich eröffne damit das Spiel der gegenseitigen Schlagfertigkeit).
6. Ich mache den Gegner absolut mundtot (bis hin zur maximalen Eskalation: Gegenbeleidigung).

Kollegen, Nachbarn, Freunde, Verwandte, Dienstleister. Es gibt wiederkehrende Menschen oder Branchen, über die wir uns immer wieder ärgern. Wir fühlen uns als Kunde nicht wertgeschätzt, bis hin zum Bittsteller lassen wir uns degradieren. Wir bezahlen eine Rechnung, geben Trinkgeld („Weil man das ja so macht, das wäre ja sonst unhöflich"), ärgern uns aber jeden Tag beispielsweise bei der Benutzung der Wascharmaturen, dass wir uns über den Monteur geärgert haben und dieser so unverschämt war. Und wir ärgern uns darüber, dass wir ihn nicht in seine Schranken verwiesen haben

Nehmen wir als Beispiel eine Firma aus Köln, die mir ihre Leihpflanzen vermitteln wollte. Im Grund genommen eine praktische Sache: Man bezahlt monatlich einen Festbetrag, bekommt dafür schicke Grünpflanzen, die Firma pflegt und gießt die Pflanzen regelmäßig. Damit vermeidet man diese braunen, losgerissenen Dornenbüsche, die ausgedörrt und misshandelt durch die Büros wehen. Eine Dienstleistung, die sicher sinnvoll ist – vorausgesetzt man ist nicht ein Einzelunternehmer mit nur 80 m^2 Bürofläche. Nennen wir die Firma mal *Hydrorent-Cologne*, um ihre Identität zu schützen. Das Personal am Telefon ist – ganz objektiv – sehr freundlich. Aber, wie wir sehen werden, ist die Firma entweder total dreist oder total unorganisiert. Im Laufe der Zeit kam ich auf insgesamt 16 ungewollte Werbeanrufe innerhalb von zwölf Monaten, die ich entgegengenommen habe. Zuzüglich ungezählter Anrufe, wo einfach aufgelegt wurde, weil meine Mailbox anging (z. B. während eines Trainings oder Seminars). Auf Dienstleister, die keine Nachrichten hinterlassen, bin ich eh nicht gut zu sprechen, weil es mich in der Kommunikation aufhält, da ich oftmals während der Kernzeiten durch meine Trainertätigkeit nicht erreichbar bin. Während eines Seminars unterbreche ich nicht, um mit der EDV oder *Hydrorent-Cologne* zu telefonieren. Ich komme also auf 16 freundliche Anrufe mit der Aussage: „Vielen Dank, ich habe keinen Bedarf und möchte auch nicht weiter angerufen werden." – Das ist angemessen und faires Verhalten. Vorausgesetzt, man dringt damit zu seinem Gegner durch.

Jetzt müssen wir das zunächst einmal etwas kleinteilig zerlegen: Die Erfahrung zeigt also, dass man mit Freundlichkeit nicht weiterkommt. Die Firma ignoriert den Kundenwunsch und ruft weiter an. In meinem Schlagfertigkeits-Seminar wurde mir – um meine Gelassenheit zu sichern – von Teilnehmern vorgeschlagen:

- Brief an den Geschäftsführer,
- Einschreiben an Geschäftsführer mit Klageandrohung,
- vorbeifahren und sich persönlich beschweren,
- Rufnummer sperren lassen,
- Verbraucherzentrale einschalten,
- Werbeverbot erzwingen,
- Anzeige erstatten,
- einstweilige Verfügung erwirken,
- eigene Telefonnummer ändern,
- in Internet-Telefonforen die Nummer als „Belästigung" brandmarken und
- Verbrauchersendungen wie *ZDF-WISO* einschalten.

Der große Nachteil dieser Maßnahmen: Sie kosten fast alle erst einmal Geld und – besonders schlimm – Arbeitszeit. Zeit, die ich darauf verwenden muss, kann ich nicht kreativ nutzen. Also suchte ich nach einer passenden Ärger-Fasten-Lösung, die

- mich keinen Cent kostet,
- mich maximal eine Minute in meiner Arbeit unterbricht
- und beim Unternehmen maximale Wirkung entfaltet.

Die Flughöhe des Unternehmens war in meiner Definition schon als sehr hoch eingeschätzt. Dementsprechend war auch meine Eskalationsbereitschaft sehr hoch. Da ich selbst schon unter anderem Call-Center namhafter Premium-Automobilhersteller geschult habe, kann ich durchaus die Arbeitsvorgänge auf der Gegenseite qualitativ richtig einschätzen. Es kam der 17. Anruf.

„Sie möchten sicher einen Termin in meinem Büro haben?"

„Ja. Das wäre nett."

„Ich schau mal: Donnerstag oder Freitag wäre gut. Die Uhrzeit können Sie sich aussuchen."

„Donnerstag um 14 Uhr?"

„Meinetwegen. Gerne."

So lief das Gespräch. Freundlich auf beiden Seiten. Ich hatte mir die Gegenseite so analysiert: Deren Zielsetzung ist es bei 16 abgelehnten Dienstleistungsangeboten nicht, mich in Ruhe zu lassen, sondern mir einen Termin aufzudrücken. Meine Zielsetzung ist 1) dass ich keinen Termin machen möchte und 2) denen das irgendwie verständlich machen muss – und zwar so, dass es hängen bleibt. Sie ahnen schon die Lösung? Ich war Donnerstag nicht im Büro. *Hydrorent-Cologne* stand also vor verschlossener Tür. Eine Schocktherapie – aber wirkungsvoll. Dachte ich. Es kam der 18. Anruf am nächsten Werktag.

„Sie waren gar nicht da."

„Stimmt."

„Wir würden gerne einen neuen Termin machen."

„Wirklich?"

„Ja. Wann passt es Ihnen denn?"

Kein Problem. Die nächste Dienstreise stand ja schon vor der Tür. Vor meiner Tür stand dann aber auch *Hydrorent-Cologne*. Ein zweites Mal. Und auch ein drittes Mal. Beim vierten Mal erkannte ich die Handynummer der Außendienstmitarbeiterin, nennen wir sie Frau Taub, bereits im Display. Jetzt war ich dann doch neugierig geworden und ging ran:

„Ich bin jetzt das vierte Mal hier und Sie sind nicht da."

„Stimmt." [Strategie: Zustimmung]

„Darf ich fragen warum?"

„Nun. Das liegt daran, dass ich Ihren Kolleginnen schon 16 Mal gesagt habe, dass ich kein Interesse an Ihrer Dienstleistung habe. Und ganz ehrlich: Wenn Sie das nicht verstehen, dann dachte ich mir, Sie respektieren das eher, wenn Sie mal vor verschlossener Tür stehen. Dass Ihre Firma das auch beim vierten Mal nicht versteht, konnte ich ja nicht ahnen."

„DAS ist also das, was SIE unter Kommunikation verstehen?"

„Ja. Denn der erste Schritt der Kunden-Kommunikation ist zuzuhören, was der Kunde wünscht." [Strategie: Zurückweisung]

Bin ich einer von den Menschen, die diese Außendienstmitarbeiterin an diesem Tag treffen wird und über den sie sich massiv ärgert? Aber mit Sicherheit! Das soll sie, denn die Ursache des Ärgers liegt im Fehlverhalten ihrer Firma. Für mich ist das sehr effektiv und es taugt sogar noch als Seminarbeispiel und für diesen Text. Nach weiteren vier Monaten kam dennoch der nächste Anruf:

„Wir hätten gerne einen Termin mit Ihnen."

„Die Frau Taub war auch schon einige Male bei mir."

„Dann kennen Sie sich ja schon. Das ist ja schön. Würde es Ihnen am Mittwoch passen?"

Unfassbar! Klar passte mir Mittwoch. Ich wäre an diesem Tag auf jeden Fall rund 200 km von Köln entfernt. Und wieder kam der Anruf von Frau Taub.

„Sie sind gar nicht da."

„Wundert Sie das?" [Strategie: Gegenfrage]

„Wieso?"

„Sie haben doch schon viermal bei mir vor der Tür gestanden. Ich bin der, der Ihrer Firma vorher schon 16 Mal gesagt hat, dass ihre Dienstleistung für mich nicht infrage kommt." [Strategie: Sachebene]

„Stimmt. Jetzt, wo Sie das sagen, fällt mir das wieder ein."

„Wissen Sie, ich KANN auch gar nicht mit Ihnen zusammenarbeiten." [Strategie: Schlinge auslegen]

„Wieso denn nicht?"

„Nun. Ihre Dienstleistung ist viel zu teuer." [Strategie: eine zweite Schlinge durch Behauptung auslegen]

„Das wissen Sie doch noch gar nicht."

„Sind Sie denn in der Insolvenz?" [Strategie: eine dritte Schlinge durch Frage auslegen]

„Nein. Wieso?"

„Dann sind Sie zu teuer."

„Das müssen Sie begründen."

„Gerne. Das ist doch jetzt nicht wirklich effektiv, fünfmal zu einem Kunden rauszufahren, wenn man vorher schon 16 Mal gesagt bekommen hat, dass man am Ende keinen Geschäftsabschluss haben wird." [Strategie: Zustimmung erlangen, um alle Schlingen zeitgleich zuzuziehen]

„Das stimmt."

„Also: Wenn Sie nicht insolvent sind, muss das in Ihren Preisen berücksichtigt sein. Das heißt also: Andere Kunden zahlen diese Ineffizienz mit." [Strategie: Schlinge geschlossen, Pointe]

„Das stimmt nicht ganz."

„Na, Sie überraschen mich jetzt aber."

„Ja. Hier sind doch noch ganz viele andere Firmen in dem Gebäude. Und die kann ich jetzt anfragen, wo ich dank Ihnen schon mal hier bin und jetzt Zeit habe."

„Darf ich Ihnen dazu noch einen Tipp geben?" [Strategie: noch eine Schlinge auslegen]

„Bitte."

„Das sind dieselben Firmen, die bei Ihren letzten vier Besuchen auch schon in dem Gebäude waren." [Strategie: Gegenangriff. Im Klartext: Ihr seid einfach zu doof.]

Inzwischen habe ich Ruhe vor *Hydrorent-Cologne*. Allerdings ziehe ich mit dem Büro um und rechne mit dem Schlimmsten, wenn der Name meiner Firma dann in einem anderen Firmenverzeichnis wieder auftaucht. Diese Vorgehensweise von mir ist mit Sicherheit kritik- und diskussionswürdig. Sie mag auch nicht für jeden von Ihnen die richtige Vorgehensweise sein. Bei mir passt das ganz gut, denn die Eskalationsbereitschaft war da und die Vorgehensweise sehr effektiv – für die Durchsetzung meiner Interessen.

Sie finden das nicht gut? Drehen wir den Spieß einmal um: Ich möchte Ihnen eines meiner Seminare verkaufen. Sie sagen 16 Mal höflich „nein danke". Würden Sie dann nicht auch so langsam „einen Hals bekommen"? Das gleiche Theater haben wir mit Handwerkern. Wenn die sich 20 Minuten verspäten ist das keine große Sache. Schlechte Parkplatzsituation, der Stadtverkehr und dann noch der Druck vom Chef, die Routen möglichst effektiv abzuarbeiten und dabei Sonderwünsche der Kunden nach Möglichkeit zusätzlich zu erfüllen. Geschenkt. Aber Handwerker – so die Erwartungshaltung bei den Kunden – kommen grundsätzlich zu spät. Also ist der Kunde schon auf 180, wenn die ersten 15 Minuten vorbei sind und immer noch kein Handwerker gekommen ist. Ich definiere das anders: Ich habe noch fünf Minuten, bis ich zur Arbeit fahre. Nach 21 Minuten klingelt dann bei mir das Telefon.

„Sie sind ja gar nicht da."

„Das kommt darauf an, wie Sie ‚da' definieren."

„Ja zu Hause"

„Nein, das bin ich nicht. Sie sind nicht gekommen – da bin ich zur Arbeit gefahren."

„Das sind doch nur 20 Minuten."

„Dann wissen Sie ja seit 21 Minuten, dass Sie 10 Uhr nicht schaffen werden, oder?"

„Ja und?"

„Kurz was anderes: Wovon rufen Sie mich eigentlich an?" [Strategie: Nebenkriegsschauplatz eröffnen]

„Na von meinem Handy. Wovon denn sonst?"

„Eben." [Strategie: Pointe gesetzt oder – falls er es nicht kapiert: Nebelbombe geworfen.]

Der Monteur hatte meine Mobilnummer – ich seine nicht, da sein Chef mir bei Auftragserteilung noch nicht sagen konnte, welchen Handwerker er mir schicken wird. Das setzt beim Kunden natürlich eine Bereitschaft zur Eskalation voraus und eine Reparatur, die nicht gerade besonders dringend oder wichtig ist. Bei einem Wasserrohrbruch oder einem Ausfall der Heizungsanlage im Winter würde vermutlich sogar ich etwas länger auf den Monteur warten.

Aber schicken Sie Ihrem Geschäftspartner keine SMS oder rufen an, wenn Sie sich 20 Minuten verspäten? Lassen Sie ihren Chef 20 Minuten warten, ohne Bescheid zu geben? Genau das ist der Punkt, an dem wir uns als Kunden in die falsche Position begeben. Handwerker kommen nun einmal zu spät und wir fressen den Ärger in uns hinein. Lehnen Sie das ab sofort ab! Sie verlassen Ihre Komfortzone, aber Sie fühlen sich anschließend deutlich besser, denn Sie haben Ihren berechtigten Anspruch geltend gemacht: Informiert zu werden, wenn sich der Dienstleister verspätet.

Sie Fasten gerade. Ärger-Fasten.

„Die Anfahrt müssen Sie aber bezahlen."

„Werde ich nicht. Es sei denn, die bezahlen mir die Geschäftsführerstunde, die ich wegen Ihrer Verspätung verloren habe."

Bleiben Sie konsequent. Wenn Sie später einknicken, ist der Frust für Sie umso ausgeprägter.

Als kleinen Freundschaftsdienst habe ich einen etwas größeren Handwerksbetrieb beraten. Die große Idee: Gib den Trupps ein Prepaid-Handy mit (kostet unter 8 Euro/Monat) und lass Deine Leute einfach vorher anrufen und durchgeben, wieviel sie später kommen. Mehr haben wir nicht geändert. Die Kundenzufriedenheit erhöhte sich innerhalb von 6 Monaten um 23 Prozent bei ansonsten gleichbleibender Leistung und unveränderter Preisgestaltung. Tun Sie mir bitte einen Gefallen und klauen Sie diese unheimlich geniale Idee falls Sie einen Handwerksbetrieb besitzen oder im Bekanntenkreis jemanden haben – unser aller Leben wird dadurch etwas entspannter. Lassen Sie uns gemeinsam Ärger-Fasten!

Die „A-A-A-Regel"

Mal ehrlich: Wie oft haben Sie heute schon über einen Ihrer Mitmenschen gedacht: „So ein Arschloch"? Wie viele waren es? Einer? Zwei? Und wie viele waren es gestern, vorgestern? Und wie viele werden es wohl morgen sein? Übertragen wir diesen Begriff einmal auf diejenigen Zeitgenossen, die uns das Leben emotional vergällen wollen und denen wir es mit Schlagfertigkeit heimzahlen wollen.

Ich gebe zu, ich habe die Zahl nicht wissenschaftlich erhoben und bin nach meinem eigenen Bauchgefühl vorgegangen, als ich die „A-A-A-Regel" für meine Schlagfertigkeits-Seminare festgelegt habe. Diese Regel besagt, dass wir alle statistisch gesehen jeden Tag drei Arschlöcher treffen. Das macht es nicht besser oder angenehmer, aber es verschafft uns etwas mehr Gelassenheit, diese unangenehmen Momente mit noch unangenehmeren Zeitgenossen zu erdulden. Dabei hat jeder von uns eine andere Einstellung dazu, ab wann ein Mitmensch sich wie ein Arschloch verhält. Aber wenn ich zum Beispiel einen Kollegen, eine Kollegin, als Arschloch wahrgenommen habe und sie sich bei einer späteren Begegnung wieder wie ein Arschloch verhält – verhält sie sich dann nicht „artgerecht" also so, wie es die Natur vorgesehen hat? Gegen die Natur kommen wir Menschen nicht an – also ist das Arschloch gefangen in seinen Naturgesetzen. Oder etwa nicht?

Wer sind diese Arschlöcher, auf die wir täglich treffen? Da wäre zum Beispiel der Busfahrer, dem man schon anzusehen glaubt, dass er gerade einen Countdown rückwärts zählt: „3 … 2 … 1 … Tür zu" – und wir stehen abgehetzt draußen mit unserer Aktentasche und dürfen nun 20 Minuten auf den nächsten Bus warten. Gratis mit dabei: Der Ärger, der sich in uns anstaut und der vermutlich später am Tag uns selbst zum Arschloch werden lässt, weil wir unseren Ärger an einem Kollegen auslassen. Oder weil wir selbst griesgrämig durch den Tag laufen, andere Menschen nicht mehr grüßen oder auf Banalitäten etwas überreagieren.

Es ist der Kassierer an der Supermarktkasse, der sich trotz zwei verstopfter Pfandrücknahme-Automaten und gesetzlicher Verpflichtung (für Ladengrößen über 200 m^2) beharrlich weigert, eine Einweg-Pfandflasche aus dem Nachbar-Supermarkt entgegen zu nehmen. Es ist der Kollege, der uns feste Zusagen gemacht hat, uns heute aber nur süffisant anlächelt sagt: „Ich weiß, Du brauchst die Zahlen für deine Präsentation – aber ich bin gestern leider nicht mehr dazu gekommen." Dabei wissen wir, dass er mittwochs stets pünktlich die *Champions League* in seiner Stammkneipe schaut. Sein Vergnügen war ihm also wichtiger als unser beruflicher Erfolg. Es ist der Tankwart, der offenbar heute genervt ist und sagt: „Ich kann von hier nicht sehen, welche Säule das war. Da müssen sie draußen selbst noch einmal nachschauen." Oder die Sprechstundenhilfe, die darauf besteht, dass man eine Überweisung persönlich abholen muss (natürlich in der Kernzeit aller Berufstätigen von 9 bis 16 Uhr), „weil wir leider keine Briefmarken mehr haben und die bringt sonst immer Frau Doktor mit. Aber die ist gerade im Urlaub." Das ist tatsächlich so passiert.

Ein Radiomoderator, auf dessen Sendeplan man einen Interviewpartner vergessen hat einzutragen. Man reicht ihm während der Sendung eine Anmoderation und vorformulierte Fragen herein, die er nur abzulesen bräuchte und er weigert sich dennoch den Interviewpartner in die Sendung zu nehmen – was einen natürlich als planenden Redakteur in der nächsten Redaktionskonferenz ziemlich dämlich aussehen lässt. Ich kann Ihnen 15 Jahre später (leider!) immer noch sagen wer das war, dass die Sendung live aus Studio 1640 kam und wie die Aufnahmeleiterin der Sendung hieß.

Bei jeder Sendung, die ich von diesem Ex-Kollegen nun im Radio höre, fällt mir das ein. Dabei war das bei Weitem kein Trauma, sondern nur ein lästiges Ärgernis, das nach einem Tag in der journalistischen Alltagsroutine versunken wäre. Oder die Rezeptionistin, die eine Bezahlung der Hotelrechnung am Vorabend (erfahrungsgemäß ist in diesem Hotel morgens um acht Uhr immer die Hölle los beim Check-out) mit der Begründung ablehnt: „Wir machen das immer morgens." – Nun ja, dann sollten sie langsam mal etwas mehr Routine darin haben, denkt man sich. Als Alternative bleibt dann nur noch der Eintrag bei den *HRS*-Bewertungen oder *TripAdvisor*. Ein schwacher Trost und eine billige Rache, die uns ja leider nicht weiterbringt: Morgens um acht ist wieder Schlange:

„Soll ich ihnen den Beleg anheften?"

„Soll ich es ihnen falten?"

„Möchten Sie einen Umschlag dazu?"

Wenn Sie das bei unzähligen Dienstreisen noch unzählige Male mitanhören müssen, während zehn Hotelgäste vor Ihnen stehen und Sie immer mehr unter Zeitdruck geraten, dann drehen Sie irgendwann durch. Täglich grüßt das Murmeltier ist nichts dagegen. Aber auch hier gibt es noch ein persönliches Anti-Service-Upgrade für Stammgäste: Die Bezahlung von drei Nächten im Voraus ist selbstverständlich möglich, wenn man das morgens nicht machen möchte. Hurra! Endlich jemand, der mitdenkt. Leider bekommt man erst NACH der Bezahlung mitgeteilt, dass man die Rechnung jetzt aber noch nicht ausdrucken könne, weil das System das nicht zulassen würde. Da möge man doch bitte morgens um acht noch einmal an die Rezeption kommen. Da ist dann wieder Schlange:

„Soll ich den Beleg anheften?"

„Soll ich es Ihnen falten?"

„Möchten Sie vielleicht einen Umschlag?"

Was glauben die eigentlich, warum man sonst drei Tage vorher beim Check-in bezahlen möchte? Weil in drei Tagen das Limit der Kreditkarte aufgebraucht sein könnte?

Ich rege mich schon wieder auf. Vermutlich, weil ich diesen Text spätabends im Hotelzimmer schreibe und morgen früh bei der Abreise daran denken muss, die Rechnung noch ausdrucken zu lassen. Heute Nacht spreche ich bestimmt im Schlaf: „Nein, keinen Umschlag bitte!" – Leider gibt es auch beim Ärger-Fasten zuweilen Rückschläge. Damit muss man umgehen können. Das gelingt mir auch nicht immer und dann hat die Ärger-Diät den gleichen JoJo-Effekt wie manch andere Diät. Lassen Sie sich davon nicht entmutigen und betreiben Sie weiter Ärger-Fasten.

Solche Menschen und ihre Verhaltensweisen sind objektiv natürlich nicht als „Arschlöcher" zu beschimpfen. Es sind eher die Randbereiche der A-A-A-Regel: Es sind unangenehme und lästige Vorgänge, die uns jedoch aufs Gemüt schlagen können und unsere Laune für den Rest des Tages etwas nach unten korrigieren.

Bei einem Taxifahrer, der – weil es gerade regnet – nicht aussteigt, um uns beim Einladen des Gepäcks zu helfen oder anstelle zu klingeln lieber ein paar Mal auf die Hupe drückt, damit wir uns aus dem Haus bequemen, sieht das schon wieder anders aus. Oder denken Sie an einen Kellner, der sich außer Stande sieht, dem Koch schonend beizubringen, dass Sie wegen einer Allergie gerne eine andere Beilage zu Ihrem Essen hätten. Als ob in der Küche die Gerichte bereits fertig angerichtet auf Tellern angeliefert und nur noch warmgemacht werden müssten! Oder das Restaurant, das für einen Beilagen-Wechsel 50 Cent Aufpreis verlangt, oder einen leeren „Räuberteller" für Kleinkinder ablehnt, mit dem die Zwerge bei ihren Eltern mitessen können, wenn sie noch keine eigene Kinderportion schaffen.

Eine gute Gelegenheit, sich noch vor Aufkommen größeren Ärgers auf die Natur derer zu konzentrieren, die man innerlich schnell als Idioten oder Arschlöcher bezeichnen mag. Sie können nicht anders. Der Vogel kann nicht bellen, der Hund nicht fliegen. Manche Menschen können nicht denken und handeln wie Sie. Dabei ist die Arschloch-Wahrnehmung durchaus subjektiv und nur auf einzelne Situationen bezogen. Durch konsequent positives Umdenken können wir unsere eigene Natur ein wenig austricksen. Wir vermeiden Ärger, indem wir uns zwingen (Glauben Sie mir: Das kostet anfangs richtig viel Kraft!).

Nehmen wir noch einmal den Busfahrer, der – wie wir es glauben wahrgenommen zu haben – mit einem hämischen Grinsen die Tür vor der Nase schließt. Denken wir diese ärgerliche Situation einmal konsequent in eine andere, diesmal erzwungen positive Richtung. Versuchen Sie es bitte zunächst einmal, indem Sie hier für zwei bis drei Minuten innehalten, bevor Sie weiterlesen.

Zu welchem Ergebnis sind Sie gelangt?

Hier meine Version des Busfahrers: Vermutlich ist er ein liebenswürdiger Mensch und seine Kinder lieben ihn heiß und innig. Er ist folglich ein liebenswerter Familienvater mit einer partiell-sadistischen Neigung seinen Fahrgästen gegenüber. Wenn die Natur ihm aber diese sadistische Neigung zugewiesen hat – wäre es dann gesamtgesellschaftlich nicht besser, wenn er sie an uns auslässt anstatt seine Kinder zu schlagen? Wir bringen also ein kleines, ärgerliches Opfer zu Gunsten eines höheren Gutes: Der glücklichen Kindheit seiner Nachfahren. Wenn es den Kindern dadurch besser geht, nehme ich gerne den nächsten Bus.

Versuchen Sie es einmal. Es entstehen absolut skurrile und irreale Situationen in Ihren Gedanken, aber Sie erlangen im Laufe der Zeit die Fähigkeit, Stress zu minimieren und damit darüber hinaus nicht in die eigene Ärger-Falle zu tappen: „Ich ärgere mich …“

Die „A-Regel"

Ahnen Sie, was jetzt kommt? Ausgerechnet nach der A-A-A-Regel? Natürlich: Irgendwoher müssen die ganzen Arschlöcher ja kommen, die als Kalkulationsgrundlage der A-A-A-Regel dienen. Das ist ganz einfach: Sie und ich wir sind gelegentlich (!) auch eines dieser Arschlöcher, denn sonst geht die Rechnung ja nicht auf. Natürlich sind wir das nicht in unserer Wahrnehmung, oder in der Wahrnehmung der Menschen, denen wir sehr nahestehen. Schon eher sind wir das in der Wahrnehmung der anderen. WIR sind der Hotelgast, der ein verqualmtes Nichtraucherzimmer reklamiert und damit weit außerhalb der Kernarbeitszeiten des Hotelpersonals einen ziemlich aufwändigen Ringtausch-Vorgang für die Rezeption auslöst. Die haben in dem Zimmer natürlich selbst keine Zigarren-Party veranstaltet. Das waren schließlich andere Gäste. Und wenn Sie jetzt nicht reklamieren würden, dann hätten die auch keine Arbeit. Sie sind müde und etwas ungehalten. Die Anreise war voller Staus, der Flieger hatte Verspätung, der Taxi-fahrer war unhöflich und jetzt weiß der Nachtdienst nicht, wie er das Problem lösen könnte. Sie werden nicht ausfallend bei der Reklamation – aber ihr Gegenüber merkt schon, dass Sie gerade ziemlich genervt sind.

Hotel in Hamburg. Es regnet, es ist deutlich später geworden als geplant und wegen eines Wasserrohrbruchs habe ich für die letzten 800 Meter Strecke 1,5 Stunden benötigt. Ich stehe mit 4 Gepäckstücken und einigen behangenen Kleiderbügeln in der Tiefgarage des Hotels, morgen sind Dreharbeiten und mein Kameramann wartet schon auf das Briefing von mir oben im Restaurant. Die Tür lässt sich nicht öffnen, ich muss klingeln. Das Licht der Kamera neben der Tür geht an. Ich gehe davon aus, dass man mich dann auch sieht: Vier Gepäckstücke und die Arme mit Anzug und Hemden voll. Eine Stimme erklingt:

„Was kann ich bitte für Sie tun?“

„Vielleicht machen Sie einfach diese verdammte Tür auf!“

Da ist das Arschloch klar definiert, denn die Rezeptionistin kann ja nichts für einen Wasserrohrbruch in der Hamburger Innenstadt. Oben beim Check-in bemüht sie sich wirklich, freundlich zu sein und die Fassung zu bewahren. Ich beginne:

„Waren Sie das eben an der Sprechanlage?“

„Ja.“

„Ich war ein ziemliches Arschloch, oder?“

„Äh … äh …“

„Sie können ruhig ganz offen zu mir sein.“

„Also wenn Sie so fragen: Ja!“

„Tut mir leid. Ich hatte eine furchtbare Anfahrt und da vorne ist ein Rohrbruch. Die Polizei leitet den Verkehr in die Seitenstraßen aber ohne Umleitungsempfehlung. Ich habe jetzt 90 Minuten für 800 Meter gebraucht.“

„Ach. Jetzt verstehe ich auch, warum die alle hier so genervt sind, die heute Abend anreisen.“

Das Gespräch endete dann damit, dass sie wieder lächelte und ich sogar noch einen Gutschein für mehrere Freigetränke an der Bar bekam, weil ich doch eine schreckliche Anfahrt hatte. Ich war ihr letzter Gast an diesem Tag – danach hatte sie frei. Später habe ich das mit meinem Kameramann noch einmal durchgesprochen, wie wichtig das war, dass ich mich entschuldigt hatte. Wir dachten uns nach Einlösen der Getränkegutscheine, die ihre Wirkung nicht verfehlten, folgenden Dialog zwischen Rezeptionistin und ihrem Freund aus, wenn sie von der Arbeit nach Hause kam.

„Was bist du denn so mies drauf?"

„Ach, lass mich in Ruhe."

„Hast du wieder Stress mit den Gästen?"

„Ich sag doch: Lass mich in Ruhe. Ich will nicht darüber reden!"

„Ich habe Dir gleich gesagt, dass ‚Hotel' nix für Dich ist. Du verkaufst Dich da unter Wert."

„Ich lasse mir von Dir doch nicht sagen, als was ich arbeiten soll. Sieh Du erst einmal zu, dass Du mit dem Studium vorankommst."

Und so weiter und so weiter bis zur Trennung mit Auszug an diesem Abend. Nur gut, dass ich es so gerade noch gemerkt habe und mich entschuldigen konnte.

Merken Sie, wie schnell man für andere zum Arschloch werden kann? Haben Sie vielleicht nicht auch schon einmal zu einem Kollegen gesagt: „Nein, das kann ich jetzt nicht für Dich erledigen", obwohl doch irgendwie eine Möglichkeit dazu bestanden hätte? Was glauben Sie wohl, was der dann über Sie in diesem Augenblick gerade denkt? Das müssen wir lernen zu akzeptieren.

Wir haben in Deutschland rund 82 Millionen Menschen. Die meisten davon werden Sie nicht kennen. Und von den paar, die Sie kennen, werden Sie auch nicht von allen gemocht. Selbst unter Ihren *Xing-/LinkedIN-* oder *Facebook*-Kontakten sind vermutlich einige Menschen, die nur aus taktischen Gründen mit Ihnen verlinkt sind und denen Sie privat und zwischenmenschlich vielleicht nicht so viel bedeuten.

Die Zahl der Menschen, die uns nicht mögen oder denen wir allein schon deshalb gleichgültig sind, weil sie von unserer Existenz gar nichts wissen, ist also exorbitant höher als die Zahl derer, die uns mögen und lieben. Das gilt auch für diejenigen, die eher einen größeren Freundeskreis haben – gegen 82 Millionen kommen Sie nicht an. Und selbst wenn ganz Deutschland sie lieben würde – dann ziehe ich den Vergleich mit der Weltbevölkerung heran, damit ich hier Recht behalte.

Wenn wir für eine Stunde, die unsere Reklamation dauert, die Zahl der Menschen, die uns doof findet um ein oder zwei aus dem Pool derer, denen wir gleichgültig sind erhöhen, ist das nicht wirklich schlimm. Aber uns geht es dann besser, weil wir einen berechtigten Anspruch angemeldet haben. Weil wir den Ärger nicht in uns tagelang hineinfressen. Und weil wir nicht Gefahr laufen, aufgestauten Ärger an jemandem auszulassen, der nun so gar nichts damit zu tun hat.

Wie oft ärgern wir uns über unzureichende Dienstleistungen, die wir nicht reklamieren? Einer meiner Seminarteilnehmer schilderte ein Beispiel von einem unzureichenden Essen im Restaurant. Der Fleischspieß war nach gutmütiger Auslegung maximal lauwarm. Weder er, noch seine Begleiterin haben das reklamiert. Aber sie haben bereits beim Essen darüber gesprochen: „Ist Dein Spieß auch so lauwarm wie meiner?“ Beide wollten nicht unhöflich sein. Aber man kann doch auch höflich reklamieren? Unterstellen wir dem Kellner ehrliche Motive, wenn er fragt: „Ist alles zu Ihrer Zufriedenheit?“ – Eine Frage, die in den 1980er Jahren noch außergewöhnlich war in deutschen Restaurants, inzwischen aber zum Service-Standard gehört. Während der Seminarteilnehmer dieses Beispiel schilderte konnte man gut beobachten, wie der Ärger wieder in ihm hochkroch.

Es fühlt sich einfach besser an, wenn man berechtigte Ansprüche artikuliert. Es kann dann nicht unser Problem sein, dass der Koch jetzt etwas aus dem Rhythmus kommt, weil wir ihm dazwischen pfuschen.

Kommunikationsebenen erkennen

In der normalen Kommunikation – aber auch in der Anwendung von Schlagfertigkeit – ist die jeweilige Kommunikationsebene, auf der uns eine Aussage erreicht, von großer Bedeutung. Ich halte nicht viel von der Aussage: „Kommunikation ist das, was ankommt", denn man sollte schon den Anspruch haben, dass ein Kommunikationsempfänger sich die Welt nicht nur so macht, wie sie ihm gefällt („Pippi-Langstrumpf-Prinzip") sondern auch zuhört, was das Gegenüber gerade gesagt hat. Sie kennen das vielleicht aus der privaten Kommunikation:

„Das habe ich aber nicht gesagt."

„Das ist bei mir aber so angekommen."

Vermutlich einer der ältesten Konfliktklassiker der Menschheit. Je beharrlicher der Zweite („Das ist bei mir aber so angekommen") auf seinem Recht beharrt und je energischer er diese Position vertritt, desto eher wird der Erste die Schuld bei sich suchen und seiner Formulierung, die er gewählt hat. So ginge das auch:

„Das habe ich aber nicht gesagt."

„Das ist bei mir aber so angekommen."

„Dann musst Du genauer hinhören."

Oder:

„Das habe ich aber nicht gesagt."

„Das ist bei mir aber so angekommen."

„Dann musst Du lernen, Informationen auch einmal ohne Vorurteile aufzunehmen."

An dieser Stelle komme ich nicht umhin, das Beziehungsquadrat von Schulz von Thun kurz zu erwähnen. Wenn Sie es bereits kennen, betrachten Sie es bitte als kurzen Reminder oder als ein Beispiel, dass in ein solches Buch der Vollständigkeit halber hineingehört: Zwei Menschen fahren in einem Auto. Weiter vorne ist eine Ampel. Der Beifahrer sagt: „Die Ampel ist grün." Auf der Sachebene erhält der Fahrer nun eine Information, die er vielleicht vorher noch nicht hatte, weil er mit anderen Dingen beschäftigt war, oder die er sehr wohl schon wahrgenommen hatte: Die Ampel ist grün. Soweit die Sachinformation. Auf der Selbstoffenbarungs-Ebene des Senders kann man den Schluss ziehen: „Ich beschäftige mich mit Deiner Tätigkeit, obwohl ich nur auf der Beifahrerseite sitze." Der Beziehungshinweis lässt für den Fahrer den Schluss zu: Mein Beifahrer ist mit meiner Fahrweise unzufrieden. Womit wir dann schon sehr schnell bei der Appell-Ebene wären, die vom Fahrer so gehört wird: „Fahr doch endlich schneller, sonst stehen wir gleich bei Rot an der Ampel."

Wie sehr diese Kommunikation anschließend – je nach Wahrnehmung des Fahrers und seiner Vorgeschichte mit diesem oder einem anderen (nörgelnden) Beifahrer – eskaliert, können Sie sich relativ leicht und schnell selbst ausmalen. Im Zweifel war der Beifahrer auf einer ganz anderen (harmlosen) Ebene unterwegs, dachte sich nichts Böses dabei und wundert sich nun über den Ärger und Wortschwall bis hin zur Schimpfkanonade, die sich nun über ihm ergießt.

Wer also sagt: „Da vorne kommt eine Raststätte", aber in Wirklichkeit meint: „Ich muss mal. Fahr bitte da vorne raus!", der darf sich nicht wundern, wenn der Fahrer versteht: „Da vorne kommt eine Raststätte" und nach einem kurzen Blick auf die Tankuhr beschließt, noch 100 Kilometer weiter zu fahren, sich aber während der Vorbeifahrt für die Information und den freundlichen Hinweis bedankt.

Ein Beispiel aus der Praxis, wo jemand eine Sachebene in eine Beziehungsebene verlagert und sich darin gnadenlos festfährt: Ich hatte im damaligen Firmennetzwerk eine kleinere Fremdkosten-

Rechnung erst einige Tage nach Rechnungsschluss eingereicht. In meiner E-Mail an die leitende Buchhalterin schrieb ich „Wenn jemand fragt, sag bitte: ‚Der Praktikant war's.'" Meine Mail war weitergeleitet worden mit der Bitte um Stellungnahme, ob man die Rechnung noch einbuchen solle. Ein alltäglicher, unspektakulärer Vorgang. Tage später erhielt ich eine Einladung zu einem persönlichen Gespräch, in dem mir ein Geschäftsführerkollege freundschaftlich-kollegial zu erläutern versuchte, dass es so nicht ginge mit meiner Kommunikation. Man habe das mit vier (!) Geschäftsführern ausführlich besprochen und ich würde damit die Buchhalterin für meine Zwecke instrumentalisieren. Und so weiter und so weiter mit ganz viel emotionalem Beiwerk. Dabei war die Sachinformation absolut korrekt: Der Fremdbeleg war mir vom Praktikanten zu spät eingereicht worden und ich hatte das lediglich als Rechtfertigung erwähnt, warum ich nun den Rechnungsschluss um drei Tage überschritten hatte. Mit meinem Hinweis „Lies doch bitte einfach, was da steht." (Versuch, zur Sachebene zurückzukehren) verbunden mit der Frage, wieso man mit vier Geschäftsführern eine aufwändige (und angesichts der Geschäftsführergehälter auch kostenintensive) Interpretationsrunde startet, ohne einmal telefonisch bei mir nachzufragen um die Sache in 20 Sekunden zu klären, war nicht mehr zu dem Kollegen durchzudringen. Er war auf der Beziehungsebene durch die Diskussion mit den Anderen zu sehr festgelegt und eingefahren in seinen Denkmustern. Auf diese Art und Weise arbeitende Zeitgenossen können nicht effektiv und zielgerichtet arbeiten, geschweige denn: Kommunizieren.

Ein anerkannter Atomenergie-Experte sagte zu mir einmal: „Kommunikation ist für mich das Vermitteln von Sachinformationen." Leider hatte er die Aufgabe, auf einer Bürgerversammlung zum Thema „Atomares Zwischenlager oder atomares Endlager“ die Risiken sachlich und aus Betreibersicht zu analysieren. Mit reinen Sachinformationen über Millisievert, Mikrosievert sowie Äquivalentdosis, Organdosis, Bequerel oder Gray würde er es nicht über die erstem zwei Minuten seines Eingangsstatements schaffen, ohne ausgepfiffen und ausgebuht zu werden. So entstehen Konflikte und schwerwiegende Missverständnisse, denn er wird sich keiner Schuld bewusst sein und doch fachlich und sachlich korrekt informieren, wogegen die Mitglieder der Bürgerinitiative sich nicht ernstgenommen fühlen werden, weil der Experte sich hinter Expertenkauderwelsch versteckt. Er macht objektiv nichts falsch – subjektiv in der Wahrnehmung der Kommunikationsempfänger aber sehr wohl. Allerdings können wir diese Ebenen auch generell nutzen, um Schlagfertigkeit anzuwenden. Wir wissen beispielsweise ganz genau, dass jemand auf einer Sachebene kommuniziert und wir wechseln selbstständig auf die Beziehungsebene:

„Wir müssen noch den Vorgang gemeinsam bearbeiten.“

„Wie du das ‚wir‘ und ‚gemeinsam‘ betonst – das gibt mir echt zu denken.“

Je nach Betonung können wir dann der Antwort unterschiedliche emotionale Bedeutungen verpassen. Probieren Sie es aus, indem Sie es laut aussprechen.

Unsere Gegner – Menschen, die uns Böses wollen – arbeiten mit dem Trick der Sachebene, ordnen die Reihenfolge der Informationen aber so an, dass sie beim Zuhörer eine negative Wirkung entfalten und uns Rechtfertigungsdruck bringen. Meistens lassen sie auch entscheidende Informationen weg, um uns zu diskreditieren. Auf Nachfrage argumentieren sie dann, dass die mitgeteilte Information doch nicht falsch sei. Das ist im Grunde genommen das Prinzip von populistischer Kommunikation: Das Zuspitzen auf eine (scheinbare) Sachinformation, aber entlastendes Material zu unterschlagen. Ein Beispiel:

„Der Chef sagt immer: Wir sollen sparen. Und jetzt lässt er sich den *SPIEGEL* per Kurier für 23 Euro nach Frankfurt ins Hotel schicken."

Das bringt die Belegschaft schnell auf die Palme. Und da sitzt es sich gut, meint man doch von dort oben einen guten Überblick zu haben. Der Absender der Information bedient ganz klar die Sachebene: „Der Chef sagt immer: Wir sollen sparen." Das können die Mitarbeiter sofort als richtig interpretieren, haben sie doch selbst im Meeting oder per Memo vom Chef höchstpersönlich davon erfahren. Die zweite Information, dass der Kurier 23 Euro gekostet hat, ist durch den Beleg schnell ebenso als wahr belegt. So ergibt sich in der Kombination aus zwei absolut korrekten Tatsachen die emotionale Wahrnehmung und ein riesiger Aufreger auf der Beziehungsebene: „WIR sollen sparen und der Chef bläst das Geld zum Fenster raus." Ergebnis: Warum soll die Belegschaft noch sparen, wenn der Chef es schon selbst nicht tut? Die Stimmung im Team sinkt rapide auf den Null-Punkt, der Chef hat nun ein Problem. Die komplette Information hatte in diesem Fall nur die Assistentin des Chefs, die von ihm folgende Nachricht erhalten hatte:

„Meine Abendtermine sind abgesagt worden. Schicken Sie mir bitte die 80 Bewerbungsmappen per Kurier, dann gehe ich die im Hotel schon mal durch. Und wenn der *SPIEGEL* da ist, legen Sie ihn bitte dazu. Dann habe ich beim Frühstück etwas zu lesen."

In Wahrheit lautet die Information also:

„Der Chef spart – und zwar an seiner Freizeit. Anstatt ins Kino zu gehen, arbeitet er für 23 Euro Versandkosten schon mal 80 Bewerbungsmappen durch."

Jeder kostenbewusste und logisch denkende Mensch käme mit einem kleinen Taschenrechner nun darauf, dass hier eine Führungskraft für 29 Cent pro Bewerbungsmappe arbeitet, anstelle dies während seiner Kernarbeitszeit im Büro zu machen. Populistischer ist es dagegen, zu behaupten, der Chef ließe sich für 23 Euro etwas Frühstückslektüre per Kurier ins Hotel nachschicken, die er für den Bruchteil der Summe an jedem Kiosk bekäme, sowie die Belegschaft gegen den aufgezwungenen Sparkurs im Zorn zu vereinen. Mit der scheinbaren Kombination von zwei Sachinformationen und deren inhaltlicher Verschmelzung auf der Sachebene ist mit der Aussage „Der Chef sagt immer: Wir sollen sparen. Und jetzt lässt er sich den *SPIEGEL* per Kurier für 23 Euro nach Frankfurt ins Hotel schicken" definitiv eine Botschaft auf der Beziehungsebene gesendet worden, die einen klaren appellativen Charakter hat: „Lasst uns gemeinsam gegen das Spardiktat vorgehen!"

Sie merken: Das funktioniert auch in der Politik. National wie international. Ob es sich dabei um Wahlkämpfer in Deutschland handelt oder einen Konflikt zur Einhaltung der Finanzkriterien innerhalb der Eurozone: Die Mechanik greift. In der Schlagfertigkeit können wir diese Scheinlogik und populistische Sachverfälschung zu unseren Gunsten nutzen. Wichtig ist, dass dem Gegner bewusst ist, dass wir das als übertriebene Form der Kommunikation anwenden, denn sonst eskaliert er weiter und wir kommen nicht zu einer Lösung.

Es müssen nicht immer sogenannte „Hass-Postings" sein, die auf *Facebook* sich derartiger Mechanismen bedienen. Vieles von dem, was dort als Aufreger verschickt wird, ist viel zu schnell geteilt und geliked. Ich habe einmal in meinem privaten *Facebook*-Profil den 90-minütigen Vortrag eines Historikers gepostet. Der war keine neun Minuten online und hatte bereits 26 Likes. Genau so geht es überall zu. Ein Bild, eine Schlagzeile und ein Einzeiler desjenigen, der das Posting online stellt und schon sammeln sich die Kommentare und Likes darunter an – noch bevor jemand überhaupt den Text vollständig gelesen hat. Bei *Twitter* und gewerblichen *Facebook*-Profilen kann man sehen, wie oft auf einen Link geklickt wurde. Verglichen mit den Likes und wertenden Kommentaren dazu kann das zuweilen ganz schön ernüchternd sein. Wie Sie aber *Twitter* und *Facebook* als Zuschauer kreativ nutzen können – dazu später mehr.

Der Sachbearbeiter einer Sparkasse kam nicht so in Schwung, wie es angebracht gewesen wäre. Nun werden zwei Dinge miteinander verknüpft, die in keinerlei Zusammenhang stehen, die den Gegner aber schlecht aussehen lassen. Dazu braucht man nur die Information, dass die Website des Unternehmens fürs Online-Banking auch in Mundart zur Verfügung steht. Das macht die Sparkasse natürlich aus Marketinggründen und hat damit auch nicht ihre Sachbearbeiter, sondern höchstwahrscheinlich ihre Marketing- oder Werbeagentur beauftragt. Dem Sachbearbeiter also diese Leistung zuzuordnen ist unlogisch – aber effektiv:

„Wenn Sie Zeit haben, Ihr Online-Banking auf Kölsch zu übersetzen, dann haben Sie auch Zeit, freitagsnachmittags mein Anliegen zu bearbeiten."

Es ist populistisch! Es ist dieselbe Mechanik, nach der auf den Marktplätzen jemand krakeelt:

„Für dicke Limousinen haben die da oben Geld! Aber für eine neue Hüpfburg in der Kita ist wieder mal nix übrig. Hauptsache, denen in Berlin geht's gut!"

Unsere Medien sind täglich gut gefüllt mit diesen Beispielen. Oftmals auch – und da wird es dann unverantwortlich – in den Kommentarspalten der Medien. Natürlich ist es rechnerisch möglich, einem Verteidigungsminister den gepanzerten Dienstwagen wegzunehmen und davon Schaukeln für das komplette Niedersachsen anzuschaffen – aber ist es wirklich logisch? Oder muss nicht in den jeweiligen Etat-Töpfen ein wenig umgerührt werden, um beide Dinge verwirklichen zu können?

Man kann auch 23 Euro für den Kurier nach Frankfurt sparen – oder man lässt den Chef für 29 Cent eine Bewerbungsmappe bearbeiten. Das ist wie eine Diskussion mit einem Steuerberater, dem Sie auftragen, (legal aber maximal!) Steuern für Sie zu sparen. Und dennoch haben Sie am Ende weniger Geld zur Verfügung? Ja. Aber nur dann, wenn er nur „Steuern sparen" als Kriterium anwendet und nicht die gesamtwirtschaftliche Lage im Blick hat. Natürlich kann ich Steuern sparen, wenn ich von Multimilliardär Roman Abramovitsch eine gebrauchte Jacht kaufe und dort meine Seminare veranstalte – aber gesamtwirtschaftlich werde ich dabei wohl ziemlich in die Knie gehen. Genauso verhält es sich mit der Kommunikation. Wir müssen das Gesamt-Kommunikationskonstrukt im Blick haben, wenn wir ehrlich und effektiv kommunizieren wollen. Wenn wir jemanden diskreditieren möchten, machen wir es mit den negativen Beispielen aus diesem Kapitel. Möchten Sie jemanden lediglich in seine Schranken verweisen und Ihre Interessen durchsetzen, machen Sie es wie in dem Beispiel mit der *Sparkasse*.

Übrigens: Das funktioniert nicht nur mit diesem einen Beispiel. Sie können diese Beispiele ganz leicht auf andere Mechanismen übertragen. Ihr Kollege tut ihnen einen Gefallen, fährt auf dem Rückweg von der Arbeit einen kleinen Umweg von fünf Kilometern und entpuppt sich anschließend als Pfennigfuchser, der von Ihnen noch 30 Cent/km Benzingeld haben möchte. Wir reden also über einen kollegialen Gefallen und er möchte 1,50 Euro von Ihnen:

„Für einen Neuwagen hast Du Geld – aber keins mehr für Sprit?“

„Für monatlich neue Handyhüllen hast Du Geld – aber für einen kleinen Gefallen nicht?“

„Deine Klamotten sind auch schon ganz abgewetzt. Kein Wunder, dass Du auf jeden Cent angewiesen bist.“

Die Welt der Kommunikationsebenen in diese vier Ebenen von Schulz von Thun einzuteilen, kann helfen – darf aber nicht den Blick davor verstellen, dass wir nicht nur im Wechsel zu diesen Ebenen schlagfertig kommunizieren können, sondern auch innerhalb dieser Ebenen. Dort können erhebliche Wechsel stattfinden und ihren Humor entfalten. Eine Stoffdecke ist eine Decke und eine Zimmerdecke ist eine Decke. Folglich ist „Decke“ nicht gleich „Decke“.

„Die hält mich richtig warm.“

[Blick an die Zimmerdecke] „Hast du da eine spezielle Dämmung aufgetragen?“

Hier kommen der Erste über die Gefühlsebene („warm“) und der Zweite über die Sachebene („warm“ = Dämmung) zu komplett unterschiedlichen Ergebnissen. Eine Decke ist beispielsweise „kuschelig“ oder „kratzig“. Das ist die Gefühlsebene. „Baumwolle“ ist beispielsweise eine Sacheigenschaft eines Stoffes. Das Muster ist ebenfalls eine Sacheigenschaft. Dennoch haben beide so absolut nichts miteinander zu tun, wie Loriot und im nächsten Kapitel beweist.

„Ach, DAS ist gestreift?"

Ein Trainer-Kollege berichtete mir voller Begeisterung davon, wie gut Videobeispiele von Loriot bei ihm im Seminar ankommen. Er zeigte mir einige davon und ich fragte ihn, welchen Bezug sie zu seinen Seminarinhalten hatten, weil sich mir dieser nicht so recht erschließen wollte. Er antwortete: „Keinen, aber die Teilnehmer lachen dann immer und das lockert etwas auf." Ich nahm mir vor, niemals Beispiele von Loriot in meinen Seminaren zu zeigen. Das änderte sich, als ich Jahre später noch einmal Loriots Meisterwerk *Ödipussi* sah. Es sind exakt sieben Sekunden – eine achtel Minute oder ein 720stel des ganzen Films – die über Kommunikation und Schlagfertigkeit ein ganzes Buch füllen könnten und Kultcharakter haben.

Machen wir es ein wenig kürzer. Die Szene: Vicco von Bülow, alias „Loriot", spielt einen älteren Verkäufer in einem Stoffgeschäft. Vor ihm steht ein ebenfalls etwas älterer männlicher Kunde. Loriot klappt einen ockerfarbenen Stoffballen auf, schnell professionell. Klapp. Klapp. Klapp. Rechts daneben liegt – scheinbar zufällig – ein schwarz/weiß-gestreiftes Stück Stoff.

Loriot: „Das ist alles reine Wolle, mein Herr"

Kunde: [greift zu dem Stoff rechts] „Und das hier?"

Loriot: [setzt seine Brille auf und sagt beiläufig]: „Das ist gestreift."

Kunde: [wendet den Stoff hin und her – ist vollkommen erstaunt und fasziniert]: „Ach, DAS ist gestreift?"

Eins vorweg: Wir können das analysieren so lange wie wir wollen – aber wir werden niemals dahinter kommen, ob jetzt Loriot den Kunden auf den Arm genommen hat, oder der Kunde ihn, indem er das Offensichtliche („es ist gestreift") noch einmal faszinierend hinterfragt. Loriot befindet sich auf der Ebene der physischen

Eigenschaften des Produktes („alles reine Wolle") und wechselt dann auf Nachfrage zur optischen Eigenschaft („gestreift"). Würden wir eine derartige Kommunikation tatsächlich erleben, wäre unsere Interpretation: Der Verkäufer würdigt den gestreiften Stoff keines Blickes und verlässt die Qualitätsebene hin zu etwas ganz Offensichtlichem: Dem Muster. Das bedeutet: Dieser gemusterte Stoff ist es nicht wert, dass man über seine Eigenschaften (Wolle, Polyester, Filz, Seide usw.) auch nur ein einziges Wort verliert. Mehr als das Offensichtliche hat er folglich nicht zu bieten. Als Kunde ziehen wir hier das Fazit: Der Stoff taugt nichts, der Verkäufer hält ihn für minderwertig. Der Stoff ist so indiskutabel, dass es sich nicht lohnt, über weitere Eigenschaften zu sprechen. Klares Signal des Verkäufers: „Nehmen sie einen anderen Stoff. Jeden anderen. Nur nicht den gestreiften Stoff." Im Film hat Loriot damit schon eine Pointe gesetzt und könnte es damit belassen. Aber er setzt noch einen drauf. Zwei Gags in sieben Sekunden – da benötigen Comedians heutzutage oft deutlich mehr Zeit für.

Nun zum Kunden. Da haben wir diverse Interpretations-Möglichkeiten und werden jedoch niemals erfahren, welche davon vermutlich die richtige ist.

Variante 1: Er kapiert wirklich nicht, was der Verkäufer gerade mit ihm gemacht hat, sieht zum ersten Mal in seinem Leben einen gestreiften Stoff (über den er schon so viel gehört hat, den zu sehen ihm aber nie vergönnt war) und ist total erstaunt: „Ach, DAS ist gestreift?"

Variante 1b: Er kapiert, was der Verkäufer gerade mit ihm gemacht hat, will sich aber nicht in einen offenen Konflikt hineinziehen lassen und überhört die Unverschämtheit. Deshalb SPIELT er vollkommen erstaunt: „Ach, DAS ist gestreift?" und hofft darauf, dass die Kommunikation dann wieder sachlicher verläuft.

Variante 2: Er hat sehr wohl verstanden, dass der arrogante Verkäufer ihn als Kunde nicht wertschätzt (Stichwort: Stoffbanause) und ihn deshalb auflaufen lässt. Weil er seine Frage, die vermutlich auf das Material abzielte, ignoriert und wiederum das Muster beschreibt. Er entscheidet sich also für eine Replik auf die Unverschämtheit, indem er sie für bare Münze nimmt und ganz erstaunt sagt: „Ach, DAS ist gestreift?“ So kann Schlagfertigkeit auch funktionieren: In einer guten Kombination aus Gelassenheit und Schlagfertigkeit.

Folgende Situation: Es steht wieder ein Teammeeting an, Sie sind als Gastgeber bereits anwesend und ein Kollege betritt den Raum. Gut zehn Stühle sind noch frei.

„Wo soll ich sitzen?“

Er MEINT damit: „Gibt es eine geplante Sitzordnung?“ Das sagt er aber nicht und überlässt Ihnen die inhaltliche Übersetzung seiner Worte.

„Egal. Wo Sie möchten. Suchen Sie sich einen Platz aus.“

Das wäre die Antwort, die er erwarten würde. Er fragt auf der Ebene „Sitzordnung“. Sie aber übertragen das auf die Ebene „Sitzmöbel“ und antworten:

„Auf einem Stuhl.“

Hier kommt es jetzt auf die Körpersprache, Mimik und Stimmlage an. Der Kollege kann das als scherzhaft interpretieren und damit den Hinweis verstehen: „Wo es Dir am liebsten ist“ (also positiv) oder sich auf den Schlips getreten fühlen und verstehen: „Frag doch nicht so blöde, du Idiot“ (also wohl eher negativ). Drehen wir die Situation um 180 Grad. Sie betreten den Raum, fragen sich ob eine Sitzordnung gewünscht ist und formulieren:

„Wo soll ich sitzen?“

„Auf einem Stuhl.“

„Ach. [Pause] DAS sind also Stühle?"

Da könnten Sie auch gerade bei Loriot etwas Stoff kaufen gehen. Konzentrieren wir uns auf den Mittelteil „Auf einem Stuhl". Jetzt mit Emotionen:

[etwas unsicher] „Wo soll ich sitzen?"

[unfreundlich, pampig] „Auf einem Stuhl."

[ironisch] „Ach, [Pause] DAS sind also Stühle?"

Das Ergebnis wird höchstwahrscheinlich ein gemeinsames Lachen sein, weil es ihnen durch schlagfertig angewandte Ironie gelingt, dem Gegenüber klar zu machen, dass er sich hier gerade im Ton vergriffen hat. Sie deeskalieren mit Schlagfertigkeit eine Situation, die sonst die Stimmung fürs Meeting beeinträchtigen würde. Spätestens in der ersten Pause meiner Seminare nach diesem Loriot-Beispiel hört man „Ach, DAS ist gestreift" als Synonym für besonders ironische Antworten. „Gestreift" wird zum Running-Gag der Schlagfertigkeit. Nur gut, dass ich inzwischen ab und zu etwas von Loriot in meinen Seminaren zeige.

„Das ist nicht meine Aufgabe"

Vermutlich bekommen Sie schon beim Lesen der Überschrift einen Ärger-Kragen. Keine Sorge, das geht mir während des Schreibens auch so. „Das ist nicht meine Aufgabe" fällt in der Regel in solchen Funktionen, wo mangelndes Mitdenken, fehlende Hilfsbereitschaft oder einfache Grundlagen der Kollegialität nicht von Vorgesetzten sanktioniert werden. Unter Sanktionierung verstehe ich nicht Abmahnung oder fristlose Kündigung. Das offene Ansprechen von Kritikpunkten würde hier schon genügen. Es gilt die Faustregel: Je größer und starrer das Unternehmen und seine Organisation, desto weit verbreiteter ist die Aussage; „Das ist nicht meine Aufgabe“. Sehr beliebt auch mit der Kombination: „So etwas haben wir ja noch nie (so) gemacht.“ Auf der Meta-Ebene erreicht uns dadurch das Signal: „Bloß keine Veränderung!“ Nicht vom eingetrampelten Pfad abweichen, nichts Neues versuchen, keine Erkenntnisse durch Ausprobieren dazugewinnen. Das war schon immer so, das haben wir immer schon so gemacht und anders haben wir das noch nie gemacht – und das ist auch nicht meine Aufgabe. Ein Beispiel für eine außergewöhnlich heftige Eskalation.

Für ein Seminar musste ein Kunde, der für technische Dienstleistungen durch einen Rahmenvertrag an eine Fremdfirma gebunden war, die Technik für mein Seminar stellen. Ich arbeite eigentlich lieber mit eigener Technik, weil ich dann auch für den reibungslosen Ablauf verantwortlich bin und für alle Eventualitäten die richtige Technik griffbereit habe. In diesem Fall war es einfach: Eine einfache Videokamera mit zusätzlichem Mikrofon und die Möglichkeit, die Videos anschließend gemeinsam anzuschauen. Es ist alles installiert – nur gibt es keine Möglichkeit, den Ton über externe Lautsprecher abzuhören, was bei 15 Seminarteilnehmern über einen eingebauten Kamera-Lautsprecher ein unmögliches Unterfangen ist. Obwohl ich die Technik nicht beauftragt habe, bin ich als Seminarleiter sehr wohl dafür verantwortlich, dass die Teilnehmer akzeptable Arbeitsmöglichkeiten vorfinden. Ich rufe eine Stunde vor Seminarbeginn die Haustechnik an.

„Vielen Dank für Kamera und Mikrofon. Ich brauche bitte noch Lautsprecher, um den Ton abspielen zu können.“

„Lautsprecher waren nicht auf meiner Bestellung.“

„Das mag sein. Aber Sie hatten doch den Auftrag, das Abspielen der Videos sicher zu stellen.“

„Video können Sie ja auch schauen.“

„Wozu haben Sie das Mikrofon angeschlossen?"

„Um Ton aufzuzeichnen."

„Das bedeutet: Wenn wir Video und Ton aufzeichnen, wollen wir nicht nur das Video sehen, sondern auch den Ton hören. Dafür ist das Mikrofon. Für den Ton."

„Ton war nicht beauftragt."

„Sollen wir Stummfilme schauen?"

„Für Ton bin ich nicht zuständig."

„Gut. Tut mir leid, wenn man Sie da falsch gebrieft hat – wie bekommen wir jetzt einen Lautsprecher?"

„Ich habe jetzt noch zwei Veranstaltungen."

„Das sagt mir nichts. Wann haben wir die Lautsprecher? Ich beginne in einer Stunde, kann aber flexibel sein, wenn Sie mir eine konkrete Zeit nennen."

„Ich hab' noch zwei Veranstaltungen."

„Ich weiß jetzt, wie viele Veranstaltungen Sie haben – aber ich weiß nicht, wann Sie kommen und den Lautsprecher anschließen."

Dann legt er auf. Es ist ein Klassiker, der eskalieren musste. Meine Verärgerung war natürlich vorgeprägt mit der Erwartungshaltung: Wenn das eine Fremdfirma realisiert, die sonst keinerlei Vorstellungen von Medientrainings hat, dann steht da mit Sicherheit die falsche Technik. Und so war es dann auch. Im Privaten wäre diese Kommunikation mit der Haustechnik in einem vergleichbaren Fall so abgelaufen:

„Wann bist Du hier?"

„Ich fahre in 10 Minuten los."

„Wann bist Du hier?"

Wenn ich einen Besucher vom Bahnhof abholen möchte – muss ich dann wissen wann er losfährt, oder wann er (laut Plan) am Zielbahnhof ankommt? Meine Seminarteilnehmer müssen wissen, wann das Seminar beginnt – nicht, wann der Trainer das Hotel verlässt und sich auf den Weg macht. Was auch nicht funktioniert:

„Oh, das sieht aber lecker aus. Was ist das?"

„Das habe ich selbst gebacken."

Hier wird es nur im Spaß eskalieren, denn man möchte natürlich etwas von diesen „Dingern" haben. Etwas ernster könnte es beim nächsten Beispiel werden:

„Worauf hast Du denn heute Lust?"

„Also Kino nicht."

„Gut. Was möchtest Du heute Abend machen?"

„Nicht zu Sabine. Da waren wir erst neulich."

„Was möchtest Du heute Abend machen?"

Eine derartig verlaufende Kommunikation muss in den meisten Fällen eskalieren, sofern der Fragende nicht verschiedene Antwortmöglichkeiten zur Auswahl anbietet. Ob es dann jemand von der Haustechnik, ein Kollege oder der Ehepartner sein mag spielt dabei keine Rolle. Im Falle des bockigen und unflexiblen Haustechnikers hätte etwas mehr konstruktive Führung meinerseits im Gespräch der Lösung gut getan:

„Oh, da haben Sie sicher viel zu tun. Schaffen Sie es bis 10 Uhr? Dann mache ich in der Zeit andere Inhalte und baue den Lausprecher in der Kaffeepause selbst auf. Stellen Sie ihn einfach vor die Tür oder kommen kurz rein" oder:

„Haben Sie vielleicht eine Möglichkeit, mir einfach jemanden vorbei zu schicken? Anschließen kann ich den auch selbst."

Oder im Bereich der Schlagfertigkeits-Techniken die Umkehrung der Situation.

„Welche Lösung bieten Sie mir an?"

Das suggeriert Freiheit für den, der nun das Problem aus der Welt schaffen soll, ist aber in Wirklichkeit ein ganz enger Korridor, in den man seine Gegenüber setzt. Man zwingt ihn dadurch, sich zu fokussieren und das Mit-Denken einzuschalten, sich folglich nicht auf das Anti-Denken zu konzentrieren. „Das ist nicht meine Aufgabe“ ist ein Polster der Faulheit. Mehr nicht.

Im Führungsmanagement gibt es den Begriff des Monkey-Managements. Das Monkey-Management betrifft Situationen, die in etwa so beginnen: Ein Angestellter, der den Chef dazu bringen möchte, seine kniffligen Fälle zu übernehmen, kommt zu ihm ins Büro und beginnt die Kommunikation mit dem Satz: „Chef, wir haben da ein Problem.“ Der Chef weiß natürlich, dass er mehr Kenntnisse und Befugnisse hat als der Mitarbeiter und er sieht eine Chance, sein Wissen zu beweisen. Das Problem sitzt dem Mitarbeiter wie ein kleines, fröhliches Äffchen auf der Schulter und hangelt sich langsam auf den Schreibtisch des Chefs. Da sitzen schon ein paar andere Äffchen, die sich darüber freuen, wenn Besuch kommt. Gegen 17 Uhr sind die Mitarbeiter im Feierabend und der Chef sitzt noch bis 23 Uhr im Büro und macht die Arbeit seiner Angestellten. Irgendwann schnappt er dann aus der Belegschaft, die sich von ihm gerade unbeobachtet fühlt, den Satz „Lass mal. Das geben wir unserem Heinzelmännchen“ auf. Spätestens dann ist klar, wer hier der Dumme in dem ganzen System ist. Man muss dafür übrigens nicht unbedingt Chef sein. Kollegen, die dafür bekannt sind, sehr hilfsbereit zu sein und die von Natur aus die Veranlagung haben, gerne schwierige Aufgaben anderer erfolgreich zu lösen, sind dafür genauso anfällig. Sie werden von der Belegschaft gnadenlos ausgenutzt. Von komplexen Problemlösungen bis hin zum Ein- und Ausräumen der Spülmaschine in der Teeküche. Das Erste, was ein Vorgesetzter beigebracht bekommt, ist die deshalb Antwort: „Ich verstehe. Sie kommen mit einem Problem zu mir. Welche Lösungsvorschläge haben Sie denn erarbeitet?“ Und dann schickt man den Mitarbeiter wieder weg, sofern nicht gerade beißender Qualm im Flur steht und der Feueralarm schrillt. Also in gut 99,999 Prozent aller Fälle. Das Umkehren der Situation ist unerlässlich – im Führungsmanagement, aber auch bei der Vorbereitung von Schlagfertigkeit, mit der wir unsere (berechtigten) Interessen durchsetzen möchten.

Auch das ist eine wirkungsvolle Diät im Ärger-Fasten.

Schlagfertigkeit

Schlagfertigkeit ist lernbar. Natürlich wird es Naturtalente geben, die uns immer eine Nasenlänge voraus sein werden und deswegen eine harte Nuss bleiben werden. Aber das darf uns nicht davon abhalten, unsere Möglichkeiten in der Schlagfertigkeit zu verbessern und uns mit Schlagfertigkeit wieder Raum zum Atmen zu verschaffen. Wichtig ist, dass wir bei der Anwendung von Schlagfertigkeit eine gewisse Selbstsicherheit ausstrahlen. Das gilt sowohl für die Körpersprache, als auch für Stimme und Atmung. Probieren Sie es aus: Versuchen Sie einmal mit hängenden Schultern, einer leisen Stimme und gesenktem Blick überzeugend zu wirken – das wird nicht funktionieren. Beobachten Sie die Zeitgenossen, die zum Beispiel in der Firma stets zu überzeugen vermögen: Sie sprechen laut und deutlich, ohne dabei zu schreien. Bedenken Sie: Gute Schauspieler erreichen die letzte Reihe im Theater nicht durch Lautstärke, sondern durch saubere Artikulation. Wenn Sie die Pointe Ihrer Replik vernuscheln, nutzt Ihnen die intelligenteste Antwort nichts. Ebenso nutzt es nichts, eine selbstbewusste Antwort herauszuhauen – dabei aber die Schultern hängen zu lassen oder mit gesenktem Blick dem Gegner auszuweichen. Da müssen Sie eventuell Ihre Komfortzone deutlich verlassen. In meinen Trainings machen wir eine „Opfer-Übung", bei der Körpersprache, Stimme und Mimik geübt werden, deren Sinn sich den Teilnehmern nicht immer direkt erschließt. Aber spätestens dann, wenn wir Schlagfertigkeit auch textlich ausprobieren und anwenden, haben genau jene Teilnehmer die besten Erfolge, die sich konsequent an das Timing der „Opfer-Übung" halten.

Und so wird's gemacht: Zwei Teilnehmer stellen sich ca. 1,5–2 Meter (je nach Körpergröße) voneinander auf und blicken sich an. Einer ist das „Opfer", der andere der „Schlagfertiger". Im Briefing gehen wir davon aus, dass unser „Opfer“ zuvor mit einer (dummen) Bemerkung provoziert hat. Ihm schleudern wir nun unsere Replik entgegen, die einen schlagfertigen Spruch symbolisieren soll. Wir machen den Verursacher unseres Ärgers (Täter) folglich durch die Erwiderung zum „Opfer“. Das wird auch artikuliert: Die Aufgabe besteht nun darin, von der Körpersprache und Mimik her eine Situation zu schaffen, die das „Opfer“ als unangenehm empfindet. Danach wird gewechselt. So sieht der Ablauf mit Text und Regieranweisungen aus:

[Mit ein, bis zwei Schritten auf das „Opfer“ zugehen und stehenbleiben. Fester Augenkontakt]

„Opfer! Opfer! Opfer!“

[Den Blick auf Augenhöhe belassen, aber seitlich abwenden. Nicht senken, nicht nach oben schauen und weitergehen

Wer sich mit dem Non-Text „Opfer! Opfer! Opfer!“ auch nach mehrmaliger Wiederholung immer noch schwertut, der darf ersatzweise die Varianten

„Mach doch Deinen Scheiß alleine!“ oder

„Das lasse ich mir von Dir nicht bieten!“

verwenden. Wenn das „Opfer“ dem „Schlagfertiger“ bestätigt, dass seine Körpersprache als unangenehm empfunden wird, darf gewechselt werden.

Bei starken Unterschieden in der Körpergröße der beiden Kontrahenten sollten unterschiedliche Varianten gewählt werden. Bei einem etwas größeren Abstand (2–3 m) kann der Unterschied zwischen 1,60 m und 1,95 m Körpergröße ausgeglichen werden. Hier muss jetzt der „Schlagfertiger“ entscheiden. In der Regel zeigt sich in der praktischen Übung, dass bei einem solchen Unterschied in der Körpergröße eine drastische Reduzierung des Abstandes zueinander (also deutlich näherkommend als bei zwei gleichgroßen Gegnern) die gewünschte Wirkung verstärkt. Der Größere schaut damit auf den Kleineren hinab. Das leuchtet ein, denn er kann seine scheinbare körperliche Überlegenheit als Machtzusatz einsetzen. Aber auch umgekehrt funktioniert es – allerdings nur bei besonders fester Stimme und festem Augenkontakt: Der Kleinere geht gewissermaßen „dicht in den Mann hinein", wie es beim Boxen heißt. Der kleinere „Schlagfertiger" wirkt somit deutlich giftiger und hat deshalb in seiner Körpergröße keinen Nachteil. Insbesondere bei kleineren Frauen gegen deutlich größere Männer kann das sehr wirkungsvoll sein.

Während dieser Übungen gehe ich als Trainer natürlich herum, korrigiere, was mir als weniger effektiv auffällt, bis es wirklich unangenehm wird. Dabei mache ich immer wieder die Beobachtungen:

- Wer bei „Opfer! Opfer! Opfer" den Blick nicht hält, wird eher belächelt als ernst genommen.
- Wer bei „Opfer! Opfer! Opfer!" seitlich am Gegner vorbeischleicht, kann keinerlei unangenehmes Gefühl beim Gegner erzeugen.
- Wer diese Übung nicht sauber durchführt und dadurch nicht mit einem klaren Erfolg beendet, der wird es bei den späteren Übungen schwerer haben, seine Schlagfertigkeit voll zu entfalten.

Wer sich jedoch über seine Körpersprache und Stimmeinsatz bewusst wird und beides in Einklang miteinander optimiert, der hat auch lange Zeit nach diesem Seminar mehr Erfolg in Gesprächen, Meetings, Präsentationen und ganz alltäglichen Situationen, die uns immer wieder auf die Palme bringen. Machen Sie den Test: Wenn zwei Menschen sich länger als vier Sekunden in die Augen schauen, wird es entweder unangenehm, ein Flirt oder einer von beiden beginnt verbal zu kommunizieren. Das funktioniert auch (leider) in den sogenannten „Prekarier-Stadtteilen“, wo die „sozialen Brennpunkte“ ihr Zuhause haben. Der Satz „Was guckst Du?“ verbunden mit einer eher als unangenehm empfundenen Art des direkten und unmittelbaren Körperkontaktes hat dort seinen normalen Lebensraum. Forscher haben einmal herausgefunden, dass Kinder, die schon im Kleinkindalter in übermäßigem Umfang billig produzierte Zeichentrickfilme konsumieren, in denen die Figuren keine wirkliche Mimik aufweisen, später echte Probleme damit haben, Gefühlsäußerungen in den Gesichtern Ihrer Gegenüber richtig zu interpretieren. Das traurige Ergebnis: Aus Verunsicherung heraus erfolgt dann nach dem Satz „Was guckst Du“ ein Schlag ins Gesicht des Gegenübers. Hier ist die nonverbale Kommunikationskompetenz beispielsweise nicht ausgebildet. Das ist natürlich nicht der einzige Indikator solch asozialen Verhaltens, aber ein nicht unerheblicher.

Hunden und Katzen sagt man eine Feindschaft nach – erstaunlicherweise aber nicht jenen Exemplaren, die gemeinsam aufgewachsen sind. Das hat eine ganz einfache Erklärung: Die Körpersprache von Hunden und Katzen ist unterschiedlich. Wenn sie gemeinsam aufwachsen, lernen sie voneinander und schauen sich auch gegenseitig körpersprachliche Ausdrücke voneinander ab. Fremdsprachen lernen die beiden nicht: Die Katze wird nicht Bellen und der Hund nicht miauen. Treffen sie aber erst im Erwachsenenalter aufeinander, haben sich die Merkmale der Körpersprache bereits gefestigt und sind nicht mehr offen für Neues. Sie sind gewissermaßen „festgefahren“ in der Kommunikation. So kommt es zum Konflikt.

In der „Opfer“-Übung erlernt der „Schlagfertiger“ auch das richtige Timing mit den Augen. Denn: Wer nach der Aussage „Opfer! Opfer! Opfer“ am Gegenüber vorbeigeht, jedoch den Fehler begeht, den Blick dennoch weiter in die Augen des Gegners zu richten, der fordert eine weitere Antwort des Gegenübers geradezu heraus und kann sich damit selbst schaden. Unsere Taktik muss also – in der Kombination: Stimme, Mimik, Körpersprache – ganz klar darauf ausgerichtet sein, den Gegner nach unserer Replik (hier: „Opfer! Opfer! Opfer!") zu ignorieren. Er interessiert uns nicht mehr. Wir lassen den Gegner im Ring liegen, gehen in unsere Ecke oder lassen uns von den Zuschauern schon mal feiern, während wir dem Ringrichter es überlassen, ihn auszuzählen.

Schlagfertigkeit vorbereiten

„Wie? Schlagfertigkeit kann man doch nicht vorbereiten" – Diesen Satz höre ich mit Sicherheit in jedem Seminar. Doch man kann! Schlagfertigkeit ist vorzubereiten, man kann sich darauf einstellen und muss sie nicht erst erfinden, wenn Not am Mann ist.

Einen Sicherheitsgurt legt man vorsorglich an, damit er im Falle eines Unfalls greift. Ein Rettungsboot wird vor dem Ablegen aus dem Hafen mitgenommen und auch ein Verbandskasten ist im Büro griffbereit. Niemand gibt die Bestellung dafür beim Bürodienstleister erst auf, wenn der erste Kollege sich bereits eine Fingerkuppe abgerissen hat. In der Kommunikation ist es nicht anders. Auf das Ärger-Fasten kann man sich mental vorbereiten – das haben Sie bereits erfahren. Und auch Schlagfertigkeit kann man vorbereiten.

Es gibt zahlreiche Situationen in unserem Privat- oder Berufsleben, die wir schon dutzende Male erlebt haben, oder die wir mit etwas gesundem Menschenverstand vorhersehen können. Ganz oder teilweise – aber es sind demnach Situationen, auf die wir uns einstellen können, wo wir uns auf zu erwartende Kommunikationsmuster einstellen und schon einmal einige Handlungsweisen und Kommunikationsstrategien zurechtlegen können.

Nehmen wir die Fahrt mit einem Taxi. Sie haben eingekauft, wollen nicht auf eine überfüllte Straßenbahn warten mit ihren ganzen Tüten und Kartons und gönnen sich eine Taxifahrt. Nun wissen Sie, dass das jetzt keine Stadtrundfahrt werden wird, sondern eine kurze Strecke, die vermutlich knapp unter zehn Euro liegen wird. Es gibt zahlreiche Taxifahrer, die darauf mit Unmut und dummen Bemerkungen reagieren – was bei uns wiederum den Ärger hochkommen lässt. Schließlich sind Taxen ein öffentliches Verkehrsmittel und es besteht auch unter diesen Bedingungen eine Beförderungspflicht. Allerdings können wir nicht einschätzen, ob der vordere Fahrer bereits zwei Stunden auf diese Position gewartet hat, oder gerade vorgefahren ist, weil heute viel zu tun ist und zahlreiche Fahrgäste die Wartezeit verkürzen. Versuchen Sie es vor dem Einsteigen einmal so:

„Ich habe heute nur eine kurze Fahrt. Vermutlich unter zehn Euro. Soll ich den letzten in der Schlange nehmen, oder möchten Sie die Fahrt annehmen?"

Sie haben grundsätzlich die freie Wahl in der Taxischlange. Dass man den ersten Wagen von vorne nimmt ist üblich und ungeschriebenes Gesetz. Aber es ist vor allem ungeschrieben. Sie haben grundsätzlich als Fahrgast die freie Wahl. Wenn zum Beispiel ein bestimmter Fahrzeugtyp in der Schlage steht, mit dem Sie unbedingt einmal fahren möchten, können Sie das tun. Sie müssen nicht warten, bis andere Fahrgäste die acht anderen Fahrzeuge vor Ihrem Wunschtaxi abgerufen haben. In neun von zehn Fällen wird der Fahrer höchstwahrscheinlich sagen:

„Nein, steigen Sie ruhig ein."

Er bekommt nämlich Diskussionsbedarf mit dem zweiten Fahrer, der in der Schlange wartet, wenn er sie nach hinten schickt. Denn dann bleibt der zweite weiterhin Zweiter und kann nicht auf die Position eins aufrücken. Erfahrene Fahrer werden bestätigen, dass sich das im Laufe der Schicht in der Regel alles wieder ausgleicht. Man nimmt eine kurze Fahrt an, bekommt aber dadurch vielleicht eine lukrativere Anschlussfahrt ohne weitere Wartezeit und so weiter. Aber mit Ihrem Angebot haben Sie ihm die Luft aus den Segeln genommen, die achtminütige Fahrt leise, aber für Sie hörbar, vor sich hin zu fluchen. Benzinpreise, Wartezeiten und dann kein Geld verdienen. Solche Fahrer versuchen in der Regel, Ihnen durch Suggerieren eines schlechten Gewissens mehr Trinkgeld aus dem Kreuz zu leiern. Bleiben Sie standhaft: Wer unfreundlich ist, bekommt kein Trinkgeld und Sie lassen sich in jedem Fall noch eine Quittung mit korrektem Start- und Zielpunkt geben (also nicht: „Stadtfahrt"). Das vermeidet, dass der Fahrer Ihnen noch eine Unverschämtheit hinterherruft – was Sie wiederum ärgern würde (auf der Quittung steht die Taxi-Nummer). Und darüber hinaus ärgern Sie sich nicht über sich selbst, weil sie sich vor lauter Ärger die Taxinummer nicht gemerkt haben. Der Fahrer, der die Fahrt nach Ihrem Angebot, auf Wunsch auch den letzten Wagen von hinten zu nehmen, annimmt (denn der wartet noch nicht so lange auf einen Fahrgast) und Sie bittet einzusteigen, hat keinerlei Grundlage mehr, Ihnen die Ohren vollzujammern. Macht er es dennoch, weisen Sie ihn (immer wieder und konsequent) auf Ihr Angebot hin und lehnen jegliche Diskussion darüber ab.

An Taxifahrern können Sie auch für die Kommunikation ganz gut üben. Man verbringt eine kontrollierte Zeit miteinander, nutzt ein unverbindliches und zeitlich klar begrenztes Gespräch zu allen möglichen Themen, die die Menschheit gerade beschäftigen und sieht sich danach höchstwahrscheinlich nicht mehr so schnell wieder. Taxifahrer sind Multiplikatoren: Sie treffen zahlreiche Menschen, lesen tagsüber noch Zeitung, hören viel Radio und haben so ziemlich zu allem und jedem eine Meinung. Politiker nutzen solche Kontakte sehr gerne, wissen Sie doch, dass der Fahrer anschließend anderen Fahrgästen von seiner Begegnung mit XY erzählen wird und was dieser für Ansichten hatte – oder wie er „dem mal so richtig die Meinung gegeigt hat."

Für das Kommunikationstraining sind derartige Alltagssituationen gut geeignet, Dinge einmal auszuprobieren. Das bedeutet nicht, dem Fahrer durch eine gezielt geplante Eskalation die Schicht zu verderben. Aber wenn Sie ein Thema anstoßen, in dem Sie sich sicher und gut informiert fühlen und der Taxifahrer darauf mit Allgemeinplätzen antwortet, haben Sie ein funktionales, fast schon repräsentatives Bild, wie auch andere Menschen kommunizieren. So können Sie sich für andere Situationen gut wappnen und darüber hinaus mehr Schlagfertigkeitsroutine entwickeln.

Andere, vorhersehbare Situationen, sind beispielsweise im Kollegenkontakt sehr gut nutzbar. Nach einiger Zeit haben wir ein Gespür dafür entwickelt, wie Kollegen sich in bestimmten Situationen verhalten. Das gilt für gleichgestellte Kollegen genauso, wie für Vorgesetzte oder Untergebene. Zuweilen werden Verhaltensweise auch von Vorgesetzten durch mündliche Anweisungen vorgegeben, was Konflikte verschärft. Beispielsweise: „Denen von III/b wollen wir es mal demnächst so richtig zeigen. Die drücken uns immer ihre Arbeit auf und da müssen wir etwas gegensteuern." Der Vorgesetzte macht in diesem Fall zwar entsprechende Vorgaben – überlässt die Auseinandersetzung aber seinen Mitarbeitern. Übrigens auch eine der Verhaltensweisen von Vorgesetzten, mit denen ich mich in meinen Seminaren immer wieder konfrontiert sehe. Allerdings nicht durch die Vorgesetzten selbst, sondern durch die Mitarbeiter, die diese Konflikte für die Vorgesetzten auf der Arbeitsebene führen sollen. Hier kommt man mit Schlagfertigkeit nicht weiter – und auch Gelassenheit ist nur bis zu einem gewissen Punkt hilfreich. Im Grunde genommen müssten hier die Organisationsstrukturen der Arbeitnehmerschaft greifen: Betriebsrat, Personalrat – oder, sofern dies noch möglich ist, ein entsprechendes Gruppengespräch des Teams mit dem Vorgesetzten. Schlagfertigkeit ist kein Allheilmittel für betriebliche Konflikte aller Art. Eher ein Breitband-Antibiotikum – aber kein Wundermittel für Alles.

Umgebung genau beobachten

Als Kinder und Jugendliche hatten wir ein Spiel, das wir „Synchronstudio" nannten. Hier mussten wir wildfremde Menschen in unserer Umgebung nachsynchronisierten. Das ging so: Wir saßen in einem Park, Schwimmbad oder Café und beobachteten andere Menschen, die sich gerade unterhielten. Jeder von uns übernahm eine der Personen und musste, wenn diese erkennbar sprach, sich ganz schnell einen Text ausdenken, den man der Person in den Mund legte. Wenn nur einzelne Personen zur Verfügung standen, vertonten wir deren Gedanken. Das funktioniert auch mit jemandem, der Schwierigkeiten hat, das Fahrradschloss zu entriegeln, einem Kind, das vom Dreimeterbrett wieder herunterklettert (unsere Bemerkungen aber auf keinen Fall hören sollte!) oder jemandem, der im Supermarkt ziellos umherirrt. Das konnten wir stundenlang machen und es kamen dabei die absurdesten – aber zum größten Teil höchst amüsanten – Texte heraus. Wir kamen aus dem Lachen nicht mehr heraus. Das war nicht immer alles politisch korrekt und für die Nachwelt bestimmt – aber in der Situation hat es eine Menge Spaß gemacht.

Sie fahren gerade Zug? Sitzen in der U-Bahn oder hängen in einem langweiligen Meeting ihren Gedanken nach? Beobachten Sie die Umgebung. Achten Sie auf äußere Merkmale wie Kleidung, Körperhaltung, eine auffällige Frisur oder eine Frisur mit Defiziten, wie sie bei Männern oft vorkommt, die kahle Stellen mit langen Haaren von der gegenüberliegenden Kopfhälfte durch herüberkämmen kaschieren möchten oder einen etwas gedankenverlorenen Gesichtsausdruck aufweisen. Eventuell noch ein Detail wie nervöses Reiben der Finger bei dem Zielobjekt. Da hinten kramt jemand umständlich nach seiner Fahrkarte? Ein Mann schaut – wie er denkt – scheinbar unauffällig einer attraktiven Mitreisenden hinterher? Zwei Frauen tuscheln offensichtlich über einen Mann, der offenbar eine Kombination für Farbenblinde gewählt hat? Formulieren Sie im Stillen, was diese Person gerade denken könnte. Wenn es ihnen dann schwerfällt ein leises oder lautes Lachen wieder in den Griff zu bekommen, sind Sie auf dem richtigen Weg. Das ist eine einfache, aber effektive Lockerungsübung, um Schlagfertigkeit in einem für Sie geschützten Raum zu trainieren. Wenn Sie den richtigen Tonfall in ihren Gedanken gefunden haben, brauchen Sie in der passenden Situation nur noch den Ton einzuschalten und Sie wenden Schlagfertigkeit auch tatsächlich an.

Versuchen Sie in alltäglichen Situationen, Mechanismen im Verhalten ihrer Mitmenschen zu erkennen und auch die maximalen Konsequenzen daraus abzuleiten. Beispielsweise, wenn wir uns über Menschen aufregen, deren Tätigkeiten wir als ineffizient und gedankenlos empfinden, die uns aber weder beruflich, noch privat tangieren. Wir sind folglich Beobachter von außen, denen Dinge auffallen, die so nicht sinnvoll und effektiv sein können. Da wäre beispielsweise die Frau vom Kantinenpersonal. Sie hat einen riesigen Saal voller Tische und Stühle vor sich, es ist schon deutlich nach dem eigentlichen Dienstschluss, aber eine Arbeit muss noch erledigt werden: Die Herrichtung für den nächsten Tag. Sie schiebt eine Art Servierwagen vor sich her. Oben stehen ungefähr 30 Tischvasen mit Blumen, darunter ein Putzeimer mit Wasser und diversen Schwammtüchern. Zunächst stellt sie die Vasen auf die Tische. Danach nimmt sie den Eimer und ein Schwammtuch und wischt die Tische ab. Natürlich sehr langsam und vorsichtig um die zuvor platzierten Vasen herum zu wischen und keine davon zu beschädigen. Merken Sie etwas?

Wenn man mit offenen Augen durch den Alltag geht, dann fallen uns dutzende solcher Begebenheiten auf. Es sind die Verhaltensweisen von Menschen, die – wenn wir unmittelbar mit ihnen zu tun haben und nicht wie in dem oben aufgeführten Beispiel nur als unbeteiligter Besucher solche Beobachtungen machen – uns täglich auf die Palme bringen können.

Aus dem Nebenbüro hört man den Unmut des Kollegen: „Scheiß Computer, das dauert wieder …“ und so weiter, und so weiter. Man bietet Hilfe an, schaut nach und erkennt, dass er unzählige Klicks braucht, bis er das gewünschte Ergebnis hat. Sie fragen höflich, bieten Ihre Hilfe an und zeigen ihm dann einen Short-Cut (Tastenkombination), mit dem er sofort und unmittelbar direkt dort ist, wo er sich gerade mühevoll hingeklickt hat. Er ist verblüfft und dankbar, bittet Sie, es ihm noch ein-, zweimal zu zeigen, damit er es sich besser merken kann. Sie tun das gerne und ohne Ihre Überlegenheit zur Schau zu stellen. Drei Tage später hören Sie aus dem Nebenbüro den Unmut des Kollegen: „Scheiß Computer, das dauert wieder …“ Nichts gelernt, nichts verändert.

Wenn die Menschheit ein Unternehmen wäre, das Gewinne abwerfen müsste, dann würden wir nicht in einem solchen Dickicht aus Gedankenlosigkeit, Gleichgültigkeit und Ineffizienz feststecken. Und wir bezahlen für diese Ineffizienz.

Nehmen wir einen lokalen Sanitärbetrieb. Ein Wasserboiler muss ausgetauscht werden, so ist es beim ersten Termin mit dem Meister besprochen worden. Alter Boiler raus, neuer Boiler rein. Es kommen ein Geselle und ein Lehrling. Sie sind pünktlich. Oben wird erst einmal guten Tag gesagt, das Badezimmer besichtigt und alles genauestens inspiziert. Sie müssen aber nicht denken, dass die direkt den neuen Boiler schon mal mit nach oben bringen, oder zumindest das Werkzeug, um den alten abzubauen, schließlich stehen die zu erledigenden Arbeiten auf dem Auftragszettel und die Erfahrung lehrt den Monteur, dass man Boiler nicht mit bloßen Händen ab- und anbauen kann. Werkzeug? Nein. Das muss erst noch geholt werden. Die ersten 15 Minuten sind damit schon vorüber – bei einem Stundenlohn von 80 Euro für die Montage sind somit 20 Euro schon verdient. Sie zahlen also 20 Euro für das Vergessen einer Werkzeugtasche. Das sollte ich mir mal bei meinen Seminaren erlauben.

„Ach so, ja. ‚Medientraining'. Dann gehe ich jetzt einmal runter und hole die Kamera aus dem Auto."

„Tja. Jetzt wo ich die Kamera hier oben habe, brauchen wir vermutlich noch ein Stativ? Was meinen Sie, wäre das gut? Ich schau mal unten, was ich so im Auto habe."

„Haben Sie eigentlich auch Strom hier oben? Weil ich die Akkus nicht geladen habe. War so viel zu tun. Da habe ich das vergessen."

Schauen wir uns einfache Servicedienstleistung für die man außer einer Einweisung in die Tätigkeit nicht wirklich eine komplizierte Ausbildung benötigt, einmal etwas genauer an, um die

Komplexität alltäglicher Fehler, die wir als unbedeutend ausblenden, besser sichtbar zu machen.

Kellner im Hotelfach ist mit Sicherheit ein Beruf, der einer Ausbildung bedarf – das Hochfahren eines Tabletts auf einem Servierwagen dagegen als eine seiner Teilaufgaben nicht. Der Zimmerkellner eines 4-Sterne-Hotels, der viermal durchs ganze Haus laufen muss, um eine einfache Standard-Frühstücksbestellung komplett auszuführen (zum Ei gehören Salz und Pfeffer, zum Brot gehören Butter oder Margarine, zum Müsli gehört ein Löffel und zu einer leeren Kaffeetasse Kaffee), der kann für 5 Euro Zimmeraufschlag nicht kostenneutral arbeiten. Geschweige denn, dass er gewinnorientiert für seinen Arbeitgeber, oder trinkgeld-maximiert für sich selbst arbeitet. Abgesehen davon, dass in diesem konkreten Fall das Hotel in Frankfurt 17 Euro für das Frühstück verlangt und der Gast bei einem Serviceaufschlag von 5 Euro also eine Gegenleistung erwartet, die mit 22 Euro als fair empfunden werden sollte, weil er sonst unzufrieden ist.

Grundsätzlich müssen wir festhalten: Das Hotel bietet diesen Service seinen Gästen aktiv an. Es handelt sich also nicht um einen Sonderwunsch, der von der Routine abweicht, sondern eine Regel-Dienstleistung, die das Hotel mit 5 Euro Serviceaufschlag kalkuliert hat, damit es kostenneutral ist oder im Optimalfall durch besseren Service mehr Gewinn abwirft. Sie sagen, das ist eine Nebensächlichkeit? Nur auf den ersten Blick. Rechnen wir diese Arbeitsweise einmal mit einem einfachen Dreisatz hoch: Sagen wir, er bekommt 12,50 Euro Stundenlohn (Das entspricht 2.000 brutto/Monat bei 160 Arbeitsstunden). Dann sind diese 12,50 Euro Stundenlohn zzgl. Lohnnebenkosten ca. 17,50 Euro/Stunde, die das Hotel für seinen Arbeitsplatz erwirtschaften muss, um nicht Minus zu machen. Er geht einmal mit dem Tablett zum

Zimmer und anschließend – weil der Gast viermal reklamieren muss – weitere vier Mal durchs komplette Hotel. Das kostet den Arbeitgeber ungefähr 25 Minuten Arbeitszeit – also 7,29 Euro. In den 5 Euro Serviceaufschlag, die vom Gast zu entrichten sind, sind noch 19 Prozent Mehrwertsteuer enthalten, macht also eine Nettoeinnahme für das Hotel von 4,20 Euro – bei 7,29 Euro Kosten. Sein Arbeitgeber zahlt also 3,09 Euro drauf und macht mit dieser Dienstleistung ein Minus. Etwas dramatischer sieht das dann in Prozentzahlen aus: Zwischen einer realen Einnahme von 4,20 Euro und einer benötigten Einnahme von 7,29 Euro (nur zur Kostendeckung, ohne Gewinn) liegen 73 Prozent, die dem Hotel fehlen (4,20 Euro + 73 Prozent = 7,26 Euro – das ist also noch etwas abgerundet). Unterstellen wir besagtem Kellner durchgehend eine ineffiziente Arbeitsweise, die sich konsequent durch seinen Arbeitsalltag zieht – also auch dort, wo keine Serviceaufschläge von einem Gast zu entrichten sind – dann verursacht er bei einem Bruttolohn von 2.000 Euro für den Arbeitnehmer und 2.800 Euro für den Arbeitgeber (Lohnnebenkosten) theoretisch reale Kosten von 4.844 Euro (2.800 Euro Arbeitgeber-Bruttolohn zzgl. 73 Prozent Ineffizienz) Das ist ein durchaus beachtlicher Betrag, den das Hotel an anderer Stelle hereinbekommen muss.

Alternative: Die Kolleginnen und Kollegen gleichen seine Ineffizienz aus. Sie kontrollieren seine Arbeit, erinnern ihn an Salz und Pfeffer und daran, dass der Gast mit einer leeren Tasse alleine recht wenig anfangen kann. Damit fällt er im System nicht mehr auf. Das sind dann die Kolleginnen und Kollegen, von denen die Belegschaft den Eindruck hat, wir würden sie mitschleppen. Und faktisch ist das auch so – denn sie senken die Leistung der Gruppe, erwecken den Eindruck, dass man auch ohne sorgfältige Leistung durchs Leben kommt und demotivieren diejenigen, die mit Engagement und Freude ihre Dienstleistung erbringen. Auch beim Zimmerfrühstück. In besagtem Hotel habe ich in einem Jahr zwölf Nächte verbracht. Nur einmal kam das Frühstück tatsächlich so wie bestellt, selbst, nachdem man die Verantwortlichen höflich und ohne wüste Beschwerde sachlich darauf hingewiesen hat.

Vermutlich sind Sie nicht zwölfmal im selben Hotel Gast gewesen und haben elfmal die gleiche Erfahrung gemacht wie ich. Wenn Sie aber ein wenig nachdenken, fallen Ihnen vermutlich schnell ähnliche Beispiele aus anderen Branchen ein. Der Kfz-Werkstatt, dem Restaurant, der Hausverwaltung oder der EDV-Abteilung aus dem eigenen Unternehmen. Man kann natürlich die Auffassung vertreten: Das sind nur Kleinigkeiten, das Große funktioniert doch. Das ist eine (!) Sichtweise. Eine andere könnte sein: Wenn das bei Kleinigkeiten schon nicht sorgfältig funktioniert, wie kann ich denen dann bei wirklich großen Dingen vertrauen?

Bleiben wir beim oben erwähnten Hotel. Sie kennen das Hotel von Dienstreisen und auch dessen Frühstücksservice, wie eben von mir beschrieben: Würden Sie eine Tagung Ihrer Firma dort ausrichten lassen, den 90. Geburtstag Ihrer Großmutter oder eine Hochzeitsfeier mit 100 oder 200 Gästen? Oder hätten Sie dann eher nicht die Erwartungshaltung, dass Sie (fast) jeden Arbeitsschritt des Servicepersonals und das Buffet bis ins kleinste Detail überprüfen müssten? Sind genug Suppenlöffel da? Hat jeder ein Dessert, oder sind die Kinder vergessen worden? Und so weiter, und so weiter. In besagtem Hotel übernehmen vermutlich andere Kolleginnen und Kollegen die fehlenden Arbeitsschritte meines Beispiel-Kellners und gleichen das entsprechend aus.

Glauben Sie mir, es ist kein Einzelfall. In einem größeren Unternehmen dauert es in einem Seminar nicht lange, bis jemand genau solche Erfahrungen schildert.

„Der X ist so ineffizient, den schleppen wir schon seit Monaten durch."

„Ja stimmt. So einen haben wir auch. Das ist der Y. Der hat uns neulich das komplette Projekt um drei Wochen nach hinten zerschossen."

Und fragt man als Seminarleiter nach der Lösung, hört man:

„Ja. Ne. Haben wir keine. Wir machen seine Arbeit halt mit."

Ist das erstrebenswert? Eine Abteilung, in der acht von neun Kollegen Frust schieben, weil einer nicht in der Spur läuft?

Dieses Beispiel findet sich in zahlreichen anderen Lebensbereichen unseres Alltags wieder, in denen Menschen ineffektiv und gedankenlos arbeiten. Oftmals sind die Folgen einer Duldung viel schlimmer, als dieses Verhalten nicht weiter zu decken und in die Auseinandersetzung zu gehen. Ich kenne viele Menschen, die gerne in Serviceberufen tätig sind, ihre Gäste gerne bewirten oder Menschen, die gerne als Feuerwehrmann oder Sanitäter arbeiten – selbst wenn es nach objektiven Kriterien Knochenjobs sind. Wenn mir zum Beispiel ein Teilnehmer eine Frage stellt, die ich nicht sofort umfänglich beantworten kann, dann wäre es schon sehr merkwürdig, wenn ich ihn auffordern würde, das doch „einfach mal selbst im Internet zu googlen." Also muss ich nachliefern und nacharbeiten – am Ende bin ich aber auch selbst ein Stück schlauer als vorher. Oder wenn beim Medientraining meine Auftraggeber mich daran erinnern müssten, dass zu den Funksendern auch die Mikrofone und Funkempfänger gehören. Da ist es prinzipiell dasselbe, ob beim Rührei Salz und Pfeffer fehlen oder bei der Kamera die SD-Karte für die Aufzeichnung.

Der erste Tag, an dem man nicht schlauer ist als am Tag davor, ist der Tag nach dem Tod.

Standard-Situationen vorher durchspielen

Dies ist wieder ein Kapitel mit einer praktischen Übung, mit der Sie sich für die eigene Schlagfertigkeit besser vorbereiten können, aber auch dem Ärger-Fasten wieder eine gute Gelegenheit geben, sich nützlich zu machen und dabei selbst Ärger-Kalorien effektiv und nachhaltig abbauen. Spielen Sie – erst zu Übungszwecken, um sich mit der Vorgehensweise vertraut zu machen – einige Alltagssituationen durch, die Sie bereits erlebt haben, die Sie von anderen Menschen erzählt bekamen oder die Sie theoretisch für realistisch halten. Dazu gehen Sie in vier verschiedenen Schritten schriftlich vor:

1. Beschreiben Sie die Situation so konkret wie möglich.
2. Setzen Sie sich ein Ziel, das Sie erreichen möchten.
3. Wählen Sie eine Technik aus der Schlagfertigkeit aus.
4. Formulieren Sie Ihren Schlagfertiger-Satz.

Ich gehe das gleich anhand eines konkreten Beispiels durch. Doch zunächst die einzelnen Punkte, die vielleicht noch etwas unklar sind. Die Situation zu beschreiben ist relativ einfach: „Ich gerate in unserem Team-Meeting unter Druck, weil …“ Unter 2) definieren Sie Ihr Ziel so konkret wie nur irgendwie möglich. Dabei macht es für die weiteren Schritte durchaus einen Unterschied, ob sie hier definieren: „Ich möchte meinem Ärger Luft verschaffen“ oder „Ich möchte meine Kollegen zu einer konstruktiveren Sichtweise lenken“ oder ganz etwas Anderes für Ihre Zielsetzung festlegen. Unter 3) definieren Sie den Rahmen, in dem Sie sich bewegen möchten, damit Sie die richtige Aussage für die Schlagfertigkeit und ihre effektive Anwendung erarbeiten können.

Im Laufe der Zeit und weiterer Übungen werden Sie eine gewisse Routine entwickeln und schneller arbeiten. Später kommen Sie mit dem Schreiben nicht mehr mit, weil die Gedanken Fahrt aufnehmen.

Dann gehen Sie dazu über, das Schreiben weg zu lassen und arbeiten (zu zweit?) mündlich die einzelnen Punkte durch. Wenn Sie morgens zur Arbeit pendeln, lassen Sie das Smartphone zumindest auf dem Hinweg zur Arbeit einmal in der Tasche und gehen solche Punkte in Gedanken durch. Schauen Sie, was Sie dabei inspirieren könnte: Andere Fahrgäste in U-Bahn oder Bus, Kommunikation von anderen Menschen, die Sie zwangsweise mitbekommen oder Gedanken, die Sie bereits auf das Eintreffen an Ihrer Arbeitsstelle und die ersten Tätigkeiten des Tages verwenden. Sie werden feststellen, dass ein nicht unwesentlicher Teil der Szenarien tatsächlich innerhalb der nächsten Wochen Realität wird. Sie sind aber nun besser darauf vorbereitet und können Schlagfertigkeit anwenden und Ihre Zielsetzungen damit besser verfolgen. Manch einer von Ihnen wird auch den absoluten Erfolg erzielen und das eine oder andere Ärgernis ein für alle Mal erledigt haben.

Gehen wir es an einem Beispiel einmal durch. Es geht um die Vorbereitung auf einen Elternsprechtag in der Grundschule. Die betreffende Lehrerin zeigt sich wenig engagiert und verlagert gerne pädagogische Arbeiten auf die Eltern, die in der Schule ihre Aufgabe wären.

1. Situation: Die Lehrerin A, von der bekannt ist, dass ihr Unterricht besonders uninteressant gestaltet ist, wird sich über mangelnde Motivation des betreffenden Kindes beklagen und die Eltern auffordern, das zu ändern.
2. Zielsetzung: Der Lehrerin A den Spiegel vor zu halten und selbst zur Aktivität anzuhalten, damit sie ihren Job macht für den sie ausgebildet wurde.
3. Technik: Zurückweisung der Vorwürfe und ihr einen Spiegel vorhalten.

4. Schlagfertigkeit: „Dann, wenn mein Kind Ihrer Ansicht nach unmotiviert ist, bin ich gerade im Büro – Sie sind aber mit dem Kind in einer Klasse und haben die Chance, direkt einzugreifen. Wie sind Sie denn in der Lage, ein Kind für den Unterricht zu motivieren?"

Und auf erneute Zurückweisung der Handlungsoptionen durch Lehrerin A erwidern Sie: „Was sind Sie bereit in solchen Fällen als Pädagogin zu leisten?", „Wie darf ich Ihre mangelnde Motivation interpretieren?" Das sind jetzt keine lustigen Pointen, aber sie weisen den Sachverhalt zurück, fordern die Gegenseite zum Handeln auf und drehen in der Kommunikation den Spies um. Das verschafft uns Luft zum Atmen sowie zum Denken und zwingt die Gegenseite wiederum, die eigene Position zu hinterfragen. Sie machen gerade aktiv „Ärger-Fasten".

Gegner-Analyse: Schwächen erkennen

Beobachten Sie Ihre Mitmenschen sehr sorgsam und genau. Welche Schwächen fallen Ihnen auf? Welche Eigenheiten oder gar Schrulligkeiten bemerken Sie? Das alles sind Anhaltspunkte für die spätere Schlagfertigkeit. Welche Hobbies haben Ihre Kollegen? Haben sie beispielsweise Vorlieben für bestimmte Farbtöne bei der Auswahl der Kleidung? Dann könnten Sie etwa mit „In welcher RAL-Farbe[9] beehrst du uns denn morgen?" oder „Hast Du keinen neuen Farbfächer zu Hause?" aufgreifen.

Auch heute noch gibt es Männer mit Comicsocken oder schrillen Krawatten. Hat der großspurige Kollege an seinem neuen Anzug auf dem linken Ärmel noch das Markenlogo vom

9 Normierte Farben – oft bei Malergeschäften als Vergleichsmuster heranzuziehen.

Herrenausstatter, das man normalerweise beim Kauf dort noch schnell entfernt?

„Ich sehe: Du stehst ja voll auf Markenklamotten."

„Wir haben jetzt alle gesehen, dass Du einen neuen Anzug hast. Kannst das Hinweisschild jetzt abmachen."

Läuft er ständig mir ausgelatschten Schuhen herum?

„Wie viele Weltumrundungen haben die denn schon hinter sich?"

„Damit machst du wohl einen Langzeittest, oder?"

Oder regt er sich auf, wenn jemand aus Versehen seinen Kaffeebecher aus dem letzten Urlaub benutzt hat?

„Du hast doch so viel Urlaub. Fährst du halt nochmal hin und kaufst einen neuen."

„Das ist ja wie im Märchen: Wer hat aus meinem Becherchen getrunken? – Du Zwerg!"

„Den hat dann wohl jemand verschlumpft."

Aber Achtung: Nicht jedes Merkmal eignet sich für Schlagfertigkeit. Den Auszubildenden mit den vielen Pickeln im Gesicht ruft man nicht „Streusel". Hat er aber eine Vorliebe für Superhelden-Comics, die er in der Pause ständig verschlingt, dann darf man ihn schon mal mit „Hey, Du Superheld!" ein wenig auf die Schippe nehmen. Oder wenn er etwas nassforsch ist mit dem Wortspiel „Auszubildender heißt nicht, dass der schon zu ausgebildet ist, sondern dass wir den uns noch aus zu bilden haben, bis es dann aus mit ihm ist" kollegial in die Schranken weisen. Lernen Sie, auf Kleinigkeiten zu achten und diese wahrzunehmen. Das bedeutet nicht, dass Sie nun gegen jeden und jederzeit schlagfertig vorgehen müssen, aber nehmen Sie Informationen auf, von denen der Gegner unter Umständen gar nicht wissen kann, dass sie Ihnen aufgefallen sind. Ein Beispiel. Eine Frau fuhr mit einem sehr markanten Fahrzeugtyp in einer unmöglichen Farbe vor. Im Supermarkt stellte sie sich an der Kasse sehr umständlich und ungeschickt an, die Waren auf das Band zu legen und telefonierte dabei. Auf die höfliche Bitte eines hinter ihr wartenden Mannes („Könnten Sie bitte aufhören zu telefonieren und etwas voran machen?") reagierte sie mit einer persönlichen Beleidigung. Der Mann reagierte gelassen:

„Entschuldigung. Fahren Sie zufällig einen XY in der Farbe Z?"

„Ja. Wieso?"

„Das dachte ich mir. Es gibt nämlich eine Studie, die besagt, dass Fahrer von XY in der Farbe Z besonders umständlich und unorganisiert sind."

Sie glauben gar nicht, wie viel Verwirrung Sie damit stiften. Abgesehen davon, dass sie anschließend das Internet nach dieser Studie durchsucht und sich beim Einsteigen in ihr Auto zumindest in den nächsten Tagen fragen wird, ob sie unorganisiert ist und das nun jeder sehen kann, weil sie einen XY fährt und das auch noch in der Farbe Z.

Im Prinzip legen Sie einen weiteren, wichtigen Grundstein zur Schlagfertigkeit und dem Ärger-Fasten, wenn Sie dazu übergehen, Ihre Umgebung grundsätzlich genauer zu beobachten und sich an Zusammenhänge zu erinnern. Wer seine Umgebung grundsätzlich aufmerksam beobachtet, versetzt sich damit in die Lage, die Grundlage zu Ärger-Fasten und Schlagfertigkeit zu legen. Ein eigenes Beispiel – nur für den Bereich, die Umwelt aufmerksam zu beobachten: Als ich noch eine Firma mit Angestellten hatte, war ich in der Mittagspause in einem Supermarkt einkaufen. Die Schlange war ziemlich lang, es wurde eine neue Kasse geöffnet. Ein Mann in der Schlange fiel mir durch sein Verhalten auf. Was ich nicht wusste: Es war ein Bewerber, den ein anderer Geschäftsführer zum Vorstellungsgespräch eingeladen hatte. Ich war in den Vorgang nicht eingebunden, wurde aber dennoch hinterher zu meinem oberflächlichen Eindruck aufgrund der Bewerbungsunterlagen gefragt. Ich sagte: „Der hat nur eine eingeschränkte Sicht auf die Dinge, denkt nicht an Andere und ist zu eingefahren in seinen Handlungsabläufen." Mir wurde nicht geglaubt, weil ich an dem Gespräch nicht teilgenommen hatte. Der Mitarbeiter überstand die Probezeit nicht. Die Rückmeldungen aus dem Team beinhalteten unter anderem folgende Punkte: zu unflexibel und zu eingefahren in festen Abläufen sowie mangelnde Wahrnehmung der Bedürfnisse anderer Teammitglieder.

Die Beobachtungen meines Teams stammten aus der täglichen Arbeit, meine Beobachtungen aus dem Supermarkt: Dort ist es üblich, am Ende des Laufbandes die Waren aufzulegen. Als eine neue Kasse eröffnet wurde und kein Kunde vor dem Bewerber stand, legte dieser gewohnheitsmäßig am hinteren Ende des Laufbandes auf, wartete darauf, dass der Kassierer Platz genommen hatte, das Band startete und er weiter hinten auflegen konnte. Jeder mitdenkende Mensch wäre nach vorne durchgegangen, so dass zwei bis drei Kunden gleichzeitig auflegen könnten. Mehr hatte ich nicht beobachtet.

Ich hätte, so ich denn im Vorstellungsgespräch anwesend gewesen wäre, deshalb den Bewerber natürlich nicht wieder nach Hause geschickt. Aber ich hätte in der Gesprächsführung mehr auf den Aspekt „Teamfähigkeit" und „flexible Denkmuster" abgezielt als auf fachliche Referenzen. Ich muss zugeben, selbst über die exakte Übereinstimmung aus fünf Minuten Beobachtung im Supermarkt und vier Monaten Zusammenarbeit im Team überrascht gewesen zu sein. Wenn ich ehrlich bin, bin ich das auch heute noch. Vielleicht war es Zufall, vielleicht aber auch ein Handlungsmuster des Mitarbeiters, dass sich durch alle Lebensbereiche – und somit auch durch Berufsleben – zieht.

Es wird, auch bei konsequenter Wahrnehmung nicht ausbleiben, dass Sie beim Ärger-Fasten an Ihre Grenzen stoßen und eine Situation Ihnen so an die Nieren geht, dass es schwer fällt, gelassen zu bleiben. Es ist gewissermaßen wie bei jeder Diät der „Jojo-Effekt". Um diesen Effekt auszuschließen oder zumindest zu mindern müssen Sie, wenn Sie emotional gerade Fahrt aufnehmen, sofort eine Vollbremsung einlegen und um 180 Grad wenden. Es wird vermutlich so sein, dass Sie dabei ins Schleudern geraten, aber anders geht es nicht. Sie zwingen sich selbst gewissermaßen mit mentaler Gewalt zu einer entgegengesetzten Empfindung. Sie zwingen sich zum Ärger-Fasten. Das ist nur in Notsituationen zu empfehlen – und funktioniert auch bei mir nicht immer zu einhundert Prozent.

Diese in der Not erzwungene, entspannte Herangehensweise sorgt dafür, dass Druck von Ihnen genommen wird und Sie schneller auf neue Ideen und Antworten kommen, mit denen Ihnen Schlagfertigkeit in immer kürzeren Phasen kreativ und eloquent gelingt. Und wenn dem einmal nicht so ist, dann setzten Sie auf einen Standard. In der Rhetorik ist es ähnlich wie beim Essen: Solide Hausmannskost ist vielleicht nicht immer ein Hochgenuss, sättigt aber auch und erfüllt ihren Zweck. So ist es auch mit den Standard-Antworten aus dem noch folgenden Kapitel „Erste Hilfe durch Standard-Antworten". Aber auch die benötigen einen Absender, der nicht in Schnappatmung verfällt, wenn ihm mal jemand querkommt. Wenn Sie lernen, Details schnell zu erkennen und danach zu handeln, können Sie ihre Fähigkeit im Ärger-Fasten wesentlich ausbauen und sich für höhere Weihen qualifizieren.

Machen Sie folgende Übungen:

Lassen Sie sich von einem Spielpartner ein Foto zeigen. Dieses Foto prägen Sie sich 15 Sekunden lang ein. Dann beschreiben Sie es, oder beantworten Fragen des Spielpartners dazu. „Welche

Haarfarbe hat der Mann im Hintergrund?", „Trägt er Jacke oder Mantel?", „Die Frau im Vordergrund: Hat sie ein Mädchen oder einen Jungen auf dem Arm?" Und so weiter. Die ersten Ergebnisse werden, wie bei mir auch, ziemlich ernüchternd sein. Geben Sie nicht auf und machen Sie unbeirrt weiter. Im Laufe der Zeit erhöht sich Ihre Wahrnehmung und Sie sind in der Lage, Dinge blitzschnell zu erkennen und zu analysieren. Nur wer Dinge erkennen kann, kann sie umwandeln, interpretieren, abwenden, umdeuten oder schroff zurückweisen. Alles Grundtechniken der Schlagfertigkeit.

In einer zweiten Übung schulen wir die ihre Beobachtungsgabe in Verbindung mit sprachlicher Flexibilität. Ihr Spielpartner geht einmal durch die Wohnung und nimmt einige Gegenstände, die er in eine Kiste steckt, in die Sie aber nicht hineinschauen können. Dann unterhalten Sie sich ganz normal oder Sie bekommen einen klaren Kommunikationsauftrag. Beispielsweise von Ihrem letzten Urlaub zu berichten oder ihr Fachgebiet im Beruf einmal leicht verständlich zu erläutern. Während Sie sprechen, kramt Ihr Spielpartner immer wieder einmal einen Gegenstand aus der Kiste und hält ihn für drei Sekunden hoch. Beispielsweise eine Gabel oder einen *Playmobil*-Feuerwehrmann oder ein Stück Seife – was man halt in Wohnungen so findet. Sie haben dann wiederum drei Sätze Zeit, diesen Gegenstand sinnvoll (!) in Ihre Erläuterungen einzubauen und den Faden der Geschichte nicht zu verlieren.

Wortschatz erhöhen – Wahrnehmung erhöhen

Wenn wir mal ehrlich sind, geht es Kindern mit der Sprache doch wesentlich besser als uns Erwachsenen, obwohl sie einen geringeren Wortschatz haben – wenn wir ihre Kenntnisse über die unterschiedlichen Völker der *Star-Wars*-Saga und japanische Manga-Helden einmal ausklammern. Bei Begriffen wie „bilateral", „subsummiert" oder „Ebitda-Marge" müssen sie natürlich nachfragen. Jedoch bauen sie sich die Sprache so passend zusammen, wie sie es gerade benötigen, denken sich nichts dabei und machen einfach das, was sie für logisch halten. In der Regel entstehen dann sogenannte „Stilblüten" oder amüsante Beiträge für die Rubrik „Kindermund". Jeder Mensch, der eigene Kinder hat – oder mit ihnen zu tun hat – kann abendfüllende Geschichten mit den Stilblüten seines Nachwuchses erzählen. Und ich gebe zu, mich gerade hier wirklich zurückhalten zu müssen, wobei eine meiner liebsten Stilblüten ist: „Hampel beim Essen nicht so rum, sonst gerät Papa wieder auf die dunkle Seite der Macht." Die Kinder sind ganz klar gegen das Töten von Tieren, haben aber gerade ein Schnitzel auf dem Teller und kommentieren das mit „Die Tiere die wir essen, die sind doch schon tot." Das sind Sätze, wie sie auch von Comedians und Kabarettisten gesagt werden und die anschließend Lacher und Applaus dafür kassieren. So sind etwa demokratische Wahlen für einen 10-Jährigen völlig undenkbar: „Ich möchte nicht, dass Menschen die ich nicht kenne, über mich bestimmen."

Das sind Kommunikations-Konfrontationen, wo wir Erwachsenen uns ziemlich zur Decke strecken müssen. An einem Beispiel zum Thema sprachliche Eloquenz wird ganz deutlich, wie unbefangen Kinder im Umgang mit der Sprache sind und welche einfache Logik dahintersteckt, auf die wir Erwachsenen im Leben nicht von selbst kommen würden. Kinder kombinieren Dinge nach ihrer eigenen Logik – aber vor allem aus der Unbefangenheit im Umgang mit Kommunikation heraus. Sie sind da sehr erfinderisch – auch mit ihren eigenen Erfindungen: „Wenn ich auf etwas Gebratenes ein Patent anmelde – habe ich dann ein ‚Bratent'?"

Die Jungs waren ungefähr sieben und sechs Jahre alt als während einer Autofahrt aus heiterem Himmel das Thema „Homosexualität" aufkam. Irgendwie war das anders als das, was sie aus ihrem bisherigen privaten Umfeld kannten und wohl mächtig spannend. Etwas hatten sie in der Schule aufgeschnappt und das hat sie beschäftigt. Anlass war, dass sie ja als Brüder auch zwei Jungs wären, die sich sehr mögen würden. Das Gespräch war durch diesen Einstieg etwas komplex, aber pädagogisch lösbar. Gegen Ende wurde es etwas allgemeiner:

„Papa, kennst du jemanden der schwul ist?"

„Ja, den Sven. Ein Bekannter von Sabine. Der ist schwul."

[Pause] „In wen ist der denn verschwult?"

Es ist eine dieser Kinder-Stilblüten, die wir ein paar Mal erzählen und dann wieder vergessen, weil sie älter werden und andere Stilblüten produzieren. Aber es steckt mehr dahinter. Sie haben verstanden, dass es zwischen Frau und Mann Liebe gibt. Das kannten sie als „verliebt". Schwule waren etwas Neues, etwas Anderes. Also musste es doch dafür auch ein anderes Wort geben – und was lag da näher, als aus einem „verliebt" ein „verschwult" zu machen? Wendet ein Erwachsener diese Technik bewusst an, gilt er als schlagfertig.

Unser ganz großes Problem als Erwachsene ist, dass uns dieser spielerische, unverkrampfte Umgang mit Sprache verloren geht im Laufe des Lebens, wenn wir nicht beruflich – zum Beispiel in einem Kommunikationsberuf – überdurchschnittlich viel mit der Gestaltung von Sprache zu tun haben. Jemand im Kundenkontakt hat zwar ein enormes Kommunikationsaufkommen – aber das führt oftmals zu Abfrage- und Kommunikationsroutinen, die nicht unbedingt der Kreativität dienlich sind. Callcenter sind hierfür ein gutes Beispiel. Wundern Sie sich auch immer, wie starr die Abfrageschemata von zahlreichen Anbietern sind? Ihre Werkstatt lässt nach der Inspektion anrufen um zu wissen, ob sie zufrieden sind. Früher hatte der Meister ein Gespür dafür, ob die Kunden zufrieden sind und wo es einer Nachbesserung bedarf. Heute wird das in Tabellen festgehalten. Sie haben keine Zeit und sagen dem Callcenter:

„Ich bin total zufrieden, alles bestens."

Das passt aber jetzt nicht in sein Schema. Deshalb sagt der Callcenter-Agent:

„So kann ich das nicht aufnehmen. Sind Sie ‚zufrieden', sind Sie ‚sehr zufrieden' oder absolut zufrieden' ?"

Und da wird schon deutlich, was das Problem in der standardisierten Kommunikation ist: Man hört Ihnen als Kunde nicht mehr zu. In diesem Fall ist das Ergebnis, dass „Total zufrieden, alles bestens" dazu führt, dass der Callcenter-Agent einen zufriedenen Kunden weniger in seiner Tabelle hat. Denn er darf die Aussagen des Kunden nicht interpretieren – aber genau das würde er ja tun, wenn er „Alles bestens. Bin total zufrieden!" in ein „sehr zufrieden" oder „absolut zufrieden" umwandelt. Man kann als Kunde so im Laufe der Zeit schnell und effektiv irre gemacht werden.

Ich gebe Ihnen hier aus meinen Trainings einen absolut authentischen Original-Text mit einer Fahrradwerkstatt wieder. Den Namen der Werkstatt und der Mitarbeiterin habe ich geändert. Es zeigt, dass die Wirklichkeit besser ist als das Kabarett. Die Ausgangslage: Ein Fahrrad soll im Frühjahr wieder fit gemacht werden. Man erhält eine persönliche Empfehlung an eine kleine Werkstatt (inhabergeführt, preiswert, sorgfältige Reparaturen). Einziger Haken: Die sind etwas unorganisiert und man solle sich deshalb direkt an den Chef wenden, Herrn Gunther. Und so nimmt das Schicksal seinen unabänderlichen Lauf:

„Apparat Gunther."

„Guten Tag, mein Name ist [NAME] ich hätte gerne Herrn Gunther gesprochen."

„Der ist nicht da."

„Wann ist er wieder zu erreichen?"

„Weiß ich nicht."

„Vielleicht können Sie mir weiterhelfen?"

„Kommt drauf an."

„Darf ich fragen, mit wem ich spreche?"

„Mit mir. Apparat Gunther."

„Wie heißen Sie?"

„Weber."

„Frau Weber – Versuchen wir es noch einmal und beginnen mit meinem Wunsch, einen Termin für mein Fahrrad bei Ihnen zu machen. Zur Komplettinspektion."

„Ja." [Pause]

[lässt die Pause etwas wirken] „Und wie geht's jetzt weiter?"

„Wann wollen Sie denn?"

„Wann ist denn noch was frei?"

„Kommt drauf an. Also DIESE Woche geht's nicht und übernächste auch nicht."

„Also geht die Woche dazwischen."

„Denk' schon. Wann wollen Sie denn?"

„Am Montag."

„Sollte gehen. Ich hab' hier keinen Kalender."

„Ja, aber ich hätte schon ganz gerne einen Termin. Wann kommt denn Herr Gunther wieder?"

„Heute Abend, so ungefähr."

„Wann?"

„Das weiß ich nicht."

„Soll ich mit Herrn Gunther den Termin abstimmen?"

„Das bringt nix. Der hat ja auch keinen Kalender."

„Wer hat denn bei Ihnen einen Kalender?"

„Ja, niemand."

„Und wie machen Sie dann Termine?"

„In der Regel machen unsere Kunden keine Termine. Die kommen einfach so vorbei."

„Ich kann aber nicht einfach so vorbeikommen, weil ich viel unterwegs bin."

„Und dann können Sie nicht?"

„Nein, weil ich nicht in [Stadt] unterwegs bin."

„Ah, OK."

„Und deshalb muss ich einen verlässlichen Termin haben."

„Ja. OK, ja. Montag, denke ich, sollte gehen."

„Schauen Sie, wenn Sie nur denken, dass das gehen könnte, dann hilft mir das nichts. Ich muss das schon verlässlich wissen."

„Ja. Wir sind morgens da."

„Gut. Ab wann?"

„Morgens früh."

„Wann bitte ‚morgens früh'?"

„Na, früh halt."

„Was ist bei Ihnen ‚früh'? Welche Uhrzeit?"

„Na 8."

„Gut, das schaffe ich vor dem Büro. Kann ich da bei Ihnen mit dem Auto vorfahren?"

„Das sollte gehen. Wir sind ja direkt vorne an der Straße."

„Ich meine, ob man da in Ruhe sein Fahrrad ausladen kann?"

„Also, weiß ich nicht, jemand da ist."

„Sie sagten doch gerade, ab 8 Uhr wäre jemand da."

„Ja, aber nicht zum Ausladen."

„Ausladen kann ich selber. Ich wollte nur wissen, ob man bei Ihnen mit dem Auto halten kann, um in Ruhe sein Fahrrad auszuladen."

„Warum sollte das denn nicht gehen?"

„Weil es Mitten in der Innenstadt ist und mein Auto fünf Meter lang ist."

„Also, das ist schon groß. Weiß ich jetzt nicht."

„Gut. Wir sehen uns am Montag."

Im Nachhinein stellte sich dann heraus, dass es sich bei Frau Weber um die 92-jährige Schwiegermutter des Firmeninhabers handelte, die nur zufällig im Büro saß und einfach mal ans Telefon gegangen war, weil sie helfen wollte. Wenn Sie aber einmal einen Kollegen oder Dienstleister auf den Arm nehmen wollen, ist die Technik von Frau Weber absolut dafür geeignet. Der Dienstleister (EDV) beginnt:

„Wo sind Sie mit Ihrem Telefon mobil?"

„Nur im Auto. Auf dem Motorrad nicht. Und im Hotel natürlich."

„Nein. Bei welchem Mobilfunkanbieter sind Sie?"

„Bei keinem. Ich bin im Büro."

„Nein! Ich meine Ihren Mobilfunkanbieter."

„Der ist in Düsseldorf."

Sie können Kollegen damit ein wenig auf den Arm nehmen und gemeinsam darüber lachen – oder in den Wahnsinn treiben, wenn Sie sich wirklich wehren wollen und wehren müssen.

Unsere Sprache sozialisiert uns – wir machen uns mit einer bestimmten Sprache zu Gruppen zugehörig und wenden uns von anderen ab. Wir grenzen unliebsame Menschen aus unseren Gesprächen beim Firmenempfang aus, indem wir zum Beispiel eine Fachsprache wählen, die nur die Eingeweihten verstehen und den Typen aus der Buchhaltung dumm dastehen lassen. Das ist nicht fair. Und die Strafe dafür folgt auf dem Fuße: Wir sind nicht mehr in der Lage, spielerisch auf verschiedenen Ebenen Wörter zu kombinieren, mehrdeutigen Wörtern einen Dreh in unserem Sinne zu geben oder einfach mit dem „wörtlichnehmen“ von Begriffen der Kommunikation im Alltag einen neuen Inhalt zu geben.

Die Mitarbeiter haben wirklich Mist gebaut. Der Chef ist sauer. Alle wissen das und rechnen mit dem Schlimmsten. Alle starren ihn an. „Ich bin hier gerade in einer ziemlichen emotionalen Dysfunktion“ beginnt er seine Ausführungen. Die Mitarbeiter wissen: Er ist sauer, hat aber seine gute Laune noch nicht ganz verloren. Es gibt Grund zur Hoffnung, hören wir ihm besser aufmerksam zu.

Dazu kommt, dass für unterschiedliche Berufsgruppen dieselben Begriffe komplett andere Bedeutungen haben. So ist zum Beispiel die Abkürzung „BU“ für einen Journalisten eine Bildunterzeile, einen Versicherungsvertreter eine Berufsunfähigkeit und einen Betriebsleiter eine Betriebsunterbrechung. Der Geschäftsführer denkt an eine Business Unit und der Mann aus der EDV an sein Backup. Es ist also nicht leicht, zu kommunizieren.

Meine Partnerin ist Diplom-Ingenieurin, beruflich bedingt demnach kommunikativ sehr technisch unterwegs und berichtet mir davon, dass sie in der Firma den Nutzen ausgebaut haben und sie deshalb einen stressigen Tag gehabt hätte. Da bin ich gedanklich schon noch vor Beendigung des ersten Satzes ausgestiegen, denn muss es nicht das Ziel einer jeden Firma sein ihren Nutzen auszubauen? Von meiner Seite fallen dann Bemerkungen wie:

„Das müssen andere Firmen auch. Das ist nichts Besonderes.“

„Meinst du nicht, dass das als Vorgesetzte eine Deiner Kern-Aufgaben ist?“

„Nutzen ausbauen. Meine Güte. Nun stell Dich mal nicht so an.“

Nicht unbedingt richtig, wenn man dann nützlicherweise erfährt, dass der Nutzen ein Teil einer Stanze ist (die in diesem Falle aus vier oder acht Nutzen bestehen kann). Und wenn man einen dieser Nutzen ausbauen lassen muss, nutzt es kurzfristig nicht unbedingt den Nutzen der Maschine. Erst recht nutzt es nicht dem Nutzen der Kommunikation, einem Journalisten, der den Nutzwert eines Nutzens nicht kennt, zuvor nicht den Nutzen eines Nutzens auf sinnige und nutzvolle Art erläutert zu haben. So ist das nutzlos. Wir müssen bei unserer Kommunikation also auch darauf achten, in welchem Kommunikations- und Themenfeld unser Gegenüber unterwegs ist.

Am Tag der Luft- und Raumfahrt machten wir einen Drei-Generationen-Männer-Ausflug zur DASA in Köln-Porz. Besonders fasziniert waren die Jungs von den Kampfflugzeugen der Luftwaffe und hatten eine Menge Fragen. Der Mechaniker, der für Fragen zur Verfügung stand, wurde aber gerade von einem Erwachsenen schon seit einiger Zeit mit komplexen Fachfragen belagert. Der Große versuchte irgendwie Aufmerksamkeit zu erlangen. Und versuchte mit kindlicher Ungeduld zu unterbrechen.

„Hallo, darf ich Sie mal etwas fragen?"

„Es dauert auch nicht lange."

„Bitte, nur eine Frage."

Ich nahm ihn zur Seite, nannte ihm den Dienstgrad des Soldaten und gab ihm einen Formulierungstipp. Er sprach mit leicht erhobener Stimme:

„Herr Ober-Stabsfeldwebel – Wie lautet ihr Auftrag?"

Schon hatte er dessen volle Aufmerksamkeit und konnte alle seine Fragen loswerden, weil er sich ein Kommunikationsmuster des Soldaten kurzfristig angeeignet hatte. Berufsgruppen wie Soldaten, Polizisten, Feuerwehrleute sowie deren Kollegen vom

Technischen Hilfswerk bekommen diese Fragen in ihren Einsätzen ständig gestellt. Sie sind gewissermaßen darauf gedrillt, diese Frage – die in der Regel von Vorgesetzten, Einsatzleitern, Truppführern usw. gestellt wird – reflexartig zu beantworten. So einfach ist das am Tag der offenen Tür – es funktioniert aber auch im journalistischen Interview mit Uniformträgern aller Dienstgradgruppen. Für ein Gespräch mit Soldaten ist das ein Gesprächseinstieg wie ein „schönes Wetter heute" bei Zivilisten.

Achten Sie auch im Alltag auf Schlagfertigkeit oder Stilblüten, die andere produzieren und die Ihnen damit gewissermaßen Inspiration frei Haus liefern.

In einem Berliner Hotel bin ich leider einmal Augenzeuge eines Selbstmordes geworden. Seitdem meide ich dieses Hotel, oder wenn das nicht geht, zumindest eine Unterkunft im zweiten Stock, aus dessen Fenster sich damals ein Gast am Telefonkabel erhängt hatte. An der Rezeption trug ich mein Anliegen sehr diskret vor und als es etwas kompliziert wurde mit der Umbuchung – ich war definitiv für den zweiten Stock vorgesehen – begründete ich mein Anliegen mit besagtem Selbstmord. Inzwischen waren zwei freundliche Mitarbeiter mit meinem Sonderwunsch beschäftigt, weil es in einem ausgebuchten Hotel nun etwas kompliziert wurde. Die etwas zu laut vorgetragene Argumentation des Rezeptionisten zu seiner Kollegin lies mich allerdings in Gelächter ausbrechen: „Dann gibst Du ihm den vierten und sechsten Stock besser auch nicht." Das ist Realsatire vom Feinsten! Natürlich wissen wir Hotelgäste, dass solche Dinge in Hotels passieren und mit der Pointe „Dann gibst Du ihm den vierten und sechsten Stock besser auch nicht" kann man bei Anke Engelke oder Carolin Kebekus einen echten Schenkelklopfer produzieren – aber dann ist es fiktiv und nicht so real mit mir als einem der beteiligten Akteure. Im Hotel-Jargon nennt das Personal solche Ereignisse eine „Kalte Abreise." Mit diesem etwas zynischen Ausdruck wird natürlich auch der Schrecken kompensiert, der mit dem Erleben eines derartigen Ereignisses verbunden ist: Dem Leichenfund durch das Hotelpersonal, Ermittlungen der Kriminalpolizei, der unangenehmen Situation in Bezug auf die anderen Gäste und vieles mehr. Mit dem Manager einer Hotelkette kam ich einmal zu diesem Thema ins Gespräch. Es war kurz vor Weihnachten und er berichtete mir davon, dass an den Feiertagen das Personal die potenziellen Selbstmörder an einigen Details erkennt, von denen ich Ihnen hier zwei naheliegende nennen möchte: Eine Übernachtung ohne Frühstück. und wenig oder gar kein Gepäck. Ich nahm nun an, dass das Personal eine überkonfessionelle Seelsorge einschaltet bei derartigen Gästen, sah mich aber dann schnell auf dem Holzweg: „Die schicken wir dann wieder weg. Solche Unannehmlichkeiten wollen wir hier nicht."

Auch das ist – in seiner nüchternen Sachlichkeit – an Zynismus nicht zu überbieten. Solche Kommunikationsaussagen aber bewusst wahrzunehmen, ihren Sinn zu hinterfragen oder den offensichtlichen Unsinn oder Zynismus dahinter direkt zu erkennen, schult uns im Alltag in Sachen Kommunikationskompetenz. Günter Wallraff sagte mir einmal zu meiner Zeit als Redakteur einer Schülerzeitung: „Indem Du das Schlechte in der Welt erkennst, ist die Verbesserung gedanklich mit eingebaut". Das gilt auch für unseren Kommunikationsalltag. Deshalb bin ich ein großer Verfechter davon, Menschen – auch aus sogenannten sozialen oder politischen Randgruppen – nicht von der eigenen Kommunikation grundsätzlich auszuschließen. Wie wollen wir sonst erkennen, wie diese Menschen denken und handeln?

Eine fast schon zu klischeehafte Szene spielte sich für mich als Journalist zu Gast in einer ostdeutschen Großstadt ab. Vor einem kleinen Lebensmittelladen inmitten von Plattenbauten, lungerten ein paar Skinheads rum. Bomberjacke, T-Shirt, weiße Schnürsenkel an den Springer-Stiefeln – ein klares Erkennungszeichen der rechten Szene. Eine der Glatzen nötigte mir mit der Eröffnung „Haste mal 'nen Euro oder etwas Flaschenpfand für mich?" ein Gespräch auf und trug dabei ein schwarzes T-Shirt mit dem Aufdruck: „Ich kann gar nicht so viel fressen, wie ich kotzen möchte!"

Durch einen absolut dummen Zufall hatte ich kurze Zeit zuvor erfahren, wer der Urheber des Zitates war. Folgender Original-Dialog entspann sich, ich beginne:

„Das ist ein cooles Shirt, was Du da anhast."

„Ja, ne? Ist cool."

„Vor allem, wenn man mal überlegt, von wem das ist."

„Echt?"

„Ja klar. Das hat doch der Jude Liebermann gesagt[10], als die SS vor seiner Wohnung aufmarschierte. Dass Du so etwas trägst zeigt doch, dass du echt Mumm und Charakter hast."

Ich versichere Ihnen: Das Ergebnis auf der Gegenseite war absolute Irritation und Verwirrung! Ein Sympathisant der Neonazis mit einem „Juden-Spruch" auf der Brust, da muss man sich schon zusammenreißen um dabei ernst zu bleiben. Nur gut, dass wir mal darüber gesprochen haben.

In der Regel ist unser Alltag voll von Beispielen, in denen offensichtliche Sachverhalte positiver ausgedrückt werden oder in denen Sachverhalte (oftmals „politisch korrekt") umgedeutet

---

10 So soll es der deutsche Impressionist Max Liebermann gesagt haben, als er am 30. Januar 1933, dem Tag der Machtergreifung Adolf Hitlers, aus seiner Wohnung am Pariser Platz den Fackelzug sah.

werden. Es fängt in der Firma damit an, dass der Chef nicht von „Risiken" sondern „Herausforderungen" spricht. Diese Floskel findet sich in jeder normalen Management-Literatur. Aber es gibt bestimmte Berufsgruppen, die allein schon durch ihre tägliche Arbeit im Umformulieren wahre Meister sind. Beispielswiese wird ein gut geschulter Mitarbeiter im Kundenkontakt auf keinen Fall antworten:

„Sie sind wohl zu doof das zu verstehen, oder?"

Sondern er wird höflich und deeskalierend formulieren:

„Vielleicht habe ich mich da noch nicht verständlich genug ausgedrückt."

Der etwas beleibte Kunde probiert ein Hemd an und sieht darin aus, wie ein pralles Rügenwalder Pfeffersäckchen. Aber der Verkäufer sagt:

„Diese italienischen Schnitte fallen aber auch immer ein wenig klein aus."

Werfen Sie ab und zu einen Blick in die Anzeigen von Maklern? Tun sie es! Sie kommen aus dem Lachen nicht mehr heraus. Ein besonders exquisites Exemplar habe ich hier gefunden. Studentenbude, 25 m^2, Universitätsnähe. Unbefristet vermietet. 99.000 Euro (3.960 Euro/m^2) Kaufpreis. Anzeigentext: „Nach einer grundlegenden Modernisierung kann dieses Juwel sein volles Marktpotenzial entfalten." Klartext: Eine versiffte und derzeit viel zu billig vermietete Bruchbude, die erst einmal auf Vordermann gebracht werden muss, bevor man sich dann mit dem Mieter anlegen kann, um eine höhere Miete zu verlangen. So sind beispielsweise „aufstrebende Viertel" noch über Jahre eine Dauerbaustelle oder es sagt viel über die derzeitige soziale Struktur der Gegend aus. „Besonderer Grundriss" oder „origineller Grundriss" schlägt dann spätestens in der individuellen Anpassung von Gebrauchsmöbeln wie einer

Küchenzeile finanziell sehr zu Buche, wogegen „absolut ruhig“ eher darauf schließen lässt, dass selbst ein kleiner Supermarkt kilometerweit weg sein dürfte.

Sie kennen das auch aus Reisekatalogen: „Verkehrsgünstige Lage“ (Schnellstraße vor dem Hotelzimmer, Einflugschneise des Flughafens), „zentral gelegen“ (Disko direkt gegenüber), „unsere Gäste schätzen die Ruhe und den Erholungsfaktor“ (kommen Sie bloß nicht auf die Idee, mit ihren Blagen hier einzuchecken), „familienfreundliches Hotel“ (ketchupverschmiertes Buffet) oder „internationale Küche“ (für landestypische Speisen müssen Sie schon ins Zentrum fahren – hier gibt es Schnitzel und Currywurst).

Es ist die gleiche Mechanik, nach der man in der Firma nicht mehr von Risiken, sondern von Herausforderungen spricht. Nach der Unternehmen Preiserhöhungen als „ausgewogenere Preisbalance“ bezeichnen, als „Preisoptimierung“ oder als „Preisgerechtigkeit“. Der Eskimo ist ein Inuit, ein Indianer ist nun „amerikanischer Ureinwohner“, der Sarotti-Mohr aus der Werbung verbannt und über die Originalausgabe des Buches „Struwwelpeter“ verlieren wir hier besser gar kein Wort mehr.

Kinder verstehen nicht, dass ein schwarzer Mensch „Farbiger“ genannt wird. Denn unter „farbig“ verstehen Kinder „bunt“. Und wenn dieser „Farbige“ jetzt keine bunten Trachten aus seinem Heimatland trägt, können Kinder das gehörte „bunt“ ohne weitere Erläuterungen von Erwachsenen nicht einordnen.

Natürlich ist es richtig, dass wir gelegentlich unsere Sprachmuster auf politische Korrektheit überprüfen, zumal Begriffe und ihre Interpretation einem gesellschaftlichen Wandel unterworfen sind. So galt „schwul“ auch einmal als Schimpfwort, die „Dirne“ war früher einmal ein „kleines Mädchen“ (im Norddeutschen noch als „lütte Deern“ in Umlauf), heute ist es eine Prostituierte.

Gentechnik wird als „gentechnisch verändert" neutral beschrieben, als „gentechnisch manipuliert" geächtet und als „gentechnisch optimiert" gefeiert. Medien arbeiten ähnlich. So hatte der Chefredakteur einer der wichtigsten Nachrichtenagenturen auf der Welt an seine Nachrichtenredakteure eine Anweisung herausgegeben, den Begriff „Terrorist" zu vermeiden. Damit schaffte er zwar nicht den Terror ab, wohl aber den Begriff. Denn der Terrorist des einen ist der Freiheitskämpfer des anderen. Das gilt für Graf von Stauffenberg genauso, wie für Kämpfer des IS, die sich in der Nähe eines Fußballstadions in Paris in die Luft sprengen. Folglich spricht man in den Nachrichtenmeldungen von einem „Attentäter". Dann muss man eine Nachrichtenmeldung, die an CNN ausgeliefert werden soll, für Al Dschasira nicht mehr umformulieren.

Wenn wir unsere Umwelt aufmerksam beobachten, dann werden wir in fast allen Lebensbereichen fündig. Und wir werden in die Lage versetzt, in der Schlagfertigkeit selbst derartige Wortschöpfungen und Formulierungen zu entwickeln. Das geschieht zunächst nur nach etwas Nachdenken, was uns natürlich Zeit kostet und in der Schlagfertigkeit noch nicht so effektiv ist. Aber wir präparieren uns damit – für später. Wenn wir den Wortschatz erhöht haben, dann arbeiten wir an der Schnelligkeit, um Routine zu entwickeln. Das ist auch nichts Anderes als Jonglieren. Erst langsam, dann schneller. So jonglieren Sie innerhalb kürzester Zeit mit Worten, Satzbausteinen und ganzen Erfindungen.

Der Komiker Heinz Erhardt erfand nicht nur „Paprika und Mamrika", sondern es wird ihm auch das schöne, nutzlose und überflüssige Wort „nichtsdestotrotz", das Sie mit einem „dennoch" schnell abgekürzt haben, zugeschrieben. Auch wenn dafür ein letztlicher Beleg fehlt. Wikipedia (immer mit Vorsicht zu genießen) führt das Wort auf einen Studentenscherz zurück, die Arbeitsstelle für Sprachauskunft und Sprachberatung der Universität Vechta schließt Heinz Erhardt als Schöpfer nicht kategorisch aus. Wie auch immer: Im Gegensatz zu „Paprika und Mamrika“ hat es „nichtsdestotrotz“ bis in den Duden geschafft. Schauen Sie nach.

Sind Sie sicher, dass sie neulich beim Friseur waren? Waren Sie nicht eher beim Coiffeur oder einem Haarstylisten? Dann haben Sie wirklich Glück gehabt. Sonst waren Sie vermutlich bei „Haargenau“, „Haarscharf“, „Haarklein“, „Haaresbreite“, „Die Haarschaffenden“, den „Haaranwachsenden“, den etwas feineren „Haarschaften“, der „Haarmonie“, „Haarsträubend“, „Hairlich“, bei „Rund Hair um“, der „Hairin“, „Hairgottnochmal“, „Hairbeigerufen“, „Hairgelaufen“, „Kre-Haar-Tiv“, aber mit „AtmosphHAIRe“ in der „Schnittstelle“ vielleicht im westfälischen „Hairfurt“ am „Hairport“, bei „Über kurz oder lang“, „Hair zwei O“ dem „Haarlekin“ oder – fast nicht zu toppen: „Hairtie“[11] und die „CUTedrale“. Nicht zu vergessen „cHAARaktHAIR“, „cut-HAAR-strophal“. So geht es nämlich beim „Prince of Bel Hair“ zu und bei „Kamm in“. Dort serviert man Ihnen vermutlich „HAIRIbo“. Nur „Haartz IV“ habe ich bei der Recherche noch nicht gefunden. Dafür aber den abgewandelten BAP-Klassiker „Verdamp lang Hair“. Fast schon märchenhaft intelligent: „Haarbrakadabra“ und der „Haarem“. Oder die „GMBHaar“, „Kaiserschnitt“, „VorHair-NachHair“, „Dirty Hairy“, „Pony & Clyde“ aber mit „Scheitelpunkt“ oder direkt beim „HairGott“ aber mit „Hairsblut“. Dass man angesichts solcher Kreationen wirklich Lust auf „Haar-A-Kiri“ bekommt – wen wundert's?

In der geballten Liste sind die Namen von Friseurgeschäften oftmals nur albern und wenn die alle kein vernünftiges SEO-Marketing betreiben, werden die im Internet auch nicht als Friseur gefunden.

11 Die Generation Ü-40 kennt vermutlich noch die Kaufhauskette *Hertie*.

Denn wer sucht schon nach „Hairtie", wenn er die Haare gefärbt haben möchte? Aber: Von Friseuren lernen, heißt siegen lernen! Sie fahren sorglos im Auto über die A2, denken an nichts Böses und kommen Höhe Hamm (direkt neben dem Landmaschinenhersteller Claas) plötzlich an einem Fleisch-Kühllager vorbei. Dort steht in riesigen Lettern der Spruch „Nice to Meat" an der Wand. Das ist jetzt eine klassische Aufgabe für die Kreativität in der Schlagfertigkeit und Sie treten sofort „meat" den anderen Menschen in Ihrem Auto ein Brainstorming los. Sie überlegen, wann und wo sich beispielsweise die Experten der Fleischindustrie treffen könnten.

„An einem Meattwoch."

„Zu einem Meating."

„Wo sie meattlerweile alle versammelt sind."

„Gastredner: Meat Loaf, der hoffentlich keine Meattelohrentzündig hat."

„Sie reisen meat einem Meatwagen an, den man zur Meatbenutzung frei gibt."

„Der Meatingleiter begrüßen die Meatglieder der Fleischerinnung."

„Einige von denen kommen aus Meattenwald, wo auch eine meattelsteinzeitliche Ausstellung ist."

„Am Abend schauen sie einen Film, der in Meattelerde spielt."

„Wer keinen Platz mehr bekommt, erhält Meatleid der anderen."

„Zuvor müssen sie aber noch die Meattel für das Buffet freigeben."

„Denn nur so können alle meatfeiern und ein Meattagsmahl einnehmen."

„Das Rednerpult stellen wir in die Meatte der Bühne."

„Der Redner muss aber deutlich sprechen, dass man auch die Meatlaute gut verstehen kann."

„Eröffnung ist übrigens gegen Meattag."

„Und wenn es Streit gibt, muss einer von ihnen vermeatteln."

„Denn nur so können Sie auch ein Teammeatglied werden."

„Vielleicht findet man im Konflikt auch einen gemeinsamen Meattelweg."

„Aber die religiösen unter den Meatgliedern gehen später noch gemeinsam zur Meatternachtsmesse."

„Beim abschließenden Gruppenfoto stellt sich der älteste Teilnehmer in die Bildmeatte."

Diese „Meat"-Spiegelstriche zu schreiben – und das geht langsamer, als sie zu denken – hat keine zwei Minuten gedauert.[12]

Nutzen Sie auch die Kreativität anderer zur Erweiterung Ihrer Schlagfertigkeitskompetenz. Das Material dafür bekommen Sie kostenlos und jederzeit im Internet. *Facebook* und *Twitter* sind dort gute Gelegenheiten, anderen beim Denken zuzuschauen. Achten Sie in Ihrem Umfeld darüber hinaus auf Anregungen aus der Werbung und aus den Medien – Sie können sich nicht nur lustig die Zeit beim Autofahren vertreiben, sondern zugleich die Sinne für Schlagfertigkeit schärfen. Medien gehen ähnlich unlogisch vor, wie die Werbung. Da ist schnell die Rede vom „Handy-Mörder", „Löwen-Boss", „Prügel-Profi", „Dach-Depp", „Porno-Lehrer", „Messer-Mann", „Uni-Vergewaltiger", „Monster-Truck", „Brutalo-Fahrgast", „HSV-Ösi", von der „Hartz IV-Oma" oder vom „Schrauben-König" und wir dechiffrieren diese – im Grunde genommen unlogischen – Begriffe im Verlauf einer deutlich verkürzten Kommunikation im richtigen Sinne, wie sie ursprünglich gemeint sind. Natürlich sind derartige Begriffe eher in den Boulevardmedien zu finden, wo pointierte Darstellungen allein aus Platzgründen (die großen

12 Einige dieser Beispiele stammen aus einem *Facebook*-Meating meat Jürgen Jenniges, meat dem ich mich mir damals gegenseitig „Fleisch"bälle zugeworfen habe.

Buchstaben der Schlagzeilen nehmen ja immer so viel Platz weg) erfolgen müssen. Die Recherche zu diesen Begriffen war jetzt auch nicht sehr zeitaufwändig. Einmal kurz zur *BILD* und *Hamburger Morgenpost* gesurft – fertig. Gelingt es Ihnen allerdings, solche Begriffe schnell und effektiv selbst zu kreieren (Journalisten sitzen zuweilen sehr lange über einer Schlagzeile), dann gelten Sie mindestens genauso schnell als schlagfertig und eloquent.

Vorsicht: Wenden Sie solch griffigen Begriffe wie „Dach-Depp" im Bekanntenkreis an, besteht die Gefahr, dass sie jemandem lebenslang einen Spitznamen verpassen. „Gummibärchen-Günther" oder „Yoga-Yara" prägen sich schnell ein. Bei Kindern passiert das aus rein praktischen Gründen zur Unterscheidung gleicher Dienstgrade: So gab es eine „Oma Pucki" (weil deren Hund so hieß) eine „Oma Memmingen" (die dort lebte) und einen „Bilder-Opa", der sich durch exzessives Fotografieren auszeichnete sowie einen „Nachbar-Opa" der noch nicht einmal ein echter „Opa" war, aber ein netter älterer Herr aus der direkten Nachbarschaft. Lange Nachwirkungen hatte auch eine etwas zurückhaltende Begrüßung bei einer Party:

„Ich bin Christian."

„Hallo."

[Pause] „Ah. Du bist also die ‚Hallo'!"

Die Arme hieß auch nach 15 Jahren so:

„Das da vorne ist die ‚Hallo'."

„Hallo ‚Hallo'. Wie geht es Dir?"

Anders verhielt es sich bei einem Kollegen, der mit ständigen Formulierungen in der Art von „das müssen wir mal im Dialog erörtern", „das klären wir dialogisch" oder „wir führen dazu später einen ausführlicheren Dialog" in der betrieblichen verbalen Auseinandersetzung hervortat. Das kann man MAL hören, wenn das aber schon gewissermaßen in den Meetings im Chor aufgesagt werden kann, bekommen derartige Redewendungen mit der Zeit etwas Stereotypes. Gewissermaßen eine Art Tinnitus, gegen den man sich wehren muss. So bekam der Kollegen auf einmal den Spitznamen „Dialogenes“ verpasst. Das hielt sich über eine lange Zeit und er konnte sich damit nicht wirklich gekränkt fühlen, denn sein Namenspatron der griechische Philosoph Diogenes hat einen durchaus guten Ruf – selbst, wenn der Zuhörer ihn mit dem gleichnamigen Schweizer Verlag verwechseln sollte. Aber ein wenig auf den Arm genommen fühlte sich „Dialogenes“ dabei schon. Der Vorteil solcher Begriffe ist, dass auch jemand in völliger Unkenntnis der „Dialogenes“-Redewendungen durch reines Zuhören aus dem Spitznamen ableiten kann: „Der redet sicher viel“, „der sucht ständig das Gespräch“ und „der spricht sicher sehr gestelzt.“ Aber eben auch: „Das ist ein Schwätzer.“

Die lange Haltbarkeit solcher solcher Spitznamen ist zugleich auch ihr Vorteil. Gewisse Unschärfen sind dabei durchaus üblich und werden billigend in Kauf genommen. Medien arbeiten – Sie haben es weiter vorne anhand der Boulevard-Begriffe wie „Handy-Mörder“ schon nachvollziehen können – auch bei Schlagzeilen und zuweilen auch in ihren Texten bewusst mit derartigen Unschärfen. Es verkürzt beispielsweise die Schlagzeile und lässt einen komplexeren Sachverhalt griffiger erscheinen. So lesen wir beispielsweise in einem Nachrichtenportal die Schlagzeile

„Innenminister will härter abschieben“

und der grobe inhaltliche Fehler darin fällt uns gar nicht auf, weil wir glauben zu verstehen:

„Innenminister will konsequenter abschieben“

„Innenminister will schneller abschieben“

„Innenminister will immer mehr Menschen abschieben“

„Innenminister will auch Minderjährige verstärkt abschieben“

„Innenminister will einzelne Familienmitglieder abschieben"

„Innenminister will auch nach Bagatell-Delikten wie ‚Schwarzfahren' abschieben."

Es kann auch sein, dass die Formulierung „härter" eine Mischung aus einigen der hier aufgeführten Interpretationsvarianten abbilden soll und sich das im späteren Verlauf des Textes näher erschließt. Streng genommen, ist die Abschiebung für den Abgeschobenen stets eine „harte Entscheidung", weil sie eine zwangsweise Verlagerung des Lebensmittelpunktes zur Folge hat. Was bedeutet – wörtlich genommen – also nun die Überschrift, dass der Innenminister „härter" abschieben möchte? Bekommen die Abzuschiebenden jetzt zusätzlich noch körperliche Gewalt angetan? Müssen sie während des Fluges acht Stunden stehen oder im Gang hocken? Werden sie von den durchführenden Beamten noch beschimpft? Das alles wäre – zusätzlich zur harten, staatlichen Zwangsmaßnahme – eine „härtere Abschiebung". Kein Innenminister, der nur halbwegs bei Verstand ist, würde derartige Maßnahmen veranlassen.

Nehmen wir einige Begriffe aus unserem Alltag und nehmen sie uns einmal wörtlich vor. Seien Sie jetzt ruhig einmal etwas kleinkariert. Beginnen wir mit „Negativ-Zinsen". Was für ein Unfug! Zinsen sind eine Geldzahlung des Schuldners an den Gläubiger. Sie verleihen an Ihren Freund Gerd 100 Euro, erhalten 105 Euro nach einer Woche zurück – Sie haben 5 Euro Zinsen erwirtschaftet. Sie bringen Geld auf die Bank, indem Sie es dort auf ein Konto einzahlen. Damit wird die Bank zum Schuldner. Die zahlt Ihnen aber nicht nur keine Zinsen, sondern behält noch einen Teil dafür ein. Gehen wir kurz zu Ihrem Freund Gerd: Dem leihen Sie 100 Euro – erhalten aber nur 95 Euro zurück. Ihre Wahrnehmung: Gerd hat mich gerade um 5 Euro betrogen, geprellt. Zurück zur Bank: Der leihen Sie jetzt also 100 Euro und nach einer Weile, bekommen Sie nur 95 Euro zurück. Die Bank sagt jetzt aber nicht: Wir haben Ihnen 5 Euro gestohlen, sondern nennt dies „Negativ-Zinsen". Das wird dann von den Kunden klaglos akzeptiert, denn für „Zinsen" ist die Bank ja zuständig. Nun gibt es – und wir lernen ja täglich, dass unser Geld weniger wert ist – halt „Negativ-Zinsen".

Irgendwann einmal kommen große Konzerne, die Ihre Mitarbeiter ausbeuten und ihre Kunden vollends überteuertes Zeugs andrehen und auch bei den Serviceleistungen voll über den Tisch ziehen auf die Idee, ihre Milliardengewinne als „Negativ-Verluste" auszuweisen. Solche Begriffe denken sich dann Medienberater – wie ich zum Beispiel auch einer bin – aus. Wenn man das dann prima in die Medien gedrückt bekommt, kann man Menschen ganz gut an der Nase herumführen.

Der Prominente kommt frisch gestählt aus einer Entzugsklinik und wird rückfällig? Kein Problem. Er säuft sich nicht durch den Tag, sondern „macht gerade einen schweren Negativ-Entzug" durch. Da haben wir doch mal alle Mitleid mit ihm, denn Entzug muss sicher sehr anstrengend sein. Wenn wir diese Mechanik aufgreifen, können wir uns schnell ein Schlagfertigkeits-Wörterbuch zusammenstellen:

Urlaub	Negativ-Arbeit
Arbeit	Negativ-Urlaub
Traurigkeit	Negativ-Freude
Überschwängliche Freude	Negativ-Depression
Tofu	Negativ-Fleisch
Grillteller	Negativ-Vegan-Teller
Auszubildender	Negativ-Vorgesetzter
Mädchen	Negativ-Junge

Vermutlich fallen Ihnen jetzt bereits die ersten eigenen Vorschläge ein. Und genau so soll es sein. So funktioniert Kommunikation – so funktioniert Schlagfertigkeit. Wenn wir jedoch unsere Sprachkompetenz im Alltag anhand dieser Beispiele schärfen, dann sind wir mittel- und langfristig besser in der Schlagfertigkeit und auch für das Ärger-Fasten besser aufgestellt.

Sie hören im Kaufhaus die Durchsage: „Der kleine Sven möchte aus dem Kinderparadies abgeholt werden." Sofort fallen Ihnen die beiden Fehler in dieser Durchsage auf, die einen logischen und einen theologischen Fehler aufweist:

1. Wenn das doch das Paradies ist, wieso will Sven da weg?
2. Aus dem Paradies wird man nicht abgeholt, sondern vertrieben.

Und wieder haben Sie den Alltag für die Schlagfertigkeit trainierend genutzt, ohne wirklich Zeit dafür abknapsen zu müssen. Sie können natürlich – scherzhaft – bei solchen Ideen Ihrer Begleitung von Ihrer Beobachtung erzählen. Das ist in Ordnung und prüft zugleich, ob Ihre Idee auch bei anderen Menschen Heiterkeit auslöst. So bekommen Sie mit der Zeit ein gutes Gespür dafür, was in der Schlagfertigkeit geht und was nicht. Auf keinen Fall (!) gehen Sie aber an den Schalter mit dem Mikrofon und belehren das Personal dort über den sprachlichen Klops, der gerade über die Anlage im ganzen Supermarkt zu hören war. Das hat dann mit Schlagfertigkeit und Freude an der Sprache nichts mehr zu tun.

Erinnern Sie sich noch an die vielen Friseurnamen? Lesen Sie im Zweifel noch einmal kurz nach, um sich inspirieren zu lassen. Versuchen Sie unter Zeitdruck (jeweils fünf Minuten pro Punkt) mindestens 20 Begriffe für eines der folgenden Etablissements zu finden:

- Zahnarztpraxis
- Nagelpflege
- Hautarzt
- Bäckerei
- Sanitärbetrieb
- Betten-/Matratzengeschäft

Sie müssen demnach im Schnitt alle 15 Sekunden einen neuen Begriff kreieren. 15 Sekunden sind viel Zeit – Sie haben also reichlich Gelegenheit zum Nachdenken. Ergebnis? Sie schmeißen sich anschließend vor Lachen weg, wenn Sie die Liste durchgehen. Vorausgesetzt, Sie lassen Ihren Ideen einfach freien Lauf und limitieren sich nicht schon vor dem Aufschreiben. Keine Angst vor dummen Einfällen! Vielleicht kommen Ihnen die wirklich guten Ideen, wenn Sie die richtig schlechten einmal laut ausgesprochen haben. Jeder Gärtner kann Ihnen bestätigen, dass auf Mist etwas Schönes wachsen kann (und die erfahrenen Brainstormer aus der Kreativabteilung oder diejenigen von *Twitter* ebenso). Namen wie „Uschi's[13] Nagelstübchen" sprechen in der Realität schon für sich.

Im Alltag sind alternative Begriffe für viele Geschäfte schon längt üblich. So sprechen Menschen von „McDoof", „Mäckes" oder „HappyMäcki" (McDonald's), von „Feinkost Albrecht" (Aldi) und „Edeka für Arme" (NETTO) oder von „Chez Lidèl" (LIDL). Ausdrücke von weniger Sprachgewandtheit sind dagegen „Zum Bleistift" (zum Beispiel) oder Nasenfahrrad (Brille), wogegen „Achselterror" (Schwitzen), „Dreckfedern" (schmutzige Haare) oder „Gesäßhusten" (Furz) schon mehr Originalität im Umgang mit der Sprache erfordern. Da wird der etwas zu neugierige Nachbar zum „Nebenchecker", die Pausenaufsicht auf dem Schulhof zum „Rauchmelder" und die Disko zum „Zappelbunker". Begriffe wie „Schnürschinken" statt „Fettsack" oder „Intelligenzallergiker" anstelle von „Dummkopf" wandeln eine Beleidigung schon fast wieder zu einer eloquenten Volte wogegen der Diebstahl als „Fünf-Finger-Rabatt" verharmlost wird. Und vielleicht stirbt der deutsche Dackel auch gerade deshalb aus, weil

13 Ja genau: Mit Apostroph, der da im Deutschen nicht hingehört!

Jugendliche ihn „behaarte Bifi" nennen. Eine Schale mit Pommes und Majo/Ketchup ist eine „Asischale" und der aufgemotzte Kleinwagen mit präsentem Heckspoiler hat ein „Asitablett", weil er samstagnachts oft vor einschlägigen Fast-Food-Restaurants anzutreffen ist. Eine bestimmte Art von Motorradfahrern wird als „Klapphelmfahrer" verunglimpft, Harley-Fahrer, die nicht zur harten Szene der Motorradclubs gehören oftmals mit dem Kunstwort „Zahnwälte" (Zahnärzte und Rechtsanwälte als gut betuchte Möchtegern-Rocker) bedacht oder eine Reinigungskraft, die gerade die Klobrillen schrubbt, als „WC-Optikerin". Sind all diese Begriffe politisch korrekt? Nein. Und das müssen sie auch gar nicht.

Solche Begriffe funktionieren nur, wenn man in der jeweiligen (Sub-)Kultur zu Hause ist und sich unter Gleichgesinnten bewegt – oder aber, wenn man gewissen Abstand zur jeweiligen Gruppe (beispielsweise Harley-Fahrer) hat und von außen drauf schaut. Natürlich tut man mit der Interpretation bestimmter Eigenschaften von „Klapphelmfahrern" diesen generell mit der Bezeichnung unrecht – und einige meiner besten Moped-Kumpels haben Klapphelme – aber das darf uns nicht davon abhalten, in der Kreativphase derartige Begriffe zu nutzen und ihre Grenzen auszuloten. Im Gegenzug muss ich mir auch den einen oder anderen Spruch über „amerikanisches Altmetall" und „Anbauteile, die man während der Fahrt verliert" anhören. Wenn man damit aber nicht erst mit 50, sondern mit Ende 20 angefangen hat, kann man das aushalten.

Natürlich schießen wir auch ein paar Mal über das Ziel hinaus. Anders geht es nicht. Aber wer schlagfertiger werden will, muss das Risiko eingehen, auch einmal einen Menschen ungewollt etwas mehr vor den Kopf zu stoßen, als man es beabsichtigt hat.

In mehrtägigen Seminaren gebe ich nach dem ersten Tag immer die Hausaufgabe auf, am Abend mit der Partnerin/dem Partner Schlagfertigkeit zu üben, aber zuvor die Warnung auszugeben „Ich übe heute nur", damit nicht schon am zweiten Tag die Zahl der Singles im Kurs rapide steigt.

Eigene (schlechte) Eigenschaften konstruktiv nutzen

Für unsere schlechten Eigenschaften schämen wir uns in der Regel ein wenig. Wenn wir ehrlich zu uns sind, dann wissen wir sehr wohl, ob der Vorwurf, arrogant zu sein, eher zutrifft, oder nicht. Wenn wir ehrlich zu uns sind, dann können wir mit Sicherheit sagen, ob wir geizig, cholerisch, still, zurückhaltend oder polternd sind. Diese Eigenschaften sind unsere Schwächen – wir versuchen in der Regel gegen diese Schwächen anzukämpfen, oder sie zumindest für unsere Umgebung zu kaschieren. Es fällt uns folglich schwerer, dagegen anzukämpfen, als diesen Schwächen Raum zu geben. Und genau das können wir uns in der Schlagfertigkeit zunutze machen.

Eigenschaften wie „still" oder „zurückhaltend" sind hier allerdings weniger geeignet, denn für die Anwendung von Schlagfertigkeit müssen wir unsere Zurückhaltung etwas aufgeben und still dürfen wir auch nicht sein, denn das gilt es gerade ja abzulegen. Nehmen wir deshalb als Beispiel die schlechte Eigenschaft „Arroganz" und nutzen sie gnadenlos und einfach für die Anwendung von Schlagfertigkeit aus. Ich unterstelle Ihnen deshalb zur besseren Verdeutlichung eine arrogante Grundhaltung, gegen die Sie normalerweise ankämpfen. Ein Kollege kommt Ihnen also wirklich dumm und versucht Sie, auflaufen zu lassen. Dabei – und das ist dummerweise für ihn genau Ihr Fachgebiet – ist ihm allerdings ein inhaltlicher Fehler unterlaufen. Das muss nicht unbedingt ein großer Fehler sein. Eine Kleinigkeit reicht völlig aus, eine missverständliche Formulierung in einem Nebendetail ebenso. Bevor Sie allerdings die Schleusen der Arroganz öffnen und alle Dämme brechen, checken Sie zunächst die tatsächliche Flughöhe, auf der Ihr Kollege Ihnen in diesem Augenblick „dumm kommt". Nehmen wir an, Sie empfinden sein Vorgehen eher als lästig und nervig. In diesem Fall öffnen Sie die Tür zur Arroganz nur einen kleinen Spalt, so dass ein wenig Licht den Raum erhellen würden. Ihre Strategie könnte demnach aus einer Abfolge von Ironie und sanftem Sarkasmus liegen, in denen Sie ihre überlegene Fach- und Detailkenntnis ein wenig – aber deutlich vernehmbar – durchblicken lassen. So kann sich die Arroganz auch in einer kleinen Dosierung einmal nützlich machen. Es fallen dann zum Beispiel Formulierungen wie:

„Oh, da haben Sie aber jetzt echt ein wichtiges Thema gefunden, an dem wir uns abarbeiten können." oder

„Das haben Sie aber fein gemacht. Und sogar einen Fehler haben Sie eingebaut, damit ich meine Kompetenz beweisen kann."

Nehmen wir an, sie empfinden den Angriff als eine absolute Frechheit und Provokation. In diesem Falle kann man förmlich hören, wie Sie die Tür zum Arroganz-Lager mit einem gewaltigen Fußtritt auftreten. Es scheppert laut, wie sie gegen die Wand knallt und wieder ein Stück zurückprallt. Jetzt wählen Sie natürlich eine andere Wortwahl:

„Naja. Wenn man so wenig von der Materie versteht wie Sie, dann wundert das ja nicht, dass Sie sich damit zu profilieren versuchen. Netter Versuch – aber leider völlig daneben. Kommen Sie nächsten Donnerstag mal vorbei, dann zeige ich Ihnen noch mal das 1 x 1 der Projektarbeit."

„Ihre angebliche Kritik ist ziemlich übersichtlich. Denn viel Sachkenntnis ist nicht nötig, um zu erkennen, dass das da eine ganz große Luftnummer ist, die Sie da gerade aufpumpen."

„Da hat ja ein Baiser oder Soufflé mehr harte Substanz vorzuweisen als dieser Quatsch."

Mit dem Einsatz von Arroganz – um bei diesem Beispiel zu bleiben – sollten Sie vorsichtig sein und sie nur auf einer sozial gleichgestellten Ebene verwenden. Als Vorgesetzter verprellen Sie Ihre Mitarbeiter nachhaltig, als Untergebener schaden Sie sich langfristig damit nur selbst. In Familien muss es dagegen nicht bedeuten, dass man hier nicht zwischen unterschiedlichen Altersgruppen so vorgehen kann. Besser ist es natürlich, dem Ganzen etwas Scherzhaftes beizumischen, damit man zugleich deeskalierend wirken kann:

„Also von der Action in Videospielen verstehe ich ja wohl mit meinen geschickten Fingern deutlich mehr als Du, Opa. Aber als Kriegsveteran kannst du in Sachen Strategie durchaus ein paar Tipps geben."

Ich finde dieses Beispiel jetzt nicht so witzig, aber wie man mir versicherte, hat der betreffende Opa herzhaft darüber lachen können, zumal ihm durchaus seine eigene Schwäche bewusst war: Nach dem vierten Glas mit seinen Kriegsgeschichten anzufangen. Wenn er beim familiären Mensch-ärgere-Dich-nicht deutlich vorne lag, überhöhte er seine eigene Schwäche („Opa erzählt wieder vom Krieg") auf humoristische Art und Weise und begründete das mit seiner enormen Erfahrung aus dem zweiten Weltkrieg. Das hat die Familie stets etwas genervt und deshalb entschied sich ein Enkel wohl auch auf den Vergleich Videospiel/Strategie.

Erste Hilfe durch Standard-Antworten

Zu Beginn dieses Kapitels müssen wir uns erneut die Kommunikation von Kindern anschauen. Diesmal von den ganz Kleinen, die noch im Sand spielen. Da gibt es immer wieder einmal Streit und bevor die Fäuste fliegen, fliegen die Worte: „Du bist ja voll doof!" Wer jetzt das Weinen anfängt, hat verloren. Wer das Hauen anfängt, hat auch verloren, denn die Erzieherinnen oder Eltern (sofern sie normal sozialisiert sind) werden nun eingreifen. Wem jetzt aber auch nichts einfällt, der hat erst recht verloren. Was also tun? Dem Kind, in seiner Hilflosigkeit der Alternativen, entfährt es nach einiger Schnappatmung ganz gepresst: „Selber voll doof!" Ist das eloquent? Nein. Ist es witzig oder charmant? Nein. Ist es schlagfertig? Ja. Auf jeden Fall.

Wir müssen uns hier bewusst machen, dass Schlagfertigkeit vor allem durch Schnelligkeit ihre Wirkung erfährt und nicht immer und ausschließlich über Inhalte. „Selber voll doof" ist besser als eine lange Pause oder gar keine Antwort. Erwachsene tun sich damit etwas schwer, weil sie meinen, immer nur an den Inhalten gemessen zu werden. Das ist ein Trugschluss. In meinen Medientrainings beispielsweise legen die Teilnehmer in der ersten Übung sehr viel Wert auf den Inhalt. Zeigt man Ihnen anschließend die Videobeispiele, kommen viele von ihnen mit Aussagen wie: „Ich wackle aber mit dem Kopf", „Meine Augen sind unruhig" oder „Ich mache ja gar nichts mit den Händen, wenn ich spreche". Von Inhalten sind wir da noch deutlich entfernt. Anspruch und Wirklichkeit. Bei Umfragen zur Beliebtheit von Hörfunkprogrammen nennen viele der Befragten die „Nachrichten" als wichtigen Bestandteil. Geht man aber nur ganz wenig in die Tiefe, so ist bei den meisten die Musikauswahl des Senders (in der Regel mit 70–80 Prozent

Programmanteil) entscheidend. Unter solchen Widersprüchen wird auch Schlagfertigkeit betrachtet: Inhalt, Inhalt, Inhalt.

Machen Sie sich locker! Es gibt Standard-Sprüche, die nicht originell sind, Ihnen aber Luft und Raum verschaffen, sich über Ihren Gegner nicht weiter aufzuregen, Ihre augenblicklich inhaltlich-eloquente Schwäche zu überspielen und Sie nicht wie einen begossenen Pudel dastehen zu lassen. Solche Antworten sind beispielsweise:

„Schön für Dich."

„Herzlichen Glückwunsch!"

„Da hast Du sicher jetzt eine Menge Freude dran."

„Scheint so, dass Dein Tag ganz gut läuft."

„Glauben Sie, die anderen finden das lustig, oder lachen die nur aus Höflichkeit mit Ihnen?"

„Na, da hast Du aber gerade voll einen ‚Lustigen' rausgehauen!"

„Heute Clown gefrühstückt, was?"

„War Clown schon alle oder was soll das jetzt"

„Wie lange läufst du mit dem Spruch schon durchs Leben?"

„Was glaubst Du, wie lange der Spruch noch funktioniert?"

„Mal ganz etwas anderes: Wie kommen Sie mit Ihrem Sensibilisierungsprogramm voran? – Tut sich da schon was?"

„42."[14]

„Mir doch egal."

„DA hast du jetzt aber so richtig Spaß!"

„Und was macht das mit Dir?"

---

14 In Douglas Adams' *Per Anhalter durch die Galaxis* wird ein Computer gefragt, was die Antwort auf die Frage nach „dem Leben, dem Universum und dem ganzen Rest" sei. Der Computer antwortet „42" – aber niemand kann damit etwas anfangen. Erfahrungsgemäß ist der Roman und/oder „42" bei Informatikern und ähnlichen Berufsgruppen sehr bekannt. Dort funktioniert es als Antwort witzig. Diejenigen, die das nicht kennen, werden zumindest irritiert. Siehe auch: Nebelbomben!

„Wie fühlt sich das an für Dich?“

„Sonst noch was?“

Die Liste kann man unendlich fortführen. Sie werden feststellen, dass je nach Situation auch diese Standards witzig und entschärfend sein können.

Passende Gegenstrategien anwenden

Hier möchte ich Ihnen einige der möglichen Gegenstrategien vorstellen und zusammenfassen, mit denen Sie Schlagfertigkeit standardisieren und für sich selbst besser nutzen können. In der Regel werden Sie im Laufe der Zeit diese einzelnen Strategien miteinander kombinieren, fließende Übergänge zwischen den einzelnen Strategien entwickeln und so im Laufe der Zeit ein wesentlich breiteres Spektrum an Möglichkeiten zur Verfügung haben.

Zitate spielerisch nutzen

Wer mit klugen Zitaten um sich wirft, wirkt gebildet und wortgewandt. Wenn er es damit übertreibt, ist er ein Angeber oder Klugscheißer. Wenn er Zitate in einen falschen Zusammenhang setzt oder sie falsch wiedergibt, blamiert er sich bis auf die Knochen. Die Fallhöhe von „gebildet und wortgewandt“ ist folglich sehr hoch. Wer allerdings Zitate souverän platziert, neue Zusammenhänge herstellen kann und Zitate-Allgemeingut nicht minder souverän abwandelt, gilt als Meister der Schlagfertigkeit. Dabei unterscheidet man zwischen Zitaten, die auch ohne Quellenkenntnis funktionieren und jenen, die eine konkrete Kenntnis des Urhebers benötigen, um ihren Witz zu entfalten. Unproblematisch und jeder Zeit einzusetzen sind beispielsweise

„Hier stehe ich, ich kann nicht anders." (Martin Luther)

„Das also ist des Pudels Kern." (Goethe, Faust I)

„Wehe der Geister, die ich rief." [korrekt: Die ich rief, die Geister werd ich nun nicht los.] (Goethe, Der Zauberlehrling)

„Wer zu spät kommt, den bestraft das Leben." (Michael Gorbatschow)

„Nach dem Spiel ist vor dem Spiel." (Sepp Herberger)

„Vertrauen ist gut, Kontrolle ist besser." (Wladimir Iljitsch Lenin)

„Stell Dir vor, es ist Krieg und keiner geht hin." (Carl Sandburg: „Sometime they'll give a war and nobody will come")

„Mailand oder Madrid – Hauptsache Italien." (Andy Möller)

Diese Zitate funktionieren alle – auch, wenn man nicht weiß, wer Andy Möller oder Carl Sandburg sind. Sie müssen zwangsweise eine Präsentation vor den Kollegen halten, die auch gerade keine Lust auf PowerPoint haben? – „Hier stehe ich, ich kann nicht anders."

Ihnen erschließt sich der Sinn des Meetings erst relativ spät? – „Das also ist des Meetings Kern."

Die Kollegen vom Controlling machen gerade etwas Wirbel? – „Wehe der Controller, die ich rief."

Wieder mal 5 Minuten zu spät? – „Wer zu spät kommt, den bestraft der Chef."

Nach einem Meeting wird die Fortsetzung für den morgigen Tag angesetzt. Alle sind mäßig begeistert. – „Nach dem Meeting ist vor dem Meeting."

Sie sind Controller und es beschweren sich wieder einmal alle über die fachliche Auseinandersetzung mit Ihnen? – „Vertrauen ist gut. Controller sind besser!"

Sie haben wieder einmal keine Lust auf stundenlanges Beisammensitzen mit den Kollegen? – „Stell Dir vor, es ist Meeting und keiner geht hin“ Wenn hier jemand das Original mit „Krieg“ kennt, ist es für ihn noch etwas witziger, da er die Verbindung Meeting – Krieg herstellt. Vor allem in einer Branche, wo es von Alpha-Selbstdarstellern nur so wimmelt, kann das ein praktisches Ärger-Ventil sein.

Die Optionen im Meeting sind wieder einmal ziemlich beliebig? – „Vorschlag A oder Vorschlag B – Hauptsache Fußball.“

Im Übungskapitel „Zitate“ habe ich Ihnen zahlreiche Beispiele zusammengestellt, wo Sie nur durch die Um- oder Abwandlung ganz leicht und locker schlagfertiger werden können. Gehen Sie nur nicht mit dem Anspruch an die Übungen, ALLE Zitate in möglichst zahlreichen Varianten aufzuarbeiten. Dann sehen Sie in der akuten Situation, in der Schlagfertigkeit notwendig ist, den Wald vor lauter Bäumen nicht mehr.

Kennen Sie die eloquente Umschreibung von „Was schert mich mein Geschwätz von gestern“? Sie lautet: „Sie werden mich nicht daran hindern, heute schlauer zu sein als gestern“ und stammt von Konrad Adenauer. Diese Aussage wird auf jeden Fall witzig wirken, auch ohne jegliche Quellenkenntnis. Die sollten Sie auch nicht abwandeln, denn so ist sie perfekt. Ihr Vorgesetzter fragt Sie, ob die Zahlen in Ihren Unterlagen wirklich, aber auch ganz bestimmt und super-wirklich stimmen. Sie schauen ihn leicht lächelnd an und sagen: „Darauf gebe ich Ihnen und der gesamten deutschen Öffentlichkeit mein Ehrenwort.“ Das ist grenzwertig. Wer 1987 mindestens 16 Jahre alt und halbwegs politisch interessiert war, der kennt dieses Zitat noch von Uwe Barschels legendärer Ehrenwort-Pressekonferenz. Bei allen anderen wirkt es nur wie eine leichte, ironische Überspitzung. Es muss dann nicht als Zitat kenntlich gemacht werden.

Schauen wir uns den Umgang mit einem Zitat an, das nur in Kenntnis des Originals witzig sein kann. Unter den Fangruppen der Bundesliga ist es inzwischen üblich geworden, den Mannschaftsbus des Gegners mit Farbe zu beschmieren oder ihn durch Sitzblockaden an der Zufahrt zum Stadion zu hindern. Der Gegner soll so ein wenig aus der Konzentration gebracht werden und gewisse Fangruppen können damit ihr Ego pflegen und in ihrer *Facebook*-Gruppe ein paar Likes erwirtschaften. Das Beschmieren mit Farbe oder das Bewerfen mit Steinen geht sicher zu weit. In Köln wurden den Hoffenheimern BEIDE Kfz-Kennzeichen am Bus abmontiert. Das ist schon witziger, denn es bedarf dann etwas mehr polizeilichen Aufwand, um wieder auf die Autobahn zu dürfen. Der Materialschaden bewegt sich unter 50 Euro und die Aktion gehört meiner Meinung nach eher in der Kategorie „Grober Unfug" als mutwillige Sachbeschädigung. So ungefähr war auch die Stimmungslage in der Berichterstattung der lokalen Medien in Köln. Kommentar aus meinem Umfeld: „Der Diebstahl eines Kfz-Kennzeichens ist eine strafbare Handlung. Der Diebstahl zweier Kfz-Kennzeichen ist eine politische Aktion." Witzig ist das nur, wenn man das Original-Zitat kennt. Es stammt von der Journalistin und späteren RAF-Terroristin Ulrike Meinhof, die in einem Aufruf zur Gewalt sagte: „Wirft man einen Stein, so ist das eine strafbare Handlung. Werden tausend Steine geworfen, ist das eine politische Aktion." Der Vergleich eines Kfz-Kennzeichen-Diebstahls mit einem Gewaltaufruf aus RAF-Zeiten ist sicher nicht politisch korrekt, aber das Witzige an der Bemerkung in Bezug auf die Schlagfertigkeit kann sich nur entfalten, wenn der Gegenüber über die gleichen Kenntnisse verfügt und den Zusammenhang herstellt. Ansonsten verpufft die Formulierung völlig.

Hier ist es merklich einfacher. Das Zitat „Wer zu spät kommt, den bestraft das Leben" kennen viele Menschen und es hat seinen Weg in die Geschichtsbücher gefunden. Nur wenige Menschen von diesen Vielen können es inzwischen noch korrekt Michael Gorbatschow zuschreiben und noch weniger von ihnen wissen, dass das Zitat in der Urfassung komplett anders war, nämlich: „Ich glaube, Gefahren lauern nur auf jene, die nicht auf das Leben reagieren." So soll er es Erich Honecker unter vier Augen gesagt haben. Unstrittig ist dagegen, dass er vor dem Büro der SED gesagt hat: „Wenn wir zurückbleiben, bestraft uns das Leben sofort." Er sagte diesen Satz auf Russisch, was wiederum von einem Übersetzer an die Journalisten weitergegeben wurde. Der DPA-Journalist Joachim Schöttes und sein Kollege Jürgen Metkemeyer von der amerikanischen Associated Press (AP) glichen ihre Notizen ab und verständigten sich auf die Formulierung: „Wer zu spät kommt, den bestraft das Leben." – So können große Worte für die Geschichte entstehen. Sagt man also zu einem Kollegen, der einige Minuten später eintrifft: „Wer zu spät kommt, den bestraft der Chef" – dann setzen wir darauf, dass das Zitat im Prinzip bekannt ist und der Unterschied „Leben" und „Chef" die Pointe wirken lässt. Das geht mit „Kontrolle ist gut, Vertrauen ist besser" genauso bei einer Abwandlung in „Kontrolle ist gut, Controller sind besser." Das funktioniert, auch wenn das Original-Zitat einem Kommunisten (Lenin) zugeschrieben wird.

Vorsicht bei allen Bezügen zum Nationalsozialismus. Lassen Sie die Finger davon. „Arbeit macht frei" ist keine gute Idee für einen lockeren Bürospruch und seine Herkunft absolutes Allgemeinwissen. Sie müssen nicht wissen, dass es sowohl in Auschwitz, als auch in Theresienstadt über dem Eingang prangte. Dass es aus einem KZ stammt aber sehr wohl. Ebenso ist es keine gute Idee, wenn man angesichts voller Züge zur Urlaubszeit formuliert: „Naja, viele Menschen mit Zügen logistisch zu bewegen war im Prinzip schon immer eine Kernkompetenz der Deutschen." Das explodiert Ihnen mitten im Gesicht, noch bevor das letzte Wort den Mund verlassen hat. Nehmen Sie aber den Gedanken „Voll wie eine Sardinen-Dose" auf und formulieren angesichts eines vollen Zuges an die anderen Mitreisenden: „Herzlich willkommen im Sardinen-Express[15]" dann ist das schlagfertig, witzig und entkrampft vermutlich die Situation unter schlecht gelaunten Reisenden.

Der Chef fragt:

„Sind Sie sich sicher, dass das funktioniert?"

„Das ist so sicher wie die Rente!"

Damit stiften Sie auf jeden Fall Verwirrung und ihr Gegenüber muss das Original-Zitat des damaligen Arbeitsministers Norbert Blüm („Die Rente ist sicher!"), das dieser wie ein Mantra über viele Jahre in allen Medien verbreitet hat, kennen. Es funktioniert dank minimaler Allgemeinbildung auch ohne Quellenkenntnis. Was ist an der Rente schon sicher? Was will mir mein Angestellter damit sagen? Dass ich besser noch private Vorsorge betreiben muss – also auch bei seinem Projekt noch etwas mit anpacken muss? Oder ist unser Kontext so, dass ich daraus heraushöre: Es ist nichts sicher an diesem Projekt?

Antworten Sie auf die Frage „Ist die Software auch wirklich sicher?" mit etwas in der Art von „So sicher, als hätte sie VW entwickelt." oder „Die war Jahrzehnte erfolgreich bei VW im Einsatz." dann erfordert das allerdings schon wieder Kontextwissen Ihres Gegenübers, nämlich die Erinnerung an die VW-Abgas-Affäre und die zugrundeliegende „Schummel-Software".

---

15 Vorsicht: Bei „Sardinien-Express" lacht man sie aus. Ein Buchstabe entscheidet hier über Lachen und Auslachen.

Nehmen Sie sich nicht zurück, wenn Sie beginnen mit den Zitaten zu spielen. Das Schlimmste, was Sie machen können ist, vor dem Aufschreiben/Aufsagen schon zu hinterfragen: Passt das? Ist das witzig? Ist das politisch korrekt? – Sortieren können Sie hinterher. Auf keinen Fall VOR der Formulierung schon die Schere im Kopf ansetzen und Zensur auszuüben. Nur so kommen Sie im Schlagfertigkeitstraining voran.

„Der frühe Vogel fängt den Wurm."

„Der frühe Vogel kriegt nur den Wurm."

„Der frühe Vogel stirbt an Herzinfarkt."

„Den frühen Vogel wurmt das Früh."

„Der späte Vogel trinkt ein Früh."

„Der frühe Wurm wurmt den Wurm."

„Der frühe Wurm vögelt rum."

„Der frühe Vogel braucht 'ne Wurmkur."

Ob ein frisches Zitat sich durchsetzen wird, merken Sie relativ schnell daran, wie die Medien drauf reagieren und wie sie es weiterverbreiten. Wolfgang Wowereit hatte auf einem SPD-Parteitag den Druck, dass man seine Homosexualität outen könnte. Er trat die Flucht nach vorne an und sagte an einer Stelle seiner Rede: „Ich bin schwul. Und das ist auch gut so." Dabei kann daran niemand etwas Gutes oder Schlechtes finden in einer aufgeschlossenen Gesellschaft. Er ist halt schwul. Na und? Das geht uns nichts an, aber es war klar, was Wowereit damit bezwecken wollte: Den Medien und seinen Gegnern den Wind aus den Segeln zu nehmen, die ihm wegen seiner sexuellen Ausrichtung Kompetenzen für ein Regierungsamt streitig machen wollten. Sicher hat der Satz zur Entkrampfung beigetragen. Auch für andere Homosexuelle in Deutschland. Das ist auch gut so. Oh – da war es wieder: „Das ist auch gut so." Es wurde zum geflügelten Wort. Auch ohne das

„ich bin schwul“ davor. Heute können Sie das „Und das ist auch gut so.“ hinter Ihr Argument oder Ihre Replik packen, ohne dass man Sie als Homosexuellen betrachten würde. Und wenn Sie homosexuell sind – wenn schon. Wir haben schwule Spitzenpolitiker, lesbische Ministerinnen, lesbische Fernsehmoderatorinnen und homosexuelle Kollegen. Was soll's?

Angela Merkels Satz zur Flüchtlingskrise „Wir schaffen das“ wurde zunächst ironisch von Ihren politischen Gegnern verwendet. Er wird sicher auch zum geflügelten Wort werden und in einigen Jahren nicht mehr an Flüchtlingskrise oder ironische Kritik der Flüchtlingspolitik erinnern. Und nebenbei bemerkt: Den Satz hat *Bob der Baumeister* schon gut 17 Jahre früher als geflügeltes Wort in seinen Folgen immer wieder gesagt.

Buzzwords und „vorweggenommene Schlagfertigkeit“

Buzzwords sind nichts Anderes als Schlagwörter, die wir entweder zur Anwendung von Schlagfertigkeit nutzen, oder die uns – schlimmstenfalls – immer wieder Ärger bereiten.

Eines dieser üblen Ärger-Schlagwörter war „Oma“ für einige meiner Seminarteilnehmer. Dabei ging es nicht um die eigene Oma oder eine Oma-Phobie, sondern um die Oma des Abteilungsleiters. Aufgabe der Mitarbeiter war es, Kunden-Angebote zu entwickeln. Aber egal, welche Mühe sie sich auch gaben: Jedes Mal kam der Chef mit seiner Oma: „Das versteht meine Oma nicht. Da müsst ihr noch einmal komplett ran.“ Der Frust im Team war groß. Sie lauerten gewissermaßen auf das Buzzword „Oma“, um sich dann darüber zu ärgern: „Er hat es tatsächlich schon wieder gesagt!“ Ärger und Frust gaben sich die Klinke in die Hand. Dabei ist die

Lösung sehr einfach. Und so haben wir das gelöst: Das Team hat seinen Vorschlag nach bestem Wissen und Gewissen entwickelt. Während der Präsentation hat eine der Teilnehmerinnen in einem scheinbar unauffälligen Nebensatz eingeflochten: „Wir haben das auch schon geprüft. Die Oma von Stefan – der haben wir das mal kurz gezeigt – die fand das gut und konnte damit auch sofort etwas anfangen." Der Chef hat den Vorschlag so durchgewinkt, ohne Änderungen. Das Produkt wurde ein voller Erfolg.

Wichtig für den Erfolg mit der Technik der „vorweggenommenen Schlagfertigkeit" war (man wusste ja durch lange Erfahrung, dass der Chef wieder mit dem Oma-Argument kommen würde), dass man sein Argument gar nicht mehr abgewartet hatte, sondern direkt entkräftete. Die „Oma vom Stefan" – die ist sicher nicht dümmer als die Oma vom Chef. Ein weiterer Garant für den Erfolg war die Umsetzung: Wenn der Satz „Wir haben das auch schon geprüft. Die Oma von Stefan – der haben wir das mal kurz gezeigt – die fand das gut und konnte damit auch sofort etwas anfangen."[16] in der Präsentation fallen würde, durfte danach keine Pause entstehen oder jemand zum Chef rüber schauen. Es musste für den Chef so aussehen, dass es wie ein Zufall wirkt. DANN schluckt er das Argument. Wenn er aber bemerkt hätte, dass sein Team ihn hier gerade ein wenig (auf eine harmlose Art) vorführt, dann hätte er dennoch Widerstand entwickelt. So nahm er das sehr bewusst wahr: Das Buzzword „Oma" ließ ihn innerlich aufhorchen. Anschließend konnte er sich nicht die Blöße geben, dass seine Oma dümmer ist, als die von Stefan. Das passt dann schon so.

---

16 Wichtig ist, dass das Buzzword „Oma" recht weit vorne im Satz kommt, damit der Rest erhöhte Aufmerksamkeit genießt. Was meiner Ansicht nach nicht funktionieren würde: „Also wir haben das schon einer Frau gezeigt und die fand das ganz schlüssig und prima. Und zwar vom Stefan die Oma."

Sie können die Technik der „vorweggenommenen Schlagfertigkeit“ auch selbst deeskalierend einsetzen und einem 100-prozentigen Konflikt vorbeugen. Nehmen wir an, Sie haben ein Problem mit dem Mobilfunkanbieter und sie wissen schon, dass der Mitarbeiter in der Hotline das nicht geregelt bekommt. Woher sie das wissen? Ganz einfach: Es ist bereits Ihr 6. Anruf wegen einer Änderung der Rechnungsanschrift bei unveränderter Kontonummer aber gleichbleibender, abweichender Vertragsanschrift. Das müssen Sie jetzt nicht verstanden haben – keine Sorge: Der Callcenter-Agent wird es auch nicht verstehen. Es ist aber zu lösen. Folgender Dialog, der Kunde beginnt:

„Bevor wir beginnen, darf ich fragen, was Sie mit jemandem machen, der definitiv nicht in ihre Abfragemuster passt und mit dem das Gespräch hinterher völlig eskaliert und Sie darüber hinaus noch übel beschimpft werden?“

„Die leiten wir an unsere Teamleiter weiter. Wieso?“

„Ich habe genauso einen Fall. Und bevor wir beide uns hier gleich in die Wolle bekommen, schlage ich vor, dass Sie mich schon mal an Ihren Teamleiter verbinden.“

„Oh. Das ist aber nett. Ja klar – einen Moment.“

Wenn wir eine Situation vor uns haben, bei der es höchstwahrscheinlich zu einem Konflikt kommen könnte (unser Wunsch weicht zum Beispiel von der normalerweise vom Dienstleister zu erbringenden Standard-Dienstleistungen ab), müssen wir uns zuvor in die Kommunikationsmuster des Gegners hineindenken und überlegen, wie er vermutlich argumentieren würde. Callcenter sind – sofern sie nicht ausgesprochen gut auf individuelle Fälle gecoacht wurden – ein recht einfach zu überwindendes Hindernis. In diesem Fall lauern wir nur auf das Buzzword um anschließend konsequent und gnadenlos unsere Interessen zu verwirklichen.

Mein liebstes Wort im Gespräch mit Service-Dienstleistern ist das Wort „eigentlich". Sie benötigen nur etwas Bereitschaft, ihre Mitmenschen zu überrumpeln und dann ist deren „eigentlich" wiederum Ihre stärkste Waffe beim Durchsetzen Ihrer Ziele.

Situation: Ich habe im Hotel einen Text geschrieben, den ich aber unbedingt ausgedruckt benötige. Es sind zwei Din-A4-Seiten, also überschaubar. Mein Termin ist morgens um 9 Uhr und einen Copyshop zu suchen wäre unrealistisch. Außerdem käme ich dann zu spät zum Termin. Mein Druck ist also groß, dass ich diesen Text unbedingt auf Papier benötige. Ich frage höflich an der Rezeption und höre:

„Eigentlich machen wir so etwas nicht."

„Prima. Das finde ich aber sehr nett von ihnen. Zweimal bitte. Schwarz/Weiß genügt. Vielen Dank."

In unserer alltäglichen Kommunikation verstehen wir das „eigentlich" so, wie es gemeint ist: Als eine höflichere Form des „nein". Hier sagt aber niemand „nein" sondern „eigentlich" – und damit hebeln wir die Gegenseite aus. In diesem Beispiel wird es das Hotelpersonal nicht nachhaltig verärgern. Die sind von Hotelgästen ganz andere Dinge gewohnt.

Austausch der Wasserzähler. Der angepeilte Termin des Versorgungsunternehmens für den ganzen Straßenzug passt aber nicht für mich und mit der großzügigen Weitergabe von Wohnungsschlüsseln stelle ich mich ein wenig an. Callcenter.

„Eigentlich machen wir keine Einzeltermine."

„Oh, das finde ich aber nett. Möchten Sie lieber am Dienstag- oder am Mittwochvormittag bei mir sein?"

„Ich sagte doch, dass wir eigentlich keine Einzeltermine machen."

„Ja, das habe ich verstanden. Das einzige was Sie mir jetzt noch sagen müssen ist, ob Sie am Dienstag- oder Mittwochvormittag kommen möchten."

Ganz sicher: Das funktioniert.

Die Waage zwischen dem Durchsetzen von Interessen auf der einen Seite und der Höflichkeit auf der anderen Seite ist nicht unbedingt ausgeglichen. Aber die Aufgabe besteht schließlich darin, dass Sie Ihren Willen bekommen sollen – nicht darin, dass Sie sich aus Höflichkeit heraus komplett zurückhalten und der Gegner am Ende seinen Willen bekommt. Jetzt können Sie zu Recht einwenden, dass das Gegenüber bei seinem gefühlt geäußertem „nein" bleiben wird. Ja, das hatte ich auch schon. Dann müssen Sie den Druck etwas erhöhen und reichlich Verwirrung stiften. Der folgende Dialog hat sich – wie alle Beispiele in diesem Buch – tatsächlich so zugetragen:

„Eigentlich dürfen wir das so nicht umsetzen."

„Oh, das finde ich aber nett."

„Was?"

„Dass Sie da für mich eine Ausnahme machen."

„Ich sagte doch, dass wir das eigentlich nicht so umsetzen."

„Das habe ich verstanden, deshalb bin ich Ihnen ja so dankbar, dass Sie es dennoch tun."

„Ich sagte doch, dass wir das eigentlich nicht machen."

„Ja. ‚Eigentlich'. Das bedeutet ja, dass Sie es in Ausnahmefällen doch tun. Und einer dieser Ausnahmen bin dann ja wohl ich. Dafür bin ich Ihnen auch echt dankbar."

„Nein. Das machen wir nicht."

„Warum haben Sie denn jetzt Ihre Meinung geändert? „ [Strategie: Behauptung aufstellen]

„Ich habe meine Meinung nicht geändert."

„Doch. Eben haben Sie gesagt, dass sie das EIGENTLICH nicht machen, was – und da werden Sie mir ja wohl zustimmen – eine ganz klare Ankündigung einer Ausnahmeregelung und ein Hinweis auf Ihren Ermessensspielraum ist. Weil sonst hätten Sie ja gesagt: ‚Nein, das machen wir nicht.‘ Aber jetzt sagen Sie mir, dass Sie es sich anders überlegt haben."

„Ich habe es mir nicht anders überlegt."

„Oh, dann habe ich Sie da wohl missverstanden."

„Ja."

„Also danke, dass Sie für mich diese Ausnahme machen."

[holt tief Luft in der Art: Was für ein Idiot da am Telefon] „Also gut, aber nur dieses eine Mal."

„Gerne. Vielen Dank und noch einmal Entschuldigung, dass ich Sie da eben falsch verstanden habe."

„Keine Ursache, das kann ja mal vorkommen."

Lesen Sie meine Antworten noch einmal genau nach und überlegen, wo ich die Technik des Umdeutens verwendet habe. Eine Stelle verrate ich Ihnen schon einmal: „Aber jetzt sagen Sie mir, dass Sie es sich anders überlegt haben." – Das hat der Gegner auf keinen Fall gesagt. Er hat es von Anfang an so GEMEINT: Ein scheinbar klares „Nein". Aber ist es meine Aufgabe, wenn ich meine Ziele durchsetzen möchte, ihn bei dem, was er GEMEINT haben KÖNNTE dabei zu unterstützen, nämlich mir meinen Wunsch NICHT zu erfüllen? Eben. Und am Ende äußert er für meinen Fehler sogar noch Verständnis – dabei habe ich nur meine Interessen durchgesetzt.

Ein anderes Buzzword ist „theoretisch". Dieses Wort können Sie gut aufgreifen, wenn Sie an der Position des Gegners Zweifel äußern möchten, oder wenn Sie ihn beschädigen wollen, weil er Ihnen beim Durchsetzen Ihrer Ziele im Weg steht.

„Theoretisch müsste das so funktionieren."

„Das heißt: Du hast erhebliche Zweifel."

„Ne. Theoretisch nicht."

„Ja was denn nun: Erst soll es nur theoretisch so funktionieren und dann sagst du, dass es theoretisch doch nicht funktioniert. Also was denn nun?“

Das Problem hierbei ist, dass der Gegner sich zu sehr mit dem Begriff „theoretisch“ beschäftigt. Denn in dem Beispiel hat er gar nicht gesagt, dass es theoretisch doch nicht funktioniert. Aber er hat gewisse Zweifel an der Praxis und möchte sich mit „theoretisch“ lediglich ein wenig absichern. Deshalb können wir ihn damit aushebeln. In Gedanken ist er nämlich gerade bei seinen Selbst- und Restzweifeln. Durch das von ihm verwendete „theoretisch“ wird das mehr als sichtbar. Gut: Wenn er uns also schon die Munition gegen ihn selbst freiwillig in die Hand legt, dann kann man das auch nutzen.

„Theoretisch ja. Theoretisch nein. Du hast aber wirklich keine Ahnung.“

„Theoretisch dies, theoretisch jenes. Du weißt ja selbst nicht, was du willst.“

„Theoretisch, theoretisch. Ich brauche aber jemanden, der etwas von der Praxis versteht und wirklich Ahnung hat.“

In Situationen, in denen Sie vorweggenommene Schlagfertigkeit anwenden, werden Sie einen gewissen Risiko-Einsatz leisten müssen. Beispielsweise geraten Sie in eine Polizeikontrolle. Sie sind – aller Wahrscheinlichkeit nach – ein wenig (!) zu schnell gefahren. Das Vergehen ist Ihre Schuld, der Polizist wird – wenn er sich artgerecht verhält – von Ihnen ein Verwarngeld kassieren. Sie sagen sich: „Für maximal 20 Euro will ich wenigstens ein wenig Spaß haben bei der Kontrolle.“ Der Polizist hat eine andere Erwartungshaltung: Er muss sich den ganzen Tag schon faule Ausreden anhören und der eine oder andere Verkehrsteilnehmer wurde auch schon unverschämt bis kurz vor eine Beleidigung. Er hat vermutlich schlechte Laune, weil er den ganzen Tag einen Job machen muss, für den er von den Bürgern keine Anerkennung erfahren wird. Welcher Autofahrer bedankt sich schon, wenn er eine Knolle bekommt? Er beginnt also mit der klassischen Eröffnungsfrage:

„Sie wissen, was Sie falsch gemacht haben?"

Wenn Sie zu schnell waren und jetzt sagen

„Ich hatte meinen Gurt nicht angelegt."

„Ja, die SMS hätte ich nicht während der Fahrt schreiben sollen."

haben Sie das Strafzettel-Budget von 20 Euro mal eben locker verdoppelt, wenn nicht gar verdrei- oder vervierfacht. Das ist also keine Alternative. Anwälte raten grundsätzlich dazu, diese Frage mit „nein" zu beantworten. Vielleicht geben wir ja sonst einen Verkehrsverstoß zu, den er noch gar nicht bemerkt hat. Sie könnten es also mit dem Mittel der Übertreibung in der Schlagfertigkeit versuchen:

„Ja. Das vierte Glas Rotwein hätte ich besser mal nur zur Hälfte getrunken."

Da der Polizist vermutlich schlechte Laune hat, ist das keine gute Idee. Er wird den Alkoholatem überprüfen und da das Gerät 0,0 Promille anzeigen wird, Sie aber gerade einen Alkoholkonsum zugegeben haben (er wird Sie dann einfach mal wörtlich nehmen und damit aushebeln), bleibt nur noch die Blutprobe unter ärztlicher Aufsicht. Da muss Ihnen schon ziemlich langweilig sein an dem Tag, wenn Sie das riskieren wollen. Antworten Sie beispielsweise aber

„Ich hätte bei der Scheidung nicht so viel Stress machen sollen."

ist zunächst noch unklar, ob Sie das ernst meinen oder nicht. Vielleicht waren Sie ja gerade mit Ihren Gedanken ganz woanders. Die Frage ganz ist offensichtlich unpräzise: Nach dem Straßenverkehr hat er ja nicht gefragt – und Sie haben im Zweifel wahrheitsgemäß geantwortet. Einen Strick kann er Ihnen daraus nicht drehen. Aber er kann seine Aufgaben kurzfristig erweitern und weitere Kontrollen durchführen. Ist also das Reifenprofil etwas knapp und der Verbandskasten im Kofferraum abgelaufen, könnte das noch mal kostenintensiv für Sie werden. Aber deshalb nennen wir es ja Risiko-Einsatz.

Wenn ich Motorrad fahre, habe ich im Jahr ein Budget für Bußgelder. Da hat das Rücklicht vielleicht kein Prüfzeichen (ist aber baugleich mit einem zugelassenen Teil), der Rückspiegel ist zu klein oder man stellt die Maschine notgedrungen doch mal ein wenig zu sperrig auf den Bürgersteig, weil auf der Fahrbahn kein Platz mehr ist. In dieser Saison lief es gut für mich – das Budget war bei Weitem noch nicht ausgeschöpft. Vor mir fuhr eine ältere Dame mit ihrem Kleinwagen über die Landstraße. 40 km/h wo 50 km/h erlaubt waren, 60 km/h wo 70 km/h erlaubt waren und so weiter. An einen Überholvorgang war wegen zu viel Gegenverkehr nicht zu denken. Nur weiter außerhalb. Eine gerade Strecke – aber eine durchgezogene Linie. Klar: Blinker, einen Gang runter geschaltet, kurz am Gas geruckelt – und in 1,5 Sekunden war sie sicher überholt. Sofort wurde ich von der direkt hinter mir fahrenden Polizeistreife herausgewinkt. Schlagfertigkeits-Einsatz: 30 Euro.

„Überholvorgang mit Überfahren der durchgezogenen Linie. Führerschein und Fahrzeugpapiere, bitte."

„Mal unter uns: Gehörte die ältere Dame in dem Focus zu Ihnen?"

„Wieso?"

„Wegen der Knolle jetzt. Sie wissen aber schon, dass das ein Motorrad ist, mit dem ich hier unterwegs bin?"

„Was?"

„So ein Motorrad hat nur zwei Räder. Und wenn ich noch langsamer fahren muss, dann falle ich um."

Für die zu erwartenden 30 Euro war es mir das wert. Aber die Antwort des Polizisten war noch besser:

„Das ist die beste Ausrede heute. Sie können fahren."

Ich fühlte mich also mündlich verwarnt und konnte für die gesparten 30 Euro auf weiteren 350 km Benzin verfahren und Spaß haben. Ein Hoch auf die Beamten im Ruhrgebiet!

Sie haben einen Dienstleister vor sich, beispielsweise einen Handwerker zu Hause, den Sie bitten, eine Kleinigkeit unbezahlt noch mit zu erledigen. Normalerweise wird er sich weigern oder eine Position zusätzlich auf die Rechnung schreiben. Sie eröffnen: „Es wäre schön, wenn Sie das so noch eben miterledigen könnten. Das wäre eine große Hilfe für mich. Falls das aber nicht geht, sagen Sie es bitte direkt, denn dann kann ich vorher noch versuchen eine Bank zu überfallen." Sie übertreiben maßlos. Selbst, wenn er für fünf Minuten Arbeit eine ganze Handwerkerstunde aufschreiben würde, müssten Sie deshalb nicht wirklich eine Bank überfallen. Und im Normalfall würde er auf ein erhöhtes Trinkgeld spekulieren und die Arbeit ausführen. Aber das überspitzte Zuschneiden und den konstruierten Zusammenhang zwischen seinen Kosten und dem dadurch unmittelbar bevorstehenden Banküberfall bewirkt einen sanften Druck, hier eine kleine Sonderleistung zu erbringen. Nebenbei hat er ein gutes Gefühl, hat er doch gerade daran mitgewirkt, einen Banküberfall zu verhindern.

Im Hotel möchten Sie ein weiteres Gerät mit WLAN-Flat ohne Zusatzkosten betreiben. Beim Gast vor Ihnen wird das höflich abgelehnt und ein Betrag in Rechnung gestellt. Sie tun so, als hätten Sie das nicht bemerkt und eröffnen: „Können Sie so nett sein, und mir diesmal ausnahmsweise einen zweiten WLAN-Zugang geben? Oder ist Ihr Chef so grausam und zieht Ihnen das vom Lohn ab, wenn Sie diese Ausnahme machen?" Das funktioniert. Dabei wenden wir noch einen zweiten Trick an, der von der Rezeption unbemerkt bleibt: „diesmal". Damit suggerieren wir, dass wir schon öfters in diesem Hotel waren. So schnell und routiniert, wie an der Rezeption normalerweise die Kommunikation abläuft, wird die Mitarbeiterin des Hotels nicht erst in der Datenbank suchen, ob Sie bereits in der Vergangenheit Gast des Hotels gewesen sind und wie man das damals gehandhabt hatte mit dem zweiten WLAN-Zugang. Schon gar nicht in den großen Hotelketten. Ferner zeigen wir der Rezeptionistin bereits eine Lösung auf, die von ihren Vorgaben abweicht: „Ausnahmsweise." Damit respektieren wir ihren vorgeschriebenen Handlungsablauf und spekulieren auf ihre Güte, ihren Handlungsspielraum. In der zweiten Frage übertreiben wir maßlos. Kein Vorgesetzter wird einer Angestellten einige Euro vom Lohn abziehen, wenn sie kulant ist. Und: Sie bekommt von uns eine völlig absurde Alternative angeboten („grausamer Chef"), der sie widersprechen muss. Das kann sie aber nur, indem sie kulant ist. Problem gelöst.

Beim Bäcker, etwas außerhalb. Davor sind schräge Parktaschen auf der Fahrbahn markiert. Die ersten sind schon besetzt, aber eine Autofahrerin stellt sich quer, so dass sie mit einem Auto stolze drei Parkplätze blockiert. Dahinter ist noch eine letzte schräge Parktasche frei, aber wer sich da drauf stellt, blockiert besagte Autofahrerin. Manch einer würde jetzt um den Block fahren, sich ärgern und einen anderen Parkplatz suchen. Andere wiederum nicht. Während ich also in Ruhe meine Brötchen bestelle, erklingt von draußen bereits ein rhythmisches Klangkonzert (Sie erinnern sich an das „Hupen-Esperanto" weiter vorne in diesem Buch?). Die von der Autofahrerin zu erwartende verbale Kommunikation ist also vorhersehbar. Der Aggressor bin natürlich in ihren Augen ganz klar ich. Es folgt ihrerseits eine dynamische Abfolge von Wortsammlungen, die man unter medizinischen Gesichtspunkten als „Tourette-Syndrom“ diagnostizieren könnte. Ich schaue mir das ruhig und mit gespieltem Erstaunen an und frage: „Wie sind Sie denn da reingekommen?“ Und in die bei ihr erfolgte Schnappatmung stoße ich höflich nach: „Soll ich Sie auswinken oder möchten Sie warten, bis ich weggefahren bin?“ Das hat ihre Laune nicht wirklich verbessert. Meine aber schon.

Rückfragen stellen

Eine der einfachsten Techniken überhaupt, die auch in der alltäglichen Kommunikation anzuwenden ist, ist die der Rückfrage. Wenn Sie etwas nicht verstehen, fragen Sie zurück. Wenn Sie auf Zeit spielen wollen, weil die Antwort noch etwas auf sich warten lässt bevor sie Ihnen auf der Zunge liegt, fragen Sie zurück. Und wenn Sie Aggression und Vorwürfe ihres Gegenübers entkräften möchten, fragen Sie zurück. Ein paar Beispiele:

„Ihre Präsentation war totaler Murks.“

„Welcher Teil hat sich Ihnen denn noch nicht erschlossen?“

„Mit welchem Teil haben Sie denn Verständnisschwierigkeiten?“

„Was ist ‚Murks‘?“

Im Vorstellungsgespräch entpuppte sich ein Spitzenbewerber als unangenehmer Zeitgenosse. In meinen Gedanken fielen Fachbegriffe wie „Luftpumpe“, „Dummschwätzer“ und „Bullshitter“. Die Frage, warum er denn in die Public Relations gegangen sei, beantworte er scheinbar höchst clever:

„So, wie Gerhard Schröder das damals gemacht hat mit den Medien: ‚*BILD*, *BamS* und Glotze‘. DAS hat mich inspiriert und ich habe den Beruf ergriffen!“

Wie lässt man einer Luftpumpe die Luft ab? Indem man sie auf kleinteilige Details festnagelt.

„Wie bewerten Sie denn, wie Schröder und Lafontaine den Umgang mit den Medien im damaligen Wahlkampf verändert haben?"

„Sie waren doch sicher damals schon ein sehr politisch interessierter Mensch. Das muss Ihnen doch noch im Gedächtnis sein?"

„Schröder hatte ja kurz vorher geheiratet. Inwiefern hat das Privatleben im Wahlkampf, insbesondere mit Blick auf die *BILD*-Zeitung, eine wichtige Rolle gespielt?"

Er musste dann einräumen, dass er nur den Spruch gut fand und sich über die Inhalte jetzt nicht mit mir austauschen könnte.

„Aber für Sie war das ja so eine Art Schlüsselerlebnis. Hinterfragen Sie das dann nicht noch einmal kritisch, wenn Sie bemerken, dass Sie ein derartiger Vorgang beeinflusst?"

„Die Berufswahl ist schließlich nichts, was man dem Zufall überlässt. Wie reflektieren Sie denn darüber?"

Damit war der Kommunikations-Klassiker wieder einmal klar: Wer fragt führt – und Reisekostenerstattung gibt es vorne im Sekretariat. Danke. Wir melden uns. Rufen Sie uns nicht an, wir rufen Sie an.

Rückfragen sind auch ohne tiefere Sachkenntnis schnell gestellt und bringen den Gegner in die Defensive. Versuchen Sie einmal herauszufinden, in welchen zahlreichen Situationen und zu wie vielen unterschiedlichen Themenbereichen diese Standards funktionieren:

„Was meinen Sie damit konkret?"

„Worauf wollen Sie hinaus?"

„Was glauben Sie, bringt uns dabei voran?"

„Wie wird Ihrer Ansicht nach der Markt darauf reagieren?"

„Wie kommen Sie darauf?"

„Was macht Sie dabei so sicher?"

„Haben Sie auch alles dabei berücksichtigt?“

„Wo sehen Sie denn noch Defizite?“

„Wie hoch schätzen Sie das Risiko ein?“

Wenn Sie diesen Fragenbilderbogen vor sich haben, fallen Ihnen noch zahlreiche weitere Beispiele ein, die man genauso stellen kann, ohne tiefere Ahnung von der Materie zu haben. Versucht der Gegner Sie mit Gegenfragen zu konfrontieren, weisen Sie diese einfach zurück:

„Ich möchte erst, dass Sie meine Frage beantworten.“

„Warum stellen Sie eine Gegenfrage?“

„Wollen Sie mit der Gegenfrage vielleicht davon ablenken, dass Ihnen dazu keine kluge Antwort einfällt?“

Wenn Sie die Fragen noch ein wenig auf sich wirken lassen, werden Sie feststellen, dass Vorgesetzte und Kunden oftmals mit diesem Fragenfächer unterwegs sind. Man bekommt Sie damit zum Sprechen und macht selbst noch einen gut vorbereiteten und interessierten Eindruck dabei.

In einem Schwimmbad hatten meine Jungs ein wenig zu wild herumgetobt, aber noch nicht so, dass ich eingreifen mussten. Eine Frau beschwerte sich, weil sie versehentlich nassgespritzt worden war. Wir befinden uns im Nichtschwimmerbecken, da wo die Rutschen sind und Kinder, wenn sie sich gemäß ihrer Natur artgerecht verhalten, mit Wasserbällen umherspringen.

„Sehe ich das richtig: Sie sind im Wasser zusammen mit spielenden Kindern und sind nass geworden?“

„Ja natürlich.“

„Tut mir leid, das verstehe ich nicht.“

„Ja aber [sie wiederholt den Vorwurf].“

„Schon. Aber wir sind doch im Wasser. Da wird man doch nass. Worauf wollen Sie hinaus?“

Irgendwann wurde es ihr dann zu dumm, wünschte mich vermutlich sonst wohin, aber ich musste mich mit dem Problem nicht weiter herumschlagen. Das ist generell – auch im Umgang mit Kollegen – eine gute Technik, alberne Problemchen komplett zu ignorieren und ins Leere laufen zu lassen. Wenn Sie geschickt fragen und Ihr Gegenüber nicht ganz auf seiner eigenen Leitung steht, wird er dahinter kommen, dass er sich gerade komplett vergaloppiert.

Beachten Sie bitte: Nur, wenn Sie die Verärgerung Ihres Gegners zu Ihrer eigenen machen, kann Sie das aufregen und schlimmstenfalls vorübergehend aus der Bahn werfen. Merke: Rückfragen halten uns den Rücken frei. Denken Sie daran: Auch im Schwimmbad sind Ärger-Kalorien auf den Hüften anderer besser aufgehoben. Machen Sie Ärger-Fasten und holen sich zur Belohnung noch ein Eis.

Zustimmung – aber mit Bedacht

Zustimmung muss vorsichtig angewandt werden, denn sie sollte nicht zu unseren Lasten gehen. Wenn ein Vorgesetzter Sie konkret auf mangelhafte Leistungen anspricht, können Sie nicht einfach antworten, dass er damit Recht habe. Damit geben Sie zwar eine Antwort, aber Sie vergrößern an dieser Stelle das Problem. Besser ist die Form der Zustimmung, wenn der Gegner im Grunde genommen eine Rechtfertigung von Ihnen erwartet – die streng genommen auch kommen müsste, die Sie aber nicht abliefern.

„Hier ist aber Parkverbot."

„Stimmt." [einfache Zustimmung]

„Stimmt. Echt scharf beobachtet." [ironische Zustimmung]

Oder

„Das war aber ein ziemlich langes Meeting."

„Da gebe ich Ihnen Recht." [einfache Zustimmung]

„Stimmt. Da haben Sie aber gut aufgepasst." [ironische Zustimmung]

Dadurch, dass Sie die Erwartung des Gegners durch die ausbleibende Rechtfertigungsarie unterlaufen, wirkt Ihre Kommunikation wesentlich selbstbewusster. Zum direkten Vergleich (und zur Nachahmung ausdrücklich nicht empfohlen):

„Hier ist aber Parkverbot."

„Ja was soll ich denn machen? Hier ist ja wieder alles belegt. Und meinen Parkausweis hat die Personalabteilung mir immer noch nicht zugeschickt. Angeblich soll der in der Hauspost sein. Aber das glaube ich nicht, denn …"

Oder

„Das war aber ein ziemlich langes Meeting."

„Dann schauen Sie sich einmal an, wie viele Details wir hier durchgehen müssen. Die Abteilung III/b hat ja auch wieder mal nicht rechtzeitig zugeliefert und deshalb mussten wir das hier im Meeting erst einmal zusammentragen und sortieren …"

Da lobe ich mir doch die kurze Form der Zustimmung. Als mein jüngster Sohn gerade mal acht Jahre alt war, berichtete er von einem kleineren Streit mit Oma. Auf die Frage, wer denn Recht gehabt hatte, meinte er: „Wir hatten beide Recht. Wir waren nur anderer Meinung." Darauf muss man erst einmal kommen. Aber man sollte sich auch daran halten und akzeptieren, dass andere Abteilungen, andere Kollegen oder Geschäftspartner bestimmte Dinge anders sehen. Für den einen ist das Glas halbvoll, für den anderen halbleer und für den Ingenieur ist das Glas einfach nur falsch konstruiert.

Bei der Zustimmung empfehle ich eine Kombination mit der Umdeutung. Also: Wir stimmen einer Sache zu und drehen die Angelegenheit in die von uns gewünschte Richtung. Beispielsweise ist uns mit einem Eimer Wasser ein Missgeschick passiert:

„Sie können wohl nicht aufpassen?"

„Stimmt: Das habe ich wirklich nicht. Aber wo nun schon mal alles nass ist, wische ich gleich die Treppe mit."

So haben wir zwar eine Zustimmung gegeben, aber uns dadurch nicht geschwächt. Der Fehler ist nun einmal passiert – aber wir können dem noch etwas Positives abgewinnen, sind also mental schon viel weiter als unser Gegner.

Es ist folglich eine andere Form der Zustimmung, wenn wir auf die Aussage:

„Hier ist aber Parkverbot."

„Stimmt." antworten. Denn hier schwingt unausgesprochen ein ganz klares „Ist mir aber total egal!" mit. Den aufgeregten Nachbarn, der sich über einen umgekippten Eimer Wasser aufregt, aber mit einem „Stimmt!" abzufertigen wäre der Konfliktlösung nicht zuträglich. Deshalb: Gehen Sie bitte nicht mit starren Regeln und starren Kommunikationsmustern in die Auseinandersetzung. Damit würden Sie es langfristig nur verschlimmern. Wichtig ist, erst einmal kleine, sicherere Schritte zu gehen und dafür kommunikationssensibilisierter durch den Alltag zu lustwandeln.

Zurückweisung und Abwehr

Unterschätzen Sie nicht, wie wirkungsvoll Sie einen Angreifer mit einem klaren, selbstbewussten „NEIN“ in seine Schranken weisen können. Er ist diese klare Aussage in der Regel nicht gewohnt. Wir formulieren gerne höflicher: „Eigentlich möchte ich das nicht.“

An verschiedenen Stellen in diesem Buch bin ich bereits ausführlich darauf eingegangen. Ein klares „Nein!“ wirkt in einem derartigen Kommunikationsumfeld wahre Wunder. Nehmen wir den viel zu allgemein gehaltenen Vorwurf:

„Das war aber ein langweiliger Vortrag von Ihnen.“

und kombinieren ihn mit einer Antwort aus dieser Auswahl.

„Stimmt nicht.“

„Das ist nicht richtig.“

„Für SIE vielleicht.“

„Nein.“

Das wirkt. Es löst nicht die Debatte über die Qualität Ihrer Vortragstechnik, verschafft aber zunächst etwas Luft und zwingt den Gegner, nun zu argumentieren und nicht pauschal Vorwürfe zu erheben. Auf der Sachebene müssen Sie dann inhaltlich punkten, aber es nutzt Ihnen nichts, wenn Sie pauschal erhobene Vorwürfe einfach unkommentiert im Raum stehen lassen oder ebenso pauschal und oberflächlich antworten. Umstehende bilden sich daraufhin ein negatives Bild von Ihnen. Diese Kollegen sollten zumindest die Erfahrung machen, dass Sie solchen Vorwürfen etwas entgegensetzen. Das schützt beim nächsten Mal schon etwas besser gegen entsprechende Vorwürfe. Wenn Sie auf der Sachebene überlegen sind oder erweiterte Fachkenntnisse haben, dann spielen sie diese Karte aus. Das hat mit Arroganz nichts zu tun. Sie erinnern sich bitte: Gibt ein Vogel an, wenn er fliegt? Sie finden hier im Buch durchgehend immer wieder Beispiele zu Zurückweisung und Abwehr. Interessanterweise geben Seminarteilnehmer nach einigen Gruppenübungen an, dass sie der Meinung sind, deeskalierende Techniken wie Zitate spielerisch nutzen oder Rückfragen wären die am meisten in der Gruppe angewendeten Techniken. Schauen wir uns dann die von mir und den Teilnehmern gemeinsam erstellte Auswertung an, dann sind Zurückweisung/Abwehr und aus dem nun folgenden Kapitel Gegenangriff die am häufigsten genutzten Techniken. Auch von Teilnehmern, die sich selbst eher als ausgleichend und deeskalierend bis hin zur Klassifizierung „harmoniesüchtig" eingeschätzt haben.

Versteckter und offener Gegenangriff

Machen wir uns nichts vor: Schlagfertig zu sein, bedeutet letztlich auch, dass man die Bereitschaft erhöht, auch mal zuzulangen. Verbal natürlich. Zwei Boxer, die sich abwartend gegenüber stehen sind zwar zum Schlagen fertig – aber eine ziemlich müde Angelegenheit, wenn beide keine Lust verspüren, auszuteilen. Beim versteckten wie beim offenen Gegenangriff können wir nicht ausschließen, einen anderen Menschen eventuell zu verletzen. Da unterscheiden wir uns nicht von den Boxern. Die kämpfen auch nicht, um sich gegenseitig zu verletzen, aber wenn sie sehen, dass dem Gegner das linke Auge anschwillt, dann versuchen sie genau diese Stelle immer wieder zu treffen. Sie zielen damit auf einen „technischen KO" ab, wo der Gegner wegen einer Verletzung aufgeben muss, beispielsweise, weil er auf dem linken Auge nichts mehr sieht vor lauter Platzwunden. Das sollte bei verbaler Schlagfertigkeit etwas anders ablaufen.

Der offene Gegenangriff, selbst wenn er als aggressiver empfunden wird als der versteckte, ist für den Gegner leichter zu verdauen. Stellen Sie sich vor, ein Kollege kommt über einen langen Flur schon polternd auf Sie zu. Sie haben Zeit, sich darauf einzustellen und wissen ganz genau, woran Sie mit ihm sind. Offener Konflikt, offene Konfrontation. Er greift Sie also offen an, Sie können reagieren. Wenn Sie nun mit einem versteckten Gegenangriff antworten, ist Ihr Gegenüber notgedrungen etwas passiver. Er muss erst für sich selbst überprüfen, ob das jetzt wirklich ein Gegenangriff war oder nicht. Ferner spekuliert er darüber, ob das jetzt schon alles war, oder Sie nicht noch mehr Vorwürfe und Anschuldigungen gegen ihn erheben, ob Sie eventuell eine zweite, unterschwellige Agenda verfolgen oder ihm noch weiteres Unheil droht. Er kommt also auf uns zu und wirft uns vor:

„Damit ist ja wohl klar, wo hier die Fehler entstehen."

Mögliche Antworten wären beispielsweise:

„Also WIR haben das nicht zu verantworten."

„Und vor allem, wer da künftig den Kopf für hinhalten darf beim Chef."

„Die Fehler sind ja nicht wirklich unser größtes Problem."

Damit hätten wir den versteckten Gegenangriff schon ganz gut platziert. Im offenen Gegenangriff klingt das auf denselben Vorwurf wesentlich offensiver.

„Klar. Ganz klar bei Euch und den Pappnasen die da rumwurschteln."

„Eben. Und deshalb werde ich auch dafür sorgen, dass der Chef davon erfährt."

„Das Entstehen der Fehler ist nur Dein geringstes Problem. Der Fisch stinkt in deiner Abteilung vom Kopf. Und zwar von Deinem."

Den Gegenangriff können Sie auch wie eine Schlinge auslegen, indem Sie zunächst eine Frage stellen, die ganz unverbindlich und freundlich wirkt – um dann mit einem Resümee den Gegenschlag auszuführen. Folgende Situation: In einem normalerweise gut geführten Restaurant tat eine völlig überforderte Kellnerin Dienst. Das muss noch nicht die Grundlage für eine vernichtende Replik sein, um den schlechten Service zu kommentieren, aber hier war die Situation eine andere: Die Getränke wurden nicht korrekt aufgenommen, die Speisen kamen für den jeweiligen Tisch nicht gleichzeitig (die Gäste konnten also nicht gemeinsam essen, sondern mussten dies nacheinander tun), dazu wurden berechtigte und freundlich vorgetragene Reklamationen mit schnippischen Antworten gekontert. Erste Gäste verließen bereits ohne zu zahlen das Restaurant, andere standen, nachdem sie mehrmals den Wunsch zur Aufgabe eine Bestellung geäußert hatten, bereits vor der Bestellung wieder auf und informierten hereinkommende Gäste über den schlechten Service. Andere beschwerten sich beim Manager über falsch ausgestellte Rechnungen und Speisen die sie nicht bestellt hatten, wohl aber bezahlen sollten. Es war gewissermaßen das Armageddon der Gastronomie eingetreten. Ein Gast winkte die Kellnerin zu sich heran und fragte freundlich:

„Was halten Sie eigentlich von Seidenmalerei?"

„Oh, das finde ich sehr schön."

„Versuchen Sie es mal. Die Gastronomie ist es jedenfalls nicht."

Ich bin der Auffassung, dass man das durchaus machen kann als Gast, denn die Flughöhe der Eskalation ist bereits dermaßen hoch, dass man mit einem freundlichen Hinweis nicht wirklich etwas bewirken könnte. Stellen Sie sich vor, Sie erdulden das – aus Mitleid mit der armen Kellnerin, die heute wohl persönlich einen schlechten Tag hat – und ertragen nicht nur, dass Sie das falsche Essen bekommen haben, sondern auch nacheinander essen müssen und einen unfreundlichen Service hinnehmen. Dann geben Sie noch einige Euro Trinkgeld, „weil man das ja so macht". Da sind Sie mit Ärger-Fasten deutlich besser bedient, indem Sie die Ärger-Kalorien anderen auf die Hüften packen.

Maßlose Übertreibung und übertriebener Vergleich

Der übertriebene Vergleich ist eine gute Möglichkeit, seinem Gegner die Absurdität seiner Aussage (oder seine Unverschämtheit) plastisch und drastisch vor Augen zu führen. Die neuen Vorgesetzten in der Buchhaltung bestehen nicht nur auf einer ordnungsgemäßen Beschriftung der Aktenrücken, sondern legen auch Schriftart und Schriftgröße fest und Sie sollen nun die letzten zehn Jahre Personalakten und Eingangsrechnungen neu labeln? „Klar. Und demnächst sortieren wir in der Wüste auch die Sandkörner nach Größe, Form und Farbe." Ist diese Aussage an den Auftraggeber dieser sinnentleerten Arbeit gerichtet, kann sie ein Hilferuf sein: Muss das sein? Verlangst Du hier nicht etwas total Unsinniges von uns, wo es doch sicher andere, wichtigere, Arbeiten gibt, die zu erledigen wären? Hier muss die Augenhöhe passen und der Umgangston zwischen Auftraggeber und Auftragnehmer entsprechend locker sein. Ein autoritär veranlagter Vorgesetzter wird definitiv ausflippen bei einer derartigen Antwort. Aber auch bei einem Diktator funktioniert dieser Spruch – dann allerdings als Ärger-Ventil gegenüber einem Kollegen, dessen Mitgefühl wir haben möchten.

Es ist im Grunde genommen die gleiche Mechanik wie bei der Anwendung des „Tyrannen-Witzes", mit dem man ein Ventil sucht, um sich von der gefühlten Unterdrückung über einen humoristischen Weg etwas Freiraum zu verschaffen. Im Nationalsozialismus waren es die „Führer-Witze", die die Runde machten und auch nach schwerwiegenden Terroranschlägen dauert es in der Regel nur drei bis fünf Tage, bis die ersten Witze mit direktem Bezug zum Anschlag in Umlauf sind. Anstelle der Furcht vor dem Tyrannen ist es hier dann das Entsetzen über die Tat, das sich ein Ventil sucht. Deshalb sind viele als geschmacklos bezeichnete Witze, die dann die Runde machen, noch unter einem anderen Aspekt zu betrachten: Dem der Angst- oder Trauer-Bewältigung. Klingt unlogisch, hat aber klare Mechanismen in der Kommunikation.

Grundsätzlich können wir uns alles vorstellen – auch wenn wir nicht von selbst auf die Idee kommen würden. Beispielsweise, dass die Bundeskanzlerin auf rosafarbenen Einhörnern über den Atlantik reitet. Darauf wären Sie jetzt nicht unbedingt von ganz alleine gekommen, aber mit der konkreten Beschreibung, kann sich diese Vorstellung frei entfalten. So funktioniert das auch mit Menschen, die überall Probleme befürchten, wo objektiv keine zu erwarten sind. Sie kommen mit den absonderlichsten Szenarien zu uns, verlängern die Meetings um das Doppelte und sorgen dafür, dass Dokumente von zwei auf zwanzig Seiten anschwellen. Eine Kollegin war genau dafür bekannt. Sie hatte die Erwartungshaltung, dass man sich auch mit den fiktiven Problemen auseinanderzusetzen habe. Das verlängerte die Teammeetings um einen nicht unwesentlichen Teil. Ob ich mir denn dieses oder jenes Problem vorstellen könne (ich kann mir grundsätzlich alles vorstellen, spätestens dann, wenn man mich mit dem Szenario konfrontiert – die Frage ist nur, für wie WAHRSCHEINLICH man das hält) und wie ich damit umgehen würde: „Ich kann mir auch vorstellen, dass Kühe fliegen können und es nicht ratsam ist, im falschen Moment darunter herzulaufen. Damit beschäftige ich mich, wenn die erste Kuh abgehoben hat. Vorher nicht."

Das ist das klassische Aufnehmen einer Kommunikation (hier: Problem, Problem!), ihre ironische Überhöhung und Zuspitzung auf eine absurde Ebene, um diese Ebene wiederum als Vergleichsgröße heranzuziehen um dann den Anwurf als lächerlich gering oder als grundsätzlich lächerlich abzuschießen. In der sachlichen Auseinandersetzung läuft das anders. Da kritisiert jemand einen Verpackungsfehler, indem ein Etikett leicht schräg aufgebracht wurde. Der Schichtleiter sagt:

„Wir haben 10.000 Umzugkartons hergestellt und 0,2 Prozent haben leichte Farbabweichungen im Firmenlogo. Meinst Du, die Kunden stellen sich die als Dekoration in die Wohnung?"

Das schreit geradezu nach dem Klassiker: „Das ist so, als ob in China ein Sack Reis/ein Fahrrad umfällt." Dabei wüsste ich gerne zweierlei: Ob ein Sack Reis wirklich umfällt oder nicht eher langsam zur Seite kippt und wie viele Fahrräder tatsächlich jeden Tag in China umfallen. Sie können das Beispiel vom Sack Reis als Gegenstrategie anwenden:

„Das ist so, als ob in China ein Sack Reis umfällt."

„Woher weißt Du, dass der umfällt? Meines Wissens nach sackt der nur sanft zur Seite. Du kannst das mit Kochbeutelreis unter Laborbedingungen nachprüfen."

Oder das Fahrrad:

„Das ist so, als ob in China ein Fahrrad umfällt."

„Die stehen ja immer dicht beieinander. Übersiehst Du da nicht den Domino-Effekt?"

Oder mit Verwirrung:

„Wieso? China gilt doch verkehrstechnisch als Schwellenland."

„Wieso China? Sollten wir hier in Europa nicht besser über Holland-Räder sprechen?"

Der übertriebene Vergleich kann sehr eloquent und witzig sein, wenn man ihn flexibel anwendet und eventuell mit aktuellen Beispielen garniert. Während ich dieses Buch schreibe, läuft in den USA gerade die Debatte, ob man die Stimmen der Präsidentenwahl nachzählen sollte. Sie haben gerade Inventur und sollen im Drogeriemarkt die Ware katalogisieren? „Da zähle ich doch lieber in den Swing-States ehrenamtlich die Stimmen nach!"

Beim übertriebenen Vergleich muss man vorsichtig sein, wenn man selbst persönlich angegriffen wurde und eigene Schwächen oder Mängel in diesen übertriebenen Vergleich einbaut. Leider immer noch verbreitet sind despektierliche Bemerkungen über körperliche Merkmale, wie zum Beispiel Übergewicht. „Du bist aber fett" ist leider als Beleidigung weiter verbreitet, als man es annehmen sollte.

„Ja, ich bin so fett, dass Du mich schon zwei Tage vorher kommen hörst."

„Ja, ich bin so fett wie drei Blauwale."

„Stell dir mal vor: Am Strand hat Greenpeace mich neulich wieder ins Wasser gezogen."

„Wenn ich schwimmen gehe, kreuzt Greenpeace immer mit einem Schlauchboot vor mir und schützt mich vor den Walfängern."

Das sind zwar übertriebene Vergleiche und man sollte annehmen, dass der Gegner damit auch die Unverschämtheit seiner Bemerkung erkennt. Das wird er aber nicht, denn Menschen, die auf solche Beleidigungen angewiesen sind, um einmal einen Treffer zu langen, dürften nicht den intellektuellen Unterbau haben, die Replik zur Erkenntnis der eigenen Unverschämtheit zu nutzen. Im Gegenteil. Durch Ihre Übertreibung fühlen sich derartige Zeitgenossen eher motiviert, weiter verbale Keile zu verteilen. Dem Mobbing wird damit Tor und Tür geöffnet –

dummerweise ausgerechnet von demjenigen, der sich gerade völlig ohne jegliche Not selbst mit dem Volumen von drei Blauwalen verglichen hat.

In einem anderen Fall kokettierte relativ kurz nach der Maueröffnung eine ostdeutsche Kollegin bei ihren westdeutschen Kollegen stets mit dem negativen Ossi-Image. In der Kantine sagte sie:

„Wir stellen uns ja immer für alles an. Egal, was es gibt"

War kein Papier mehr im Drucker, reagierte sie mit:

„Eigeninitiative kennen wir nicht. Bei uns hat das immer der Staat geregelt."

Kam das Taxi etwas zu spät, hörten wir:

„Kein Problem. Wir Ossis warten bis zu 18 Jahre auf ein Auto."

Und so weiter, und so weiter. Das empfand die West-Belegschaft manchmal witzig – aber im Laufe der Zeit wurde es nervig. Nun wurde in der Firma ein Anbau geplant und die Büros wurden neu aufgeteilt. Diesmal kam die Pointe aber von einem Wessi-Kollegen, als die betreffende Kollegin auf den Plan schaute und fragte:

„Wo ist denn da die Tür?"

„Was brauchst Du eine Tür? Ihr kommt doch eh durch die Mauer."

Witzig? In einer Kabarett-Show, wo es nicht um ein einzelnes konkretes Schicksal geht, schon. Nur dumm, dass niemand wusste, dass diese Kollegin nicht am 9. November 1989 in den Westen kam, sondern eine dramatische Flucht über den Todesstreifen hinter sich hatte. Allerdings hätte es diese Wessi-Bemerkung nicht gegeben, hätte sie vorher es selbst nicht immer wieder heraufbeschworen und sich als „dummen Ossi" hingestellt.

Alles ausdrücklich ernst und wörtlich nehmen

Ich begleitete meine Partnerin in ein Möbelgeschäft, weil sie einen neuen Schuhschrank kaufen wollte. Nein, kein Klischee. Es war wirklich ein neuer Schuhschrank fällig. Ich verspürte jedoch wenig Lust auf einen neuen Schuhschrank und ging eher aus Höflichkeit mit. Ich war in Gedanken gerade bei der Vorbereitung meines nächsten Seminars und suchte nach weiteren Beispielen für gelungene Schlagfertigkeit, als wir auf einen etwas desorientierten und leicht unkoordiniert wirkenden Verkäufer trafen, der sich erst unserer annahm als er uns wirklich nicht mehr ausweichen konnte. Er führte uns zu einem absolut hässlichen Exemplar, das offensichtlich dringend weg musste.

„Danke, aber das ist nicht das, was wir uns vorstellen."

„Stellen Sie sich mal vor: Der hat ein völlig neues System innen."

„Haben wir gesehen, aber das ist eher Dekoration als Stauraum."

„Ja, das sieht sehr gut aus."

„Innen. Aber leider sehen wir den Schrank ja auch von außen-Der ist nicht schön."

„Sie können die Schuhe hier übereinander sortieren."

„Aber wenn Kinder ihre Schuhe auf Gitterregale stellen, bröselt das, was unter den Schuhen ist, auf die anderen Schuhe herunter."

„Ja. Sie können die Schuhe hier übereinander einsortieren."

Irgendwie schien er uns nicht zuzuhören. Also musste ein anderes Argument her:

„Wir haben in der Ecke eine Wandtiefe von 25 cm. Der hier passt nicht."

„Ich schaue mal nach ... Der hat 34 cm Tiefe."

„Wir haben 25 cm Platz."

„Der hier hat 34. Da geht was rein."

„34. Ist das mehr als 25?"

„Ja. Neun Zentimeter."

„Das scheint mehr zu sein."

„Ja. Fast zehn."

„Dann steht er vermutlich etwas über."

„Neun Zentimeter."

„Das ist viel."

„Ja. Ungefähr so viel." [er zeigt einen Abstand zwischen Daumen und Zeigefinger]

„Dann passt er da leider nicht hin."

Ich kam mir vor, wie in einem Loriot-Exposé für „Schuhdipussi" und musste mich beherrschen, nicht zu lachen. Meine Partnerin zog zur Sicherheit schon mal weiter zu anderen Schuhschränken. Wichtig dabei ist, dass man bei solchen Dialogen absolut ernst bleibt, denn nur so kann das Gegenüber sein Gesicht wahren (vielleicht ist der Kunde ja wirklich so doof) und auf der anderen Seite wiederum kann sich die Absurdität des Dialogs (zur Freude des Kunden) voll entfalten.

Ich möchte an dieser Stelle an das Thema „Flughöhe" erinnern, das eingangs bereits Thema war. Wenn ein Kunde sagt, dass ihm der Schrank optisch nicht gefällt und das Innenleben als unpraktisch empfindet, erübrigt sich jede weitere Diskussion und der Verkäufer sollte den Standort wechseln und echte Alternativen anbieten. Entweder wird er vom Möbelhaus dazu angehalten, diese hässlichen Ladenhüter in die Eigenheime der Umgebung zu quatschen, oder er ist kundenwunsch-resistent. In beiden Fällen erübrigt sich jede weitere ernsthafte Diskussion über einen eventuellen Kauf.

Wenn Sie in einem Geschäft in der Schlange warten, hat man Sie mit Sicherheit schon einmal gefragt:

„Wer war der Nächste?"

Zeigen Sie da einmal auf denjenigen, der gerade vor Ihnen dran war und sagen: „Er." Im Grund genommen ist das richtig: Er WAR der Nächste, denn er ist schließlich fertig bedient worden. Sie dagegen SIND der Nächste. Im Grunde genommen müsste es da so ablaufen:

„Wer war der Nächste?"

„Er."

„Wer ist der Nächste?"

„Ich."

Das macht man natürlich nicht sonntagsmorgens in der Schlange beim Bäcker, denn dann drängelt sich unter Garantie jemand vor und ferner haben die anderen wartenden Kunden kein Verständnis dafür, dass Sie jetzt mit einem kleinen Germanistik-Exkurs, den darüber hinaus niemand bestellt hat, die Brötchenausgabe verlangsamen. Warum ich Sie auf dieses Beispiel aufmerksam machen möchte, ist ein ganz anderer Grund: Sensibilisieren Sie sich für solche Situationen. Sie werden mehr als einmal feststellen, dass Menschen – streng genommen – komplett aneinander vorbei reden können und dennoch korrekt miteinander kommunizieren.

Wenn Ihnen mit der Zeit immer mehr Situationen, die im Grunde genommen durchaus skurril sind und Sie mit Sicherheit zum inneren Schmunzeln veranlassen, auffallen, erweitern Sie damit immer mehr Ihre sprachliche Kompetenz – und damit auch das Spektrum der Schlagfertigkeit. Das bildet nicht immer die Grundlage für witzige Pointen oder verbale Selbstverteidigung – aber es bildet ein solides Fundament, auf dem andere Dinge sich hervorragend entwickeln können.

Das Gleiche erleben Sie an der Pommesbude, wo gerade zahlreiche Bestellungen eingegangen sind. Die Alltagskommunikation läuft falsch, aber im Ergebnis richtig ab:

„Mit Mayo war richtig, ja?"

„Ja."

Korrekt wäre eigentlich:

„Mit Mayo war richtig, ja?"

„Nein. Das hat weiterhin Bestand."

Oder etwas skurriler:

„Mit Mayo war richtig, ja?"

„Nein."

„Also Ketchup?"

„Nein Mayo."

„Also war Mayo ja doch richtig."

„Nein."

Das ist bei einem Anruf in der Telefonzentrale eines Unternehmens nicht anders. Die nette Stimme am anderen Ende fragt zum Beispiel „Wie war nochmal Ihr Name?" und Sie nennen noch einmal Ihren vollständigen Namen, damit die Telefonstimme Sie korrekt an den gewünschten Gesprächspartner weiterleiten kann. So machen wir es mehrfach an einem Arbeitstag und es funktioniert. So weit, so gut. Streng genommen – und das ist auch gut so – leben Sie aber noch. Sind folglich noch nicht tot. Menschen, die tot sind, die hießen (!). Sie aber heißen (!) und haben Ihren Namen noch. Sie können nun, wenn Sie die Telefonstimme vielleicht bereits kennen oder wenn die Gelegenheit zu einem kleinen Sprach-Scherz gerade günstig ist (also nicht bei der Umtausch-Telefonberatung zwischen Weihnachten und Silvester!) den Dialog anders fortführen.

„Wie war nochmal Ihr Name?"

„Mein Name IST [Namensnennung]. Ich bin ja noch nicht tot." [einfach, etwas belehrend]

„Wie kommen Sie darauf, dass ich tot bin?" [verwirrend I]

„Wieso? Wollen Sie mir etwa einen Grabstein bestellen?“ [verwirrend II]

„Hey! Ich bin zwar erkältet, aber noch lange nicht tot.“ [wenn es bei dem angerufenen Unternehmen ohnehin etwas lockerer zugeht]

Oder etwas anders kombiniert:

„Kann ich Ihren Namen haben?“

„Wieso? Wollen Sie mich heiraten?“

„Nein. Ich habe nur den einen.“

„Wieso? Gefällt Ihnen Ihr eigener Name denn nicht mehr?“

„Aber nur, wenn wir tauschen.“

Meine Söhne würden so etwas natürlich niemals sagen, aber ich habe davon gehört, dass es irgendwo in Deutschland Kinder geben soll, die sagen zum Beispiel: „Scheiß Lehrer!“ Antwort: „Wie? Selbst DAFÜR brauchst Du noch einen Lehrer?“

Bleiben wir kurz im Fäkalbereich der Schlagfertigkeit und stellen uns einen unverschämten Kollegen vor, der sich ein wenig im Ton vergreift:

„Ach! Leck mich doch einfach!“

„Das gehört nicht zu meiner Stellenbeschreibung“ oder

„Da überschätzt du jetzt meine Zuständigkeiten“ oder

„Ich kann nicht einfach. Nur kompliziert.“

Sie bleiben sachlich, betreiben aktives Ärger-Fasten und gehen am Ende noch als Sieger vom Platz. Aber die Kommunikation mit Kollegen können wir auch sinnvoll und konstruktiv nutzen und weiter üben. Die Stimmung ist gelockert, die Arbeitsatmosphäre ist entspannt? Da bietet sich ein gewisses Level zum Schlagabtausch durchaus an:

„Du bist aber gut drauf heute.“

„Ich bin auf gar nix drauf. Ich nehme keine Drogen.“

Gehen Sie aufmerksam durch den Alltag: In einem großen Unternehmen, wo man in der Kantine bezahlt indem man zuvor Chipkarten mit Geld befüllt, die dann an der Kasse vor ein Lesegerät gehalten werden, hängt ein großes Schild: „Geldaufwerter". Da bringe ich doch gerne mal täglich ein paar Scheine vorbei. Wenn nämlich an diesen Automaten tatsächlich mein Geld aufgewertet wird und ich der Inflation dadurch ein wenig entkommen kann – warum nicht? In einem Berliner REWE hängt ein Schild mit der Aufschrift „Mehrweggetränke". Das möchte man sich gar nicht vorstellen, ganz zu schweigen davon, für so etwas auch noch Geld auszugeben. Selbst auf einem „Frauenparkplatz" stellen die Menschen dann doch lieber ihre Autos ab. In einem größeren Geschäft während des Urlaubs in Ostfriesland sah ich ein Schild mit der Aufschrift: „Eine reichhaltige Auswahl von Pflanzenschutzmitteln finden Sie in unserer Obst- und Gemüseabteilung." Das ist schon erschreckend ehrlich, wenn man auch nur zwei Sekunden einmal darüber in Ruhe nachdenkt.

Schenken Sie der Werbung auf Lkws oder – noch besser – den Fahrzeugen lokaler Handwerks- und Servicebetrieben künftig etwas mehr Aufmerksamkeit. Dort finden Sie Langeweiler wie

„Unsere Lkws können Sie überholen – unsere Leistungen nicht."

„So lange man Äpfel nicht per Mail verschicken kann, fahren wir vor Ihnen her."

Aber auch echte Stilblüten, die nicht immer auf hohem Niveau sind, wie beispielsweise

„Feiner Pinkeln" bei einem Badauststatter,

„Frischfleisch gibt's bei uns" auf dem Wagen einer Tierfutterfirma,

„Heute wirst du flachbelegt" beim Pizzaservice oder

„Bei Samenstau schütteln" und „Oralverzehr", als Slogans für einen Smoothie, die eine Beschwerde beim Werberat nach sich zogen.

Achten Sie auf derartige Kleinigkeiten und Hinweise in unserem Alltag. Sie werden im Laufe der Zeit feststellen, dass sich Ihre Wahrnehmung verändert. Sie werden sensibilisiert für Kommunikationsfehler – und damit auch flexibler, damit umzugehen. Und vor allem: Dagegen vorzugehen. Das bedeutet nicht, mit dem roten Filzstift durch die Gegend zu laufen und die ganzen falschen „Apostoph's" anzustreichen – auch dort nicht, wo „CD's" und „DVD's" verkauft werden. Aber Sie können Ihre Gegner dann leichter aushebeln, weil Sie genau erkennen, wo die Schwachstellen in deren Kommunikation liegen.

Negativaussagen positiv drehen

Eine der wirkungsvollsten Techniken in der Schlagfertigkeit ist es, Negatives ins Positive umzudeuten. Es verletzt in der Regel niemanden und zeugt doch von enormer Geistesbeweglichkeit und Eloquenz. Es entwaffnet unser Gegenüber und zwingt ihn zum Umdenken, denn was er nun so gar nicht gebrauchen kann ist jemand, der die vorgetragene Kritik scheinbar nicht versteht und sogar noch etwas Positives daraus ableiten kann. Das treibt viele Zeitgenossen so richtig auf die Palme, ohne dass sie uns daraus einen Vorwurf machen können. Wir haben es eben anders verstanden und eine positivere Sicht auf die Dinge. Das gilt es zu lernen und zu perfektionieren.

Leichter ist es dagegen, alles Positive irgendwie negativ zu sehen. Und genau damit fangen Sie in den Übungen zunächst an. Sie hören Radio, schauen Fernsehen oder hören im Meeting aufmerksam Ihren Kollegen zu oder Sie nehmen sich auf einer Familienfeier oder Party mal für einige Minuten aus der Unterhaltung raus. Wann immer jemand etwas Positives (oder Neutrales) äußert, bilden Sie in Gedanken einen negativen Handlungsstrang, aber ohne diesen öffentlich laut zu äußern. Wenn Sie das nämlich täten, wären Sie schnell der Stinkstiefel des Abends und würden enorm an Ansehen einbüßen. Aber für den Grundgedanken ist das eine gute Übung. Das kann – in Gedanken wohlgemerkt! – sich dann so anhören:

„Ich habe mir jetzt ein richtig schnelles Auto gekauft."

„Dann bist du demnächst auch schneller im Krankenhaus"

oder

„Mein Sohn hat jetzt in Deutsch eine Eins geschrieben."

„Dann kann er ja jetzt nur noch schlechter werden."

oder

„Ich habe in nur vier Wochen insgesamt acht Kilo abgenommen."

„Du siehst auch richtig krank und mangelernährt aus."

oder

„Wir freuen uns im Sommer auf zweiwöchige Treckingtour mit Zelt."

„Aber nur, wenn man Ameisen im Schlafsack mag."

Fällt Ihnen etwas auf? Die Stinkstiefel in unserer Umgebung haben das schon ganz gut drauf. Es sind die Miesmacher und Skeptiker, die uns jede auch nur noch so kleine Freude vergällen und stets eine Regenwolke zur Hand haben, die man uns vor die Sonne schieben kann. Die wiederum sprechen diese Sätze (oftmals absolut gedankenlos) laut aus und schlagen auf die gute Stimmung. Ihre Aufgabe ist es lediglich, dies nur zu DENKEN. Wenn Sie das schon ganz gut drauf haben (es ist nun einmal die leichtere Übung, alles schlecht zu finden) wenden wir uns der schwierigeren Übung zu: Das Negative ins Positive zu drehen. Das bedeutet nicht, sich in eine Schein-Positive-Denkweise hinein zu begeben. Ein (geschmackloser) Klassiker: Ein Rettungswagen steht vor einem Wohnhaus: „Schau mal: Da wird eine Wohnung frei." Oder wie ein befreundeter Mediziner einmal, als er das Martinshorn eines Rettungswagens hörte, zu seiner Gattin sagte: „Hör nur, Schatz: Sie spielen unser Lied." DAS meine ich nicht damit, Negatives ins Positive umzudeuten. Aber das:

Ihnen fällt eine Kaffeetasse hinunter. – „Na wenigstens haben wir jetzt etwas mehr Platz im Schrank."

Schon besser, oder?

Sie haben sich beim Fußball den Knöchel verstaucht oder leiden noch unter den Folgen einer Blutgrätsche? – „Da lass ich heute doch mal die anderen für mich rennen."

Man wirft Ihnen vor, cholerisch zu sein? – „Ich bin nicht „cholerisch". Ich bin emotional voll engagiert!"

In Ihrem Büro sieht es mal wieder aus wie New York nach der Konfetti-Parade?

„Das ist nicht unordentlich, das hat nur ein anderes System."

„Hey: Auch Amazon hat eine ‚chaotische Lagerhaltung' [17] und ist damit extrem erfolgreich!"

„Wir probieren gerade ein innovatives Sortiersystem aus."

„Das sieht nur unordentlich aus. In Wirklichkeit sind wir ein Aufräum-Startup in der Kreativphase."

„Das ist nicht unordentlich. Das ist Brainstorming mit Sachmitteln."

Ihnen fällt die Eiswaffel herunter und andere lachen schadenfroh? – „Lieber auf dem Boden als auf meinen Hüften." Achtung: Kinder finden das nicht lustig! Hier ist Mitgefühl und eventuell ein neues Eis durchaus angebracht. Oder Sie verbinden „Eis" und „warm" gedanklich und heben es auf eine etwas globalere Ebene:

---

17 Waren haben keinen festen Platz, sondern werden dort verstaut, wo gerade Platz ist. Funktioniert allerdings nur mit computerbasierten Systemen, da sonst nichts wiedergefunden werden kann.

„Ich tue wenigstens etwas gegen die Erderwärmung."

Sie haben einen feuchtfröhlichen Abend in der Kneipe mit Freunden vor sich? – „Wir betrinken uns nicht – wir machen aktiven Jugendschutz und ziehen den Alkohol aus dem Verkehr."

Wenn Sie entsprechende Übung erlangt haben, wenden Sie die Negativ/Positiv-Technik aktiv im Dialog an. Vorwurf-Klassiker von Kollegen und Vorgesetzten sind beispielsweise

„Das was Sie da konzipiert haben, ist nur eine Krücke."

„Sie sind wie das fünfte Rad am Wagen."

„Sie sind echt zu blind, dass Sie das nicht sehen."

„Sie denken ziemlich eindimensional."

Diese Vorwürfe können uns nur treffen, wenn wir sie genau so interpretieren (also „hören"), wie sie unser Gegner gesendet (also „gesagt/gemeint") hat. Nun haben aber fünfte Räder und Krücken durchaus ihren Sinn. Und auch Blinde haben Fähigkeiten, die wir Sehenden in der Regel nicht haben. Und genau hier fängt das konsequente Umdenken an, seine Kraft in der Schlagfertigkeit zu entfalten. Wir zwingen uns also aus dem Korsett heraus, in das uns unser Gegner verbal stecken möchte und setzen zum Befreiungsschlag an:

„Das, was Sie da konzipiert haben, ist nur eine Krücke."

„Oh. Das freut mich. Das bedeutet, wenn es nicht mehr so gut läuft, können wir uns darauf stützen!"

„Fein. Dann kommen wir ja gut weiter, wenn es mal einen Beinbruch gibt."

„Das bedeutet also: Meine Idee ist eine echte Stütze für Sie."

oder

„Sie sind wie das fünfte Rad am Wagen."

„Fein. Damit sind wir ja immer mobil, wenn es eine Panne gibt."

„Gut. Denn es ist Vorschrift, immer eins dabei zu haben."

„Wir sollten in das Projekt ohnehin mit einer Sicherheitsreserve gehen."

„Und damit das Rad, dass das beste Profil aufweist."

oder

„Sie sind echt zu blind, dass Sie das nicht sehen."

„Dafür sind meine anderen Sinne für das Projekt sehr geschärft."

„Man muss es ja auch nicht sehen, sondern verstehen."

„Sagen wir wohl besser: Ich habe meinen Blick auf die Inhalte nicht trüben lassen bei der Bewertung."

oder

„Sie denken ziemlich eindimensional."

„Ich denke nicht eindimensional, sondern fokussiert."

„Ich denke nicht eindimensional, sondern lasse mich nicht von Unwichtigem ablenken."

„Im Gegenteil: Es ist ‚wesentlichdimensional'."

Im letzten Beispiel können Sie erkennen, dass man Techniken in der Schlagfertigkeit auch kombinieren kann. Das Wort „wesentlichdimensional" werden Sie selbst in Jahrzehnten nicht im Duden finden. Aber es setzt dem „eindimensional" etwas Wesentliches entgegen: Eine andere Sichtweise auf die Dinge und eine positivere Bewertung.

Damit, und auch nicht mit den anderen Beispielen, bekommen Sie natürlich nicht eventuelle Mängel in Ihrer Arbeit kaschiert, die man Ihnen hier mit einer etwas zu allgemein gehaltenen Formulierung vorwirft. Wenn man Sie mit „blind", „Krücke", „fünftes Rad" oder „Eindimensionalität" konfrontiert, dann ist dort zwar ein Vorwurf enthalten – aber noch kein konstruktiver Ansatz. Mit Ihrer schlagfertigen Antwort zwingen Sie den Gegner aber wieder zurück auf die Sachebene, denn dass Sie das so komplett anders verstehen und ins Positive deuten, kann er nicht auf sich sitzen lassen. Folglich muss er argumentieren. Damit haben Sie einen Konflikt entschärft und Ihren Gegner zu einer sachlicheren Argumentation gezwungen. Ihren Fehlern müssen Sie sich inhaltlich natürlich stellen, denn es ist ein berechtigtes Anliegen von Kollegen und Vorgesetzten, dass Sie gute Arbeit abliefern, wie man es im Team benötigt.

Haben Sie gewisse Schwächen? Die sollten Sie inzwischen kennen und können sich deshalb darauf vorbereiten. Ich habe zum Beispiel eine kulinarische Schwäche für Wassermelonen. Das führt dazu, dass ich in Hotels oder im chinesischen Restaurant am Buffet definitiv negativ auffalle. Mein Melonen-Teller ist in der Regel schon von weitem gut zu erkennen. Eine Situation, die zuweilen böse Blicke oder auch die eine oder andere Bemerkung anderer Gäste provoziert, mit denen ich dann umgehen muss:

„Das sehen Sie falsch: Ich esse nur niemandem die Kiwis [oder was auch immer Ihr Gegenüber auf dem Teller hat] weg."

„Nein. Ich mache nur Platz für neue Melone auf dem Buffet."

„In der Küche haben sie schon mehr Melone liegen. Die brauchen dringend Platz auf dem Buffet."

Meistens hilft hier aber nur die Technik der Zustimmung:

„Bei Wassermelonen falle ich immer unangenehm auf."

Das beschreibt einfach nur das ohnehin Offensichtliche, signalisiert aber auch, dass ich mir dessen voll bewusst bin und mich die Kritik nicht wirklich interessiert. Was die Kritiker in der Regel übersehen: Es wird am Buffet vom Hotelpersonal regelmäßig nachgelegt – Mangel an Melone entsteht ja nur für einen kurzen Moment.

Sie haben ähnliche Schwächen? Charakterzüge, die regelmäßig die Kritiker auf den Plan rufen? Bereiten Sie entsprechende Antworten vor, etwa:

„Ich bin nicht pedantisch. Ich bin gründlicher als andere."

„Ich bin kein Phobiker. Ich habe es nur gerne sauberer als andere."

Mit etwas Allgemeinbildung können Sie gängige Zitate und Redewendungen charmant aushebeln und auch hier Negatives gekonnt in einen Sieg verwandeln. So gilt die „Schlacht von Waterloo" als Synonym für eine fette Niederlage, denn Napoleon hatte im (damals niederländischen und heute belgischen) Waterloo eine vernichtende Niederlage erlitten. Die Aussage „Da werden Sie ihr Waterloo erleben" ist eine klare Kampfansage eines Kollegen, der Ihnen das Scheitern Ihres Projektes schon genüsslich vorhersagt. Aber die Schlacht von Waterloo hatte ja logischerweise nicht nur einen Verlierer, sondern auch Gewinner. Denken wir also um und schauen schnell nach, wer denn damals als Sieger vom Schlachtfeld ging. Und schon haben wir zwei bekannte Zeitgenossen zur Auswahl: den Duke of Wellington (wir müssen uns hier nicht den vollständigen Namen „Arthur Wellesley 1. Duke of Wellington" merken. „Duke of Wellington" oder „Wellington" reichen völlig aus) und Gebhard Leberecht von Blücher. Kurz: „Blücher". Von dem kennen wir immerhin noch den Spruch: „Der geht ran wie Blücher"[18], der in der Regel für ein stürmisches und entschlossenes Vorgehen steht – meistens in Bezug auf die etwas forsche Annäherung ans weibliche Geschlecht. So bewaffnet laufen wir also in die Schlacht:

„Da werden Sie ihr Waterloo erleben."

„Ja. Aber aus der Sicht von Wellington [oder Blücher].

Alternativ:

„Da werden Sie ihr Waterloo erleben."

„Das glaube ich auch. [kurze dramaturgische Kunst-Pause] Aber an der Seite von Wellington [oder Blücher]."

Oder wir machen es etwas trivialer:

„Da werden Sie ihr Waterloo erleben."

---

18 Vollständig: „Der geht ran wie Blücher an der Katzbach" (unter Bezug auf die Schlacht von Katzbach 1813).

„Ja. So wie ABBA 1974."

Die schwedische Popgruppe ABBA gewann nämlich 1974 im britischen Brighton mit „Waterloo" den 19. Eurovision Song Contest. So machen Sie in beiden Fällen aus einer prognostizierten Niederlage einen selbstbewusst prognostizierten Sieg.

In Hannover könnte man eine Bemerkung zum „Waterloo-Biergarten" machen:

„Da werden Sie ihr Waterloo erleben."

„Au ja. Lassen Sie uns dort mal wieder einen heben gehen."

In Mülheim an der Ruhr gibt es ein Geschäft für Wasserbetten, das sinnigerweise „Waterloo" (Slogan: „Wer drin liegt, ist fein raus"[19]) heißt. Da fällt mir jetzt wirklich nichts mehr zu ein. Werfen Sie stattdessen bitte einen Blick auf die Liste von Friseurnamen im Kapitel „Wortschatz erhöhen".

Nebelbomben zünden

Nebelbomben sind eine ziemlich leicht umzusetzende Form von Schlagfertigkeit. Hier geht es vor allem darum, schnell zu sein. Zuweilen kann man die Nebelbomben gut mit anderen Techniken kombinieren, da eine Nebelbombe den Gegner im Denken irritiert und in seiner Reaktionsfähigkeit verlangsamt.

Im Supermarkt. Sie haben gedankenverloren jemandem den Einkaufswagen in die Ferse gerammt. Nicht unbedingt so, dass schon die Sehne heraushängt und Sie in die Gefäßchirurgie mit ihm müssen, aber deutlich spürbar. Sie entschuldigen sich sofort, aber der Gegner redet und schimpft sich gerade in Fahrt, signalisiert aber durch seine Körpersprache, dass Sie nicht mit dem

19 Ca. 47.000 Tote werden von Historikern bei der Schlacht von Waterloo geschätzt.

Ausbruch einer Schlägerei rechnen müssen. Sie schauen ihm fest in die Augen und sagen: „Ich schätze mal nächste Woche Dienstag oder Mittwoch.“ Dann wenden Sie den Blick ab und kaufen weiter ein. Ist er so verdutzt, dass keine weiteren Bemerkungen mehr fallen, hat die Nebelbombe ihre Wirkung und den Nebel zu Ihrer vollsten Zufriedenheit entfaltet. Unser Gegenüber ist hartnäckig: „Was?“ Damit ist er zumindest passiv, denn wir haben ihn derartig verwirrt, dass er nachfragen muss. Ihre Antwort erfolgt in einem Halbsatz, währenddessen Sie ihm kurz in die Augen schauen und unmittelbar danach den Blick wieder von ihm ab- und den Waren zuwenden: „... sind Sie drüber hinweg.“ Im schnellen Ablauf ergibt sich also folgender Dialog:

„Aua!“
„Oh entschuldigen Sie bitte, ich war unachtsam. Es tut mir leid.“
„Können Sie denn nicht besser aufpassen?“ [zeter, zeter]
„Ich schätze mal nächste Woche Dienstag oder Mittwoch.“
„Was?“
„... sind Sie drüber hinweg.“

Um diese Technik nun erfolgreich zu trainieren müssen Sie nächsten Samstag nicht damit anfangen, anderen Menschen mit dem Einkaufswagen in die Hacken zu fahren. Sie können es locker auf jeden Zeitgenossen anwenden, der sich Ihrer Ansicht nach über alle Maßen – und damit unverhältnismäßig – aufregt. Probieren Sie es aus. Es funktioniert.

Deklinieren wir eine andere Situation einmal ganz akribisch durch, damit deutlich wird, wie facettenreich man Schlagfertigkeit bei einer vorhersehbaren Situation vorbereiten kann. Es ist eine jener Situationen, in denen jemand eine Eigenschaft pflegt, die von seiner Umgebung eher als negativ empfunden wird: Er sieht alles schwarz. Wenn wir voller Begeisterung für neue Ideen sind, schenken wir den „Bremsern“ ungern Gehör, weil sie die Wirkung von Dopamin und Endorphin abschwächen, die uns gerade durchflutet.

Eine Seminarteilnehmerin, die eine sehr ausgeprägte Veranlagung hatte, stets auf noch gar nicht sichtbare (und damit in ihrer Umgebung als unwahrscheinlich empfundene) Probleme hinzuweisen, aber sich dieser Veranlagung durchaus bewusst war, wurde von Vorgesetzten und Kollegen inzwischen als „Unke“ oder „unsere Unke“ bezeichnet und wenn die Unke nicht wieder unken konnte, fehlte den Kollegen offenbar etwas. Für sie fühlte es sich an, wie in einer Sackgasse festzustecken und keine Möglichkeit zu haben, dort wieder hinaus zu kommen. Die Situation war demnach klar definiert: Man weiß, dass man immer wieder mit „Unke“ konfrontiert werden wird und kann entsprechend gegensteuern. Das geht jetzt nicht ohne etwas Aufwand bei der Recherche. *Unkenrufe* ist beispielsweise ein Roman des Literaturnobelpreisträgers Günter Grass. Den kann man jetzt auf der Suche nach einer Inspiration lesen – aber so viel Aufwand muss man nicht betreiben. Die vom Verlag im Internet abrufbare Inhaltsangabe bringt uns in diesem Fall nicht weiter. Es ist zwar ein wirklich lesenswertes Buch, aber für die Seminarteilnehmerin zur Lösung des Problems nicht geeignet. Außer der Tatsache, dass es diesen Roman gibt und dass er von einem international anerkannten deutschen Autor stammt. Antwortet sie aber ihren Kollegen: „Ah. Ich sehe, ihr habt *Unkenrufe* von Günter Grass aufmerksam gelesen.“, wirft sie eine ziemliche Nebelbombe in die Gruppe. Wenn jemand nachfragt, muss sie deshalb noch lange keine Begründung oder detaillierte Inhaltsangabe geben. Im Zweifel arbeiten sich die Kollegen durch 256 Seiten und sind am Ende auch nicht schlauer in Bezug auf meine Seminarteilnehmerin. Selbst dann nicht, wenn sie auf die Grass-Verfilmung von Robert Glinski hinweist: „Und genau die Unkenrufe sind ja auch verfilmt worden.“ Die weitere Recherche ergibt, dass bestimmten Unken ein Sekret anhaftet, das rauschähnliche Zustände hervorruft, auf die sie ebenfalls hinweisen könnte: „Denk aber mal nicht, dass Du jetzt auf einen Trip gehen kannst.“ Oder man bleibt streng beim ursprünglichen Begriff der „Feuerkröte“ und antwortet mit einem Satz wie : „Denk daran: Vor allem die Gattung der Feuerkröten ...“ – ohne ihn wirklich zu beenden und lässt damit die Empfänger im Unklaren. Das muss man – sofern man nicht über erweiterte Grundkenntnisse über Amphibien verfügt – schnell und unauffällig mit dem Smartphone in einem unbeobachteten Augenblick „nachgooglen“. Was es zu merken gilt ist, dass auf dem Altar einer Kirche im niederösterreichischen Hirtenberg eine Unke zu finden ist: „Du weißt ja: In Österreich ist die Unke sogar auf einem Altar platziert.“ Da weiß dann niemand etwas mit anzufangen. Was will sie uns damit sagen? Dass sie ein göttliches Wesen ist? Dass sie in der Christenheit eine besondere Bedeutung hat? In jedem Falle stiften wir damit Verwirrung. Was aber noch besser ist: Im Grimmschen Märchen von der Unke ist die Unke ein Glücks- und Segensbringer: „Vorsicht: Wenn die Unke erschlagen wird, stirbt das Kind.“

Konsequent umgesetzt führt diese Nebelbomben-Technik dazu, dass die Kollegen und auch der Vorgesetzte – denn in diesen Antworten ist nichts enthalten, was den Vorgesetzten beleidigen könnte – im Laufe der Zeit von dem Unken-Vergleich abrücken werden. Er verfehlt seine Wirkung und man ist hinterher selbst verwirrter als die Unken-Kollegin, die man damit in eine gewisse Ecke rücken möchte. Wenn ich aber mit der Betitelung einer Kollegin bei mir selbst anschließend die Verwirrung erhöhe, dann ist das keine effektive Kommunikation. Also: Finger weg.

Kombiniert besagte Seminarteilnehmerin im Laufe der Zeit diese Technik mit einer etwas weniger pessimistischen Sicht auf die Dinge, kann sie sich darüber hinaus im Team besser positionieren.

Das Delphi-Prinzip

Eine andere, leichtere Form von Nebelbomben bietet das „Delphi-Prinzip." Dazu als Einstimmung ein kurzer Blick in die Geschichte. Wir befinden uns etwa 550 vor Christus im heute griechischen Delphi. Ödipus war bereits einige Jahre zuvor dort gewesen und hatte sich vom Orakel Rat geholt, nun war Krösus an der Reihe. Lassen wir die Details der Befragung des Orakels über mit kaltem Wasser besprengten Ziegen links liegen und konzentrieren uns auf rein inhaltliche Fragen. Krösus, den wir heutzutage mit viel Geld in Verbindung bringen, der aber auch ein aktiver Krieger war, stand kurz vor der entscheidenden Schlacht und bat das Orakel um eine Prophezeiung über den Ausgang der Kämpfe. Das Orakel antwortete: „Wenn Du den Halys überschreitest, wirst Du ein großes Reich zerstören." Voller Zuversicht zog Krösus in die Schlacht – und verlor. Er vernichtete damit nicht das große Reich seines Gegners, sondern sein eigenes. Punkt, Satz und Sieg für das Orakel. Die Weissagung hatte das Orakel nämlich so geschickt formuliert, dass sie zutreffen musste – ganz gleich, wie die Schlacht ausgehen mochte. Krösus INTERPRETIERTE seine Wunsch-Prophezeiung in die Worte des Orakels hinein. Im Prinzip könnte man hier den Ursprung juristischer Spitzfindigkeiten vermuten – denn GESAGT hatte das Orakel ja nicht, dass Krösus den Sieg davontragen würde. In der Schlagfertigkeit machen wir uns dieses Prinzip zunutze. Wir können damit spielen, dass

- wir eine Aussage böse meinen und auch so formulieren, der Gegner sie aber nicht als solche bemerkt,
- wir eine Aussage nett klingen lassen, sie aber böse meinen und der Gegner das auch bemerkt oder damit, dass
- wir eine Aussage nett klingen lassen, sie aber böse meinen und der Gegner sie dennoch als nett empfindet.

Im zweiten Fall bleibt uns nach der Eskalation immer noch die Möglichkeit zur Ausrede, dass es sich bei der böswilligen Wahrnehmung um ein Missverständnis gehandelt haben müsse, weil man schließlich einen so ganz anderen Tonfall gehabt habe (also: nicht aggressiv). Hier einige Delphi-Beispiele, die das etwas besser aufzeigen sollen:

„Schatz, wie schmeckt es?"

„Interessant."

Interpretiert der Koch/die Köchin das „interessant" als „außergewöhnlich", dann empfindet sie trotz der gemeinten Kritik dennoch ein Lob. Bleiben Zweifel, erfüllt es die Funktion einer kleinen Nebelbombe. Empfindet der Koch es als Kränkung und thematisiert das offen, kann der Kränker immer noch argumentieren: „Das schmeckt ungewöhnlich für meinen Gaumen." – und schon ist man wieder bei einer sachlicheren Form des Gespräches. Ein weiteres Delphi-Beispiel: Die Renovierung eines Kinderzimmers ist abgeschlossen, das Kind ist im siebten Himmel und freut sich – bekommt den folgenden Dialog aber natürlich nicht mit:

„Wie findest Du Annikas Zimmer?"

„Rosa."

Da rosa/pink/lachsfarben nicht zu meinen Favoriten gehört, war die Aussage vermutlich von meiner Partnerin korrekt interpretiert worden. Mein jüngster Sohn war deutlich schlauer als ich:

„Wie findest Du Annikas Zimmer?"

„Treppe hoch, erste Tür rechts."

Er hätte, so er denn ernst geblieben wäre, wenigstens noch behaupten können, dass er die Frage falsch verstanden habe. Einige weitere Delphi-Beispiele als Anregung, um weitere Konstruktionen zu schaffen:

„Das ist aber eine ganz besondere Frisur."

„Ein solches Hemd hat auch nicht jeder."

„Diese Krawatte ist aber außergewöhnlich."

„Das Salz im Essen schmeckt man."

„So etwas kann auch nicht jeder tragen."

„Das Jackett bringt Deine Hüften zur Geltung."

„Dass der Feldsalat frisch vom Feld kommt, schmeckt man" [er knirscht ein wenig]

„Der Referent war von den Inhalten seines Vortrags sehr überzeugt."

„Ich bin sicher, die Kuh hatte ein langes und erfülltes Leben." [das Steak ist zäh, das Tier starb vermutlich eines natürlichen Todes]

Achten Sie einmal darauf, wie in Ihrem Alltag solche Sätze – oder vergleichbare Muster – in der Kommunikation ihren festen Platz haben. Sie werden feststellen, dass zahlreiche Situationen von den Beteiligten einer Unterhaltung gar nicht als möglicherweise eskalierend wahrgenommen werden. In den meisten Fällen finden wir Kommunikationssituationen vor, an denen Menschen beteiligt sind, die bereits in einem Kontext zueinander stehen. Dort kommt es natürlich nicht zu einer Eskalation – aber Sie können sich die Sinne für solche Kommunikationselemente schärfen und dann selbst diese Delphi-Prinzip-Formulierungen aktiv anwenden. Nehmen wir einmal an, Ihre Gegner bemerken das Böse in Ihren Aussagen nicht – oder (er)freuen sich sogar darüber. Lachen Sie in sich hinein, schmunzeln Sie leicht vor sich hin und freuen Sie sich, dass Sie gerade wieder eine Lektion im Ärger-Fasten praktizieren.

Schlecht aussehen lassen / Nebenkriegsschauplatz eröffnen

Um einen Gegner schlecht aussehen zu lassen, bedarf es der ausgeprägten Bereitschaft zum offenen Konflikt. Ferner benötigen wir Kenntnisse über Schwächen des Gegners. Pannen, die er zu verantworten hatte und unter denen das Team beispielsweise gelitten hat, sind dazu eine gute Alternative.

In einer meiner früheren Redaktionen arbeitete ein Vorgesetzter, der dummerweise am 9. November 1989 die Öffnung der Mauer verschlafen hatte und anstelle einer Live-Sendung eine Vorproduktion ausstrahlte und früh zu Bett ging. Das brachte ihm kurzzeitig eine gewisse nationale Aufmerksamkeit in der Medien-Branche ein und einen hämischen Kommentar in der Süddeutschen Zeitung. Unter uns jüngeren Radiomoderatoren wurde das unter vorgehaltener Hand weitererzählt. Als ich in dieser Redaktion anfing, war das bereits Schnee von vorgestern. Es kam, wie es kommen musste: Einer von den jüngeren Kollegen hatte ein mittelwichtiges Thema bei der redaktionellen Planung übersehen und fing sich eine etwas zu heftig und wortgewaltig vorgetragene Kritik ein. Besagter Vorgesetzter war Laienschauspieler in einer Shakespeare-Gruppe, was im Alltag etwas abfärbte und eine gewisse theatralische Formulierungsstruktur in dienstlichen Belangen zur Folge hatte. Der Kollege konterte: „Sie haben Recht. Aber dafür war ich am 9. November wach." Das saß. Es folgte ein Vier-Augen-Gespräch, aber künftig war besagter Vorgesetzter etwas zurückhaltender. Kritik wurde weiterhin geübt, aber nicht auf dem Niveau Shakespearescher-Dramen.

Eine andere Möglichkeit ist es, mit klaren Fakten zu kontern, wenn man sich seiner Sache wirklich sicher ist. Sie werden mit einem unberechtigten Vorwurf konfrontiert. Es ist etwas schief gegangen – aber es trifft Sie keine Schuld:

“Das Projekt ist komplett aus dem Ruder gelaufen. Da sind alle Deadlines gerissen worden.“

„Kein Wunder. Dazu hätten Sie nur mal eine meine 17 Erinnerungs-Mails der letzten Wochen beantworten müssen.“

Falsch wäre:

“Das Projekt ist komplett aus dem Ruder gelaufen. Da sind alle Deadlines gerissen worden.“ „Ja schon, aber ich habe Ihnen doch auch eine ganze Reihe Erinnerungs-Mails geschickt. Ich kann das auch belegen, denn ich kann das sicher noch heraussuchen aus dem Ordner ‚Gesendete Objekte.‘ Da kann ich doch dann auch nichts für, wo Sie mir doch nicht geantwortet haben. Was soll ich denn da tun?“

Die zweite Variante wirkt viel zu defensiv. Wichtig ist, dass Sie die Entgegnung möglichst selbstbewusst und mit fester Stimme sowie festem Augenkontakt formulieren. Sonst verpufft die Wirkung wie ein Schlag in ein viel zu weiches Kissen. Eine weitere Alternative, wenn Sie den Konflikt nicht scheuen, oder wenn der Leidensdruck so groß ist, dass Sie nun einen seit längerem schwelenden Konflikt endlich offen austragen müssen, ist eine Mischung aus Zurückweisung und Schuldzuweisung:

„Bevor Sie mir hier gute Ratschläge geben, sorgen Sie lieber mal dafür, dass Ihr eigener Laden sauber läuft.“

Falls Sie gerade dabei sind, sich mit so ziemlich allen anzulegen, kommt es auf ein paar mehr oder weniger nicht mehr an.

„Du, das ist noch gar nichts im Vergleich zu den Dingen, die gerade in AIII/b passieren.“

Die Frage ist nur, ob so ein Vorgehen ratsam ist und wie sich das auf Ihre Reputation (sofern davon anschließend noch etwas übrig ist) in der Firma auswirkt. Wir kennen derartige Formulierungen in der Regel durch die unsachlichen Angriffe von Kollegen.

Diese erfolgen oftmals in der Verallgemeinerung, die uns ohnehin schnell auf die Palme flüchten lässt. Leider pflücken wir dort keine schmackhaften Kokosnüsse, sondern zetern wie die Äffchen aufgeregt vor uns hin.

„Immer bist Du zu spät."

„Ihr seid niemals in der Lage, das zu schaffen."

„Das habt ihr noch niemals richtig hinbekommen."

All diese Sätze drängen uns in die Defensive und lassen uns schlecht aussehen. Das Schlimme daran ist, dass Vorgesetzte und andere Kollegen diesen Aussagen oftmals mehr Beachtung und Bedeutung zumessen, als unserer sachlichen Entkräftung. Sie zeigen aber zugleich die Schwäche in der Argumentation des Gegners auf, denn ich halte es durchaus für unrealistisch, dass Sie „immer zu spät" sind oder „niemals etwas schaffen" werden. Deshalb sollten Sie bei solchen Vorwürfen etwas heftiger, klarer und energischer gegensteuern. Sonst bleiben Sie auf der Strecke. Sprach-Pazifismus ist hier unangebracht.

Verbündete in Stellung bringen

Zuweilen braucht man etwas Unterstützung bei der Schlagfertigkeit. Das kann vor allem dann notwendig werden, wenn man sich vor einer Gruppe von Bekannten oder Kollegen eines Vorwurfs (ob berechtigt oder nicht macht in der emotionalen Empfindung wirklich keinen großen Unterschied) erwehren muss. Der Druck, hier zu bestehen, führt leider oftmals dazu, dass eine Situation eskaliert. Man fühlt sich zu sehr angegriffen, hat Angst vor den anderen Anwesenden das Gesicht zu verlieren, und reagiert ein wenig über und schießt somit über das Ziel hinaus, was uns schon mal einige Eskalationsstufen im Laufschritt nehmen lässt. Was aber durchaus funktioniert, wären solche Antworten:

„Da bin ich jetzt aber sicher, dass Sie einer von Wenigen sind, die das fair oder lustig finden, was Sie hier sagen."

Oder, wenn die anderen bereits über Sie lachen, lassen Sie ihn lieber schlecht aussehen:

„Glauben Sie, die anderen lachen jetzt, weil das witzig ist, oder eher aus Höflichkeit?"

„Glauben Sie mir: Die lachen nicht weil das lustig war, sondern vor Angst, sie könnten die nächsten sein, die es erwischt."

Nehmen wir an, Sie sitzen in einer größeren Runde mit Kollegen zusammen. Ein Meetingraum mit einem langen Konferenztisch oder einer Art Seminarraum mit einem „offenen U" als Tischanordnung. Hier kommt es auf die richtige Kombination aus Inhalt und Körpersprache an. Zunächst einmal nur der Text:

„Ich bin mir sicher, dass die anderen hier mit ihrem Sachverstand zu einem ganz anderen Ergebnis kommen werden als Sie!"

Und jetzt mit Regieanweisungen zur Körpersprache.

[fester/strenger Augenkontakt mit dem Gegner] „Ich bin mir sicher, [jetzt öffnen Sie den Blick freundlich und selbstbewusst in die Runde], dass die anderen hier mit ihrem Sachverstand [jetzt ein leichtes, mehrmaliges Nicken Ihrerseits] zu einem ganz anderen Ergebnis kommen werden als [jetzt wieder fest/streng zum Gegner] Sie!"

Menschen haben – auch in solchen Konfliktsituationen – das Bedürfnis nach Harmonie. Das erreichen sie in der Körpersprache durch „spiegeln" – also der Übernahme gewisser Körpersignale mit dem Gegenüber. Durch das leichte Nicken und die freundliche Ansprache mit Ihren Augen, machen Sie den Kollegen ein Angebot.

Die meisten jener Kollegen werden dies annehmen und gelangen somit emotional an Ihre Seite.

Natürlich löst diese Technik nicht alle Ihre Probleme in einer Konfliktsituation. Dafür ist die Vorgeschichte der Auseinandersetzung zu berücksichtigen. Genauso, wie die Konflikt- und Fehlerkultur im Unternehmen, dem Sie angehören.

Training im Alltag

Sie werden es bei der Lektüre dieses Buches bereits bemerkt haben: Unser Alltag, beruflich wie privat, ist voller Situationen, in denen wir Schlagfertigkeit auf Basis von Gelassenheit sehr gut und leicht trainieren können. Seminare und Bücher unterstützen uns dabei, aber wenn wir im Alltag nicht weiter trainieren verlieren wir die Fähigkeiten uns kommunikativ zu positionieren und zur Wehr zu setzen. Ich möchte Ihnen hier einige Trainingsfelder etwas genauer beleuchten. Welche Grenzen Sie dabei ziehen sollten und in welchem Rahmen Sie sich ausprobieren wollen, kann ich ihnen nicht vorgeben. Aber ich kann Ihnen Entscheidungshilfen an die Hand geben, mit denen Sie den Rahmen etwas weiter für sich definieren können – oder den Rahmen zunächst etwas enger und vorsichtiger setzen, um dann nach erlangter Sicherheit und erster Routine die Möglichkeiten der Schlagfertigkeit weiter auszudehnen und risikofreudiger zu werden.

Kollegen

In der Firma kommt es vor allem auf das soziale Klima mit den lieben Kollegen an. Analysieren Sie zunächst, wie der Umgangston dort ist. Und zwar nicht aus der Sicht, wie Sie ihn derzeit empfinden, sondern wie er auf einen unbeteiligten Zuhörer und Zuschauer wirken würde. In Handwerksbetrieben wird anders kommuniziert als in der Stadtverwaltung.

Auf einer Baustelle können Sie Kommunikationsmuster beobachten, die einem festen Regelwerk zu unterliegen scheinen. Streng nach Hierarchie werden beispielsweise die Auszubildenden etwas rustikaler angegangen als der Meister oder Bauleiter und viele scheinbar witzige Dialoge sind oftmals schon seit Jahren Usus unter den Handwerkern. Zwei Maler kommen zurück in die Werkstatt. Die Arbeitsanzüge haben natürlich Farbkleckser.

„Du weißt, wie man solche Klamotten nennt?“

„Ja. Materialdiebstahl.“

Haha, was haben wir gelacht. Die beiden Maler kennen diesen Spruch nun schon seit Jahren. Aber indem sie die Pointe korrekt vortragen machen sie deutlich: Wir gehören dazu. Wir akzeptieren die hier üblichen Kommunikationsmuster und können „liefern“, wenn jemand versucht, uns einen Spruch reinzudrücken. Nach dem gleichen Muster funktioniert:

„Der Sven macht heute Dienst mit dem Gabelstapler.“

„Klar. Kommt dann am Abend wieder in den Nachrichten.“

Oder dieses hier: Ein Kollege stellt sich etwas ungeschickt an?

„Du nimmst den Hammer auch nur, um Deine Daumen zu finden.“

Das alles folgt festen und ungeschriebenen Regeln. Genauso wie die Angewohnheit, dass man beim Fotograf oder TV-Dreh/Film einen vorlauten Praktikanten hin und her schickt um die „optische Achse“ zu holen. In der Regel bekommt er dann eine schwere Stange gezeigt und läuft damit von A nach B. Oder der Lehrling holt einen Eimer frisches Wasser für die Wasserwaage. Oder wird zum Baumarkt geschickt um einen Drehzahlmesser für den Schraubendreher zu organisieren, den man hier auf der Baustelle so dringend benötigt. Anschließend darf er dann dem Meister den Unterschied zwischen einem „Schraubendreher“ und einem „Schraubenzieher“ erläutern – in einer Art „mündlichen Zwischenprüfung“.

Die Wände in Büros sind gespickt mit witzigen Sprüchen, die die Stimmung heben sollen, es aber selten tun, wenn man diese Sprüche immer und immer wieder in den Büros findet:

„Wer daran glaubt, dass ein Geschäftsführer Geschäfte führt, der glaubt auch, dass ein Zitronenfalter Zitronen faltet."

„Geh bitte weg. Ich kann nicht sehen, wie Du arbeitest."

„Warum bis zum Monatsende schuften? Das Gehalt reicht doch auch nur bis zum 15."

„Lieber einen Bauch vom Saufen, als einen Buckel vom Arbeiten."

„Wir sind die Schnellsten: Während die anderen noch gähnen, schlafen wir schon längst."

Ich merke schon beim Schreiben: Das wird jetzt immer flacher und ich höre besser mit der Liste an dieser Stelle auf. Wir sind als Kunden natürlich hochmotiviert und erfreut, wenn wir beispielsweise einen der beiden letzten Sprüche in unserer Kfz-Werkstatt lesen und unser Auto nicht fertig wurde, weil man vergessen hatte irgendein 50-Cent-Ersatzteil rechtzeitig zu bestellen.

Menschen entwickeln in Bürostrukturen gewisse Verhaltensweisen, die sie zu Hause nicht haben, oder es treten grundsätzlich vorhandene Verhaltensweisen deutlich verstärkt zu Tage. Machen Sie Ihre Beobachtungen und entwickeln Sie daraus Strategien zur Schlagfertigkeit. Zuweilen entstehen auch geflügelte Worte, ohne dass Sie sonderlich viel Arbeit damit hätten.

Als ich noch als *ARD*-Redakteur arbeitete, erhielten wir eine Meldung über eine Geiselnahme in der Botschaft einer befreundeten Nation. Dazu kam, dass der deutsche Botschafter zusammen mit seinem Stellvertreter und einem weiteren Mitarbeiter unter den Geiseln war – also ein Thema mit klarem Bezug zu unserem Auftrag zur Berichterstattung. Formulierungen wie „da steppt der Bär" oder „hier boxt der Papst im Kettenhemd" beschreiben nur höchst unzureichend die Situation, die dann in der größten Redaktion eines *ARD*-Senders herrscht. Plötzlich stand aber meine Kollegin in Hut und Mantel vor mir und machte Anstalten, die

Redaktion heute ausnahmsweise etwas früher zu verlassen (also VOR der von uns vorzubereitenden Live-Sendung). Ihre Begründung: „Ich muss doch noch Milch kaufen." So etwas können sich die besten Satiriker nicht ausdenken, da ist die raue Wirklichkeit an Witz nicht zu übertreffen. Aber Sätze wie „Der musste noch Milch holen.", „Der ist beim Milchmann.", „Die organisiert gerade die nächste Milchlieferung.", „Die Milch macht's.", „Du hast da noch etwas ‚Milchbart' an der Lippe.", „Heute müssen wir früher in die Kantine – es gibt Milchspeisen!", Heute ist ‚Tag der Milch' – da machen wir eine Sondersendung.", „Früher war ‚Schulmilch', heute gibt's ‚Redaktionsmilch' ", „Hast Du das Milchgeld für diesen Monat schon bezahlt?" oder „Wenn jetzt noch einer von Euch einkaufen geht, machen wir morgen Kakao." waren über viele Monate geflügelte Worte in der Redaktion. Hier haben wir die klassische Situation, dass eine einzige Begebenheit, die auch als Marotte beobachtet werden kann (z. B. donnerstags geht Kollegin X immer etwas früher, um fürs Wochenende einzukaufen) um dann wiederum daraus Schlagfertigkeit abzuleiten.

Morgens treffen immer wieder die gleichen Kollegen in der Teeküche aufeinander, die ihre Müsli anrühren, bevor sie die Arbeit aufnehmen?

„Ah, die Müsli-Connection."

„Guten Tag, ist das hier die Selbsthilfegruppe der anonymen Müsliesser?"

Kollegen treiben uns täglich auf die Palme, wenn sie Sätze sagen wie:

„Das ist nicht meiner Aufgabe."

„Dafür bin ich nicht ausgebildet."

„Dazu habe ich diese Woche keine Zeit."

„Aber vor den Sommerferien geht das nicht mehr."

„Das brauche ich aber schriftlich, sonst geht das nicht."

„Hier aber heute nicht mehr."

„Nur, wenn XY das freigegeben hat."

„Ohne SAP-Nummer können wir das nicht bezahlen."

„Ist mir egal – ich hab' seit einer halben Stunde frei."

„Der Chef will das aber so."

„Das machen wir aber immer so."

„Das müsste mal einer machen."

„Das haben wir ja noch nie gemacht."

„Geht nicht. Da bin ich auf Fortbildung."

„Der ist nicht da."

„Mir doch egal."

„Weiß ich nicht."

„Heute Abend muss das aber wieder weg sein."

„Catering fürs Meeting machen wir nicht."

„Dann ist das wohl vergessen worden."

„Da sollte mal jemand Bescheid sagen."

Sie werden locker 80–90 Prozent davon wiedererkennen und sich fragen: Was sagt man da eigentlich drauf? Machen Sie den Test. Verlassen Sie Ihre Komfortzone und bereiten Sie in Ruhe einige Antworten auf derartige Aussagen vor. Die können – je nach Kommunikationskultur in Ihrem Unternehmen – unterschiedlich ausfallen. Ein paar erste Inspirationen für Sie:

„Dafür bin ich nicht ausgebildet."

„Der erste Tag, an dem man nicht schlauer ist als am Tag davor, ist der erste Tag nach dem Tod."

„Der Chef will das aber so."

„Das hindert uns aber nicht am Denken, oder?"

„Das haben wir ja noch nie gemacht."

„Du hast doch XY studiert, oder?"

„Ja."

„Dann hast Du also damals schon etwas gemacht, was Du vorher noch nie gemacht hattest. So kommt man weiter im Leben. Und jetzt leg los damit!"

Sie sind damit nicht höflich oder freundlich, aber bestimmt. Sie halten den Kollegen einen Spiegel vor und machen ihnen deutlich, wie unflexibel und starrsinnig sie sich gerade verhalten. Es muss in modernen Unternehmen die Möglichkeit geben, Fähigkeiten zu erweitern, Herangehensweisen zu optimieren und Neues hinzuzulernen. Die Natur hat beim Wetterumschwung damals auch nicht gesagt: „Das kann ich so nicht machen, da kommt der Brontosaurus ja nicht mehr mit klar." Wir müssen erkennen: Kollegen, die sich Veränderungen verweigern, verschanzen sich in ihrer Bequemlichkeit (zuweilen auch geistigen Trägheit) hinter solchen Absagen, um es im Alltag weiterhin schön gemütlich zu haben. So kommen weder das Unternehmen noch unsere Gesellschaft voran. Denken Sie nur an die Unternehmen, die die Digitalisierung verschlafen haben, die das Internet in ihrer Relevanz und seinen Möglichkeiten unterschätzt haben und sich nun einem täglichen Überlebenskampf stellen müssen, während sie von kleinen, schlanken Startups links und rechts überholt werden.

In meinen Seminaren frage ich zu Beginn die Risikobereitschaft meiner Teilnehmer ab. Meistens kristallisieren sich zwei Sichtweisen heraus: Entweder verhalten sie sich gegenüber ihrer Familie risikobereiter als gegenüber ihren Kollegen. Das Verhältnis in der Familie ist enger und stabiler – und bei den Kollegen denken sie auch an die Karriere. Oder sie sind der Familie weniger risikobereit, weil das Menschen sind, die ihnen sehr nahe stehen und die sie nicht verletzen möchten. Bei Kollegen dagegen sind sie risikofreudiger, weil sie mit denen nur arbeiten und außer dem einen oder anderen Feierabendbier nichts mit ihnen zu tun haben. Niemand kann festlegen, welche Position hier generell richtig ist. Sie sehen daran aber, dass es auf die persönliche Sichtweise ankommt und die damit verbundenen kommunikativen Schwerpunkte.

Familie und Freunde

Sollte man Schlagfertigkeit innerhalb der Familie oder im Freundeskreis ausprobieren? Grundsätzlich bin ich dafür, aber weil diese Menschen für die berufliche Karriere nicht so entscheidend sind und man es sich mit denen ruhig einmal verscherzen kann. Auch nicht, weil ein Blutsverwandter immer im gleichen Verwandtschaftsverhältnis bleibt und sich deshalb dem Status „Familie" nur durch Tod entziehen könnte. Ich bin der Auffassung, dass Familie und Freundeskreise deshalb funktionieren, weil wir prinzipiell auf Basis unserer Vorkenntnisse die Grenzen der Schlagfertigkeit bereits gut einschätzen können. Wir kennen wunde Punkte und wissen, wie wir damit umgehen können. Ist Onkel X ein Typ, der nur austeilt aber nicht einstecken kann? Oder ist er eine Frohnatur, die auch mal über sich selbst lachen kann? So ist es uns möglich – bei Freunden ebenso – Grenzen zwischen Schlagfertigkeit und Schlag unter der Gürtellinie oder in den persönlichen Bereich hinein rechtzeitig und verlässlich zu erkennen. Darüber hinaus ergeben sich auf Partys oder bei Abenden mit Freunden sehr schnell Gelegenheiten, wo sich gefrotzelt wird und eine Volte der nächsten folgt. In einer solchen Atmosphäre lässt sich leicht und gefahrlos etwas ausprobieren – und im Falle des Überziehens auch eine Entschuldigung sofort platzieren. So können Sie sich an Grenzen der Kommunikation vorsichtig herantasten, ohne direkt alles auf eine Karte setzen zu müssen.

Wenn Sie zu Beginn noch etwas zurückhaltend, vorsichtig oder gar unsicher sind, wählen Sie diese Methode. Sie ist sicherer für Sie und hält dennoch zahlreiche Übungsmöglichkeiten für Sie bereit. Hier werden Sie und Ihre Gegenüber seltener auf den „Gegenangriff" als Schlagfertigkeits-Technik zurückgreifen, als auf die „maßlose Übertreibung", „Nebelbomben" oder „alles ausdrücklich ernst nehmen". Das kann skurrile und absolut erfrischende Momente schaffen.

Einzelhandel

Dieses Buch ist gespickt mit Beispielen aus dem Einzelhandel. Oftmals habe ich dabei von unfreundlichen oder desorientierten Verkäufern gesprochen. Das kommt natürlich daher, dass ich als Kunde unterwegs bin – und nicht als Verkäufer. Dennoch möchte ich hier beide Seiten einmal etwas Raum geben.

Sie betreten ein Geschäft und ich unterstelle Ihnen eine höfliche Kommunikations- und Verhaltensweise. Somit gibt es keinen Grund dafür, Sie schlecht, pampig oder desinteressiert zu behandeln. Schon gar nicht von oben herab wie einen Bittsteller. Sie gehen mit der Erwartungshaltung in die Kommunikation, dass man Sie gut berät und Sie am Ende der Beratung ein zufriedenstellendes, wenn nicht gar befriedigendes, Kauferlebnis haben werden. Nun unterläuft der Verkäufer diese Erwartungshaltung und behandelt sie schlecht. Natürlich werden Sie hier nichts kaufen, aber dann soll sich doch bitte der Verkäufer wenigstens als kommunikatives Trainingsobjekt nützlich machen. Sie können, da Ihre Entscheidung ohnehin getroffen ist, hier nichts zu kaufen, völlig frei aufspielen. Im Zweifel meiden Sie diesen Laden künftig generell – oder weichen auf eine nahegelegene Filiale der Kette aus. Obwohl ich viel meines beruflichen und privaten Bedarfs im Internet bestelle, bin ich Anhänger von persönlicher Beratung im Geschäft. Da muss man seinen Kindern natürlich beibringen, dass man eine fehlende Ware auch dort im Geschäft bestellt und später abholt. Auf keinen Fall sagt man zum Verkäufer nach einer ausführlichen Beratung:

Das macht nichts. Dann bestelle ich das im Internet.

Anders verhält es sich natürlich, wenn der Verkäufer kein Interesse zeigt, den möglichen Lagerbestand eines Wave-Boardes[20] einmal nachzuschauen und stattdessen sagt:

„Weiß ich nicht, ob wir das haben. Schau mal im Internet."

Das ist, wie in diesem konkreten Fall einer Warenhauskette in einem Insolvenzverfahren, natürlich eine Aussage mit dem maximalen Potenzial der maximalen Eskalation.

Betrachten wir den Arbeitstag einmal durch die Brille des Verkäufers. Da macht es natürlich einen Unterschied, ob Sie in einem 1-Euro-Shop angestellt sind, wo billige „Waren schnell gedreht" werden, oder ob Sie in der Fachabteilung eines Kaufhauses arbeiten, wo Sie selbst oder das dort beschäftigte Team an den Umsatzerlösen beteiligt sind. In der Regel sind diese Beteiligungen kein Luxus-Bonus zum Grundgehalt, sondern eine Variable, mit deren Erfüllung ein niedrigeres Grundgehalt etwas angehoben werden und der Verkäufer damit zu guter Arbeit animiert werden soll.

Kunden sind aus Verkäufersicht Menschen, die in der A-A-A-Regel durchaus ihr Potenzial entfalten können. Angefangen bei hochnäsigen Kunden, die Verkäufer wie den letzten Dreck behandeln, bis hin zu jenen Exemplaren, die Rabatte einfordern, wo die Preisgestaltung längst ausgeschöpft ist. Hier sollten Sie sich einen klaren Rahmen setzen, was man sich von Kunden sagen und gefallen lässt – und was nicht. Gute Einzelhandelsgeschäfte haben,

20 Auch wenn die Experten mich jetzt auslachen: So eine Art Skateboard.

ebenso wie gut organisierte Callcenter, klare Ausstiegsregelungen festgelegt, nach denen die Kundenberatung eingestellt werden darf. Falls Sie darin unsicher sind, fragen Sie bei Ihren Vorgesetzten nach. Eine angestellte Rechtsanwältin berichtete einmal von der Kundenkommunikation in einem Mahnverfahren. Die betreffende Kundin war zwar seit Jahrzehnten vertraglich an das Unternehmen gebunden, war nun jedoch ohne Angabe von nachvollziehbaren Gründen einige Monate im Zahlungsrückstand, fragte aber entrüstet:

„Wie können Sie mich anmahnen? Ich bin so eine gute Kundin."

„Wenn Sie eine gute Kundin wären, bräuchten wir Sie nicht anzumahnen."

Das muss im Kundenkontakt erlaubt sein. Ferner: Wenn ein Unternehmen Außenstellen mit Kundencentern oder anderen Möglichkeiten zum täglichen Kundenkontakt hat, muss es klare Regeln für die Kommunikation aufstellen. Die Mitarbeiter den Rüpeln vorzusetzen und ihnen dann keine Rückendeckung geben, wenn ihnen einmal ein harter Spruch rausrutscht, kann keine Alternative sein. In einem serösen Callcenter, wo via Internet auch der (beidseitige) Video-Chat eine der Kommunikationsmöglichkeiten war, musste beispielsweise für weibliche Mitarbeiter ein klarer Schutzmechanismus eingebaut werden, denn nicht jeder männliche User saß in Anzug oder Jeans vor der Webcam. Es war klar: Die Mitarbeiterin darf sofort aus der Kommunikation aussteigen, weil es ihr nicht zuzumuten ist. Kurz vor Beendigung der Kommunikation erhielt der User einen Hinweis in seinem Chatprotokoll: „Vielen Dank für Ihren Chat. Wir haben soeben einen Screenshot sowie Ihre IP-Adresse gespeichert und werden uns voraussichtlich in den nächsten Wochen wieder bei Ihnen melden." Das wirkte Wunder. Es ist mir kein Fall zu Ohren gekommen, wo ein solcher User ein zweites Mal die Beratungsleistung in Anspruch genommen hat.

Im Bekleidungsgeschäft turnt ein Kind mit den Schuhen über die Sitzmöbel? – „Ich bin sicher, Deine Mama verwöhnt Dich zu Hause sehr, oder?"

Ein Mann fingert eine Verpackung auf ohne zuvor zu fragen? – „Ich sehe schon, Sie wollen die Ware definitiv kaufen. Darf ich die Verpackung für Sie entsorgen, oder soll ich Sie damit zur Kasse begleiten?

Ein Kunde nörgelt über die angeblich zu hohen Preise? – „Seien Sie versichert: Das ist preiswert. Denn es ist seinen Preis wirklich wert. Zu teuer sind nur solche Produkte, die am Ende niemanden zufrieden stellen."

Ein großer, internationaler Konzern, lobte die Arbeit unserer PR-Agentur in den höchsten Tönen. Er wollte den Vertrag verlängern, aber die Abteilung „Einkauf" wollte – trotz des Erfolges – die Honorare um zwölf Prozent senken. Meine Argumentation erfolgte auf der Sachebene – mit dem Ziel, dem Einkauf die Absurdität seiner Argumentation vor Augen zu führen: „Bei einer Event-Baute können wir günstigeres Material verwenden. Wir sind aber in der Beratung tätig. Ich kann demnach meinem Berater nicht sagen, dass er nächstes Jahr die Krawatte weglassen soll, weil er dann für mich billiger wird."

Oder – und das halte ich auch im Einzelhandel für eine statthafte Bemerkung – wenn ein Kunde dem Unternehmen vorwirft, auf seine Kosten Gewinne zu erwirtschaften:

„Es tut mir leid. Aber Anfang des Jahres hat das Finanzamt uns unsere Gemeinnützigkeit aberkannt."

„Es tut mir leid. Letztes Jahr konnten wir Ihre Ausgaben bei uns noch als Spende quittieren – das geht dieses Jahr leider nicht mehr."

„Wir haben leider unser Spendensiegel nicht verlängert bekommen."

Das sind die alten Konflikte zwischen kaufenden und verkaufenden Menschen. Der Käufer möchte bei einem Preis von 10 Euro das Gefühl haben, dass er für eine Leistung oder einen Warengegenwert von mehr als 10 Euro bekommt, denn dann hat er ein gutes Geschäft gemacht. Der Verkäufer wiederum möchte mit 10 Euro Verkaufspreis nur eine Leistung für weniger als 10 Euro erbringen, weil er dann gefühlt und monetär ein Plus verzeichnet in seiner Bilanz. Nirgendwo wird das so deutlich wie bei einer Auktion. Der „Gewinner" einer Auktion ist zugleich immer der Verlierer. Egal ob bei ebay oder in einem Kunst-Auktionshaus. Denn: Außer ihm war niemand bereit, soviel Geld zu bezahlen – sonst hätte er den Gegenstand auch nicht ersteigern können.

Gastronomie

In der Gastronomie erleben wir es häufig, dass das Servicepersonal nicht richtig zuhört (außer bei der Bestellung). Servicepersonal bestreitet seine Kommunikation in diesem Knochenjob immer wiederkehrende Vorgänge in der Regel mit immer wiederkehrenden Standard-Sätzen, etwa:

„Darf es noch ein Glas Wein sein?"

„Ist alles in Ordnung bei Ihnen?"

„Möchten die Dessert-Karte?"

„Zahlen? Komme sofort."

„Tut mir leid. Keine Kreditkarten. Nur EC und Bargeld."

und so weiter, und so weiter. Kellner kürzen die Kommunikation oftmals ab. Ein Beispiel: Sie sitzen mit zwei Kindern in einem Café und die Bestellung kommt auf einem Tablett. Der Kaffee ist bei einem Erwachsenen und zwei Kindern leicht zuzuordnen, bei Fanta und Sprite ist es schon schwieriger. Die Kellnerin sagt aber nicht: „Wer von Euch beiden bekommt denn die Sprite und wer die Fanta?", das wäre ihr zu lang und zu aufwändig. Sie stellt stattdessen die Gläser auf den Tisch, hält eine der beiden Flaschen hoch und sagt:

„Sprite?"

Die Kinder hören aber:

„Wer von Euch bekommt die Sprite?"

Und eins von ihnen antwortet:

„Ich, bitte."

Der Dialog mit erfolgreicher Café-Kommunikation lautet also:

„Sprite?"

„Ich, bitte."

Im Prinzip völlig surreal und absurd – aber es funktioniert. Jetzt einmal anders, die Routine unterbrechend. Die Flasche ist grün, die Kinder können schon lesen und kennen das Markenlogo. Der Schriftzug „Sprite" ist deutlich zu erkennen.

„Sprite?"

„Ich weiß."

Oder:

„Sprite?"

„Das sehe ich."

Oder:

„Sprite?"

„Stimmt!"

Oder man betrachtet das als Auftakt zu einer Assoziationskette:

„Sprite?"

„Fischbrötchen."

und wartet dann ab, was danach so passiert. Das funktioniert bei Kindern in der direkten Kommunikation mit Erwachsenen vermutlich nicht so gut, denn Erwachsene kommen sich dann schnell veralbert vor. Anders ist das unter Erwachsenen, wo man gewissermaßen unter seinesgleichen kommuniziert.

Ich war in einem größeren Unternehmen als Trainer für ein Schlagfertigkeits-Seminar gebucht und war deutlich zu früh. Also nutzte ich die Zeit, um mir in einer Art Kiosk, der von einer Fremdfirma auf dem Firmengelände betrieben wurde, noch ein Brötchen zu kaufen. Die Kunden vor mir zeigten alle ihren Firmenausweis, zahlten aber bar. Also würde mein Brötchen vermutlich etwas teurer sein – gewissermaßen mit Fremdaufschlag. Die Kassiererin fiel schon durch einen etwas rüden Umgangston mit den vorherigen Kunden auf. „Freundlichkeit" war nicht auf ihrer Liste mit Kernkompetenzen dieses Tages vorgesehen. Als ich an die Reihe kam, spielte sich folgender Dialog ab:

„Ausweis!"

„Fahrrad."

„Wie?"

„Sie sagten ‚Ausweis', ich sagte ‚Fahrrad' – beide Wörter haben zwei Silben."

„Ich brauche Ihren Ausweis."

„Wollen Sie nicht lieber Geld für das Brötchen haben? Ich habe jetzt auch keinen Ausweis übrig."

„Ihren Ausweis! Den müssen Sie mir zeigen."

„Ist da eine Altersbeschränkung drauf?"

[Ich zeigte ihr irgendeinen Ausweis, den ich gerade zur Hand hatte.]

„Worauf?"

„Auf dem Brötchen. Weil ich doch meinen Ausweis dafür zeigen muss."

Ich bemühte mich in dieser Szene, die ich als unhöflich und ärgerlich empfand, eine Art Gandhi-Lächeln aufzusetzen um schlimmstenfalls für etwas einfältig gehalten zu werden und nicht für aggressiv (ich war aber auf dem besten Weg dazu). In der Schlange hinter mir wurde das mit Amüsement zur Kenntnis genommen – allerdings standen, wie ich kurze Zeit später erfuhr, auch zwei meiner späteren Seminarteilnehmer in der Schlange, die für dieses (unfreiwillige) Alltagsbeispiel sehr aufgeschlossen waren und von der Kommunikation in diesem Kiosk noch abenteuerlichere Dinge zu berichten wussten.

Im Restaurant funktioniert diese Kommunikationsunschärfe nur deshalb normalerweise so reibungslos, weil Gast und Kellner nicht in ein tieferes Gespräch einsteigen. Die Kommunikation erfolgt routiniert und deshalb etwas unaufmerksam auf beiden Seiten. Durchbricht man diese Routine an einer Stelle und die Gegenseite verharrt aber in ihrer Abfrage- und Antwortroutine, dann entstehen skurrile Situationen, die ziemlich viel Situationskomik enthalten können. Sie erinnern sich noch an die Begegnung mit dem Kellner aus dem Vorwort zu diesem Buch? Wir sitzen also in gut gelaunter Mittagsrunde im Kollegenkreis zusammen und er steht mit meiner korrekten Bestellung direkt vor mir und fragt: „Sind Sie der Salat Pute?“ Das ist eine dieser klassischen Standard-Formulierungen aus der Gastronomie. Normalerweise kennen wir das nur aus dem Krankenhaus. Dort sind wir der Blinddarm, die Lunge oder das gebrochene Bein. Vielleicht war es auch ein kellnernder Medizinstudent, der im Studium schon weiter gekommen war, als in der Gastronomie? Keine Ahnung. Eine solche Steilvorlage kann man sich – erst recht als Medien- und Kommunikationstrainer – nicht entgehen lassen und die Anwesenheit von Journalistenkollegen mag da einen gewissen Gruppendruck ausgeübt haben.

„Sind Sie der Salat Pute?“

„Nein, ich bin Tom Buschardt.“

Die Antwort war korrekt, wahrheitsgemäß und kann jemanden nicht wirklich kränken, denn sie enthält keine Herabwürdigung oder Beleidigung. Die Antwort erfolgte auf der Sachebene und faktenbasiert. Die angewandte Technik ist das „wörtlichnehmen" einer Aussage. Natürlich weiß jeder, was der Kellner MEINTE – und die meisten Menschen antworten auch instinktiv: „Ja bitte" und haben die korrekte Bestellung vor sich stehen.

Wenn Sie aber meinen, mit der Antwort „Nein, Tom Buschardt" wäre die Situation vorbei gewesen, dann kennen Sie die Kellner in Köln aber schlecht. Mein Salat wanderte noch an sieben weitere Tische – vermutlich mit derselben Frage an die anderen Gäste, die nämlich alle den Kopf schüttelten, bis er mit einem sichtlich verwirrten Kellner nach Abgleich der Bestellung mit den Tischnummern wieder zu mir zurückkam. Diesmal mit der Frage:

„Hatten Sie den Salat Pute?"

„Nein, der war gerade mit Ihnen unterwegs."

Und wieder hatte ich nur wahrheitsgemäß geantwortet. Kreativität und Eloquenz waren dafür nicht nötig. Nur auf die Schnelligkeit kommt es an. Und darauf, einen möglichst kurzen Satz zu formulieren, damit die Pointe nicht aufgehalten wird, denn bei längeren Sätzen hört ein Kellner, der nur seinen Salat loswerden möchte, nicht mehr wirklich zu. Eine kompliziert herbeigeführte eloquente Volte würde also ihr Ziel um Längen verfehlen. An dieser Stelle sei der Hinweis gestattet, dass Kellner das auch mit uns Gästen machen. Höchst amüsant kann das an einem Abend im Brauhaus auch zu Missverständnissen mit Gästen von außerhalb führen, die mit den Gepflogenheiten der Einheimischen nicht so vertraut sind. Nehmen wir an, der Kellner (hier in Köln gibt es noch die ebenso aufmerksamen und herzlichen wie zugleich ruppig-schlagfertigen „Köbesse") soll zum Bier noch einen kleinen Snack bringen. Man duzt sich hier.

„Bringst Du mir noch ’ne Frikadelle dazu?“

„Nein.“

Jetzt ist es am Gast, ganz schnell ein paar Gänge herunter zu schalten. Denn das wahrheitsgemäße „Nein“ des Köbes ist eine höfliche und präzise Antwort auf die gestellte Frage, die ja im Grunde genommen weniger eine Frage, denn eine Aufforderung gewesen war. Der Gast MEINTE: „Ich möchte gerne eine Frikadelle essen.“ Er fragt aber: „Bringst du mir noch ’ne Frikadelle dazu?“ Der Köbes antwortet – da auch er eine Menge Rennerei an diesem Abend hat – kurz und knapp: „Nein.“ Der Gast muss auf die fehlende Information: „Es sind keine Frikadellen mehr da.“ schon selbst kommen. Schließlich sitzt er da ja auch nur rum und betrinkt sich, während der Köbes zu arbeiten hat und sich nicht damit aufhalten kann, ausführliche Produkt-Kommunikation über Leerbestände zu führen. Kombiniert der etwas angetrunkene Gast aber falsch und denkt sich: „Ich bekomme hier als einziger keine Frikadelle, weil ich gerade wegen XY diskriminiert werde.“ – dann ist aber Leben in der Bude.

Dienstleister in Hypnose

Tankstellen sind ein Ort, an dem immer wiederkehrende Abläufe fast schon zu hypnotischen Zuständen führen. Sowohl beim Tankwart, wie auch beim Kunden. Als hypnotischen Zustand bezeichnet man unter anderem unbewusst herbeigeführte Handlungsabläufe, an die man sich nicht mehr wirklich erinnern kann. Wenn Sie beispielsweise mit dem Auto Ihre Standardstrecke zur Arbeit oder nach Hause fahren, dann kennen Sie sicher den Augenblick, an dem Sie sich nicht mehr erinnern können, was auf der Zwischenstrecke passiert ist. Zumindest, sofern keine außergewöhnlichen Vorkommnisse auf der Strecke waren wie etwa ein Radfahrer, der bei Rot plötzlich vor Ihrem fahrenden Auto auftauchte und Sie zu einer Vollbremsung veranlasste. Dann sind Sie die Strecke gewissermaßen unterbewusst gefahren. Haben automatisch gelenkt, Gas gegeben, gebremst, den Blinker gesetzt. Sie haben also einen andauernden, komplexen Vorgang im Unterbewusstsein erledigt.

So läuft das auch mit der Kommunikation in Situationen, in denen Sie immer wiederkehrende Abläufe haben. Als Kunde – oder als Tankwart. Unsauberkeiten fallen uns hier im kurzen Gespräch nicht auf, weil wir fehlende Informationen automatisch richtig ergänzen. Wiederkehrende Standard-Kommunikationsmuster lassen uns also gar nicht mehr genau hinhören, die Unterhaltung verläuft wie im Halbschlaf – oder unter Hypnose. So können wir auf jede der folgenden Aussagen oder Fragen ohne zu zögern antworten:

„Bar oder Karte?“

„Möchten Sie noch einen Kaffee dazu?“

„Haben Sie eine Payback-Karte?“ [Aral-Version] bzw. „Punkte oder Rabatt?“ [Shell-Version]

„Mit oder ohne Filter?“

„Das andere Kartengerät bitte.“

„Nein. Anders herum.“

„Brauchen Sie einen Beleg?“

„Weiß ich nicht. Nur das, was da vorne liegt.“

Die Kommunikation mit dem Tankwart ist eine Routine, die wir auch im Tiefschlaf fehlerfrei beherrschen. Ich möchte nicht wissen, ob Tankwarte wiederum davon nachts träumen, oder ob ihnen auch privat solche Sätze rausrutschen;

„Brot? Nur das was da vorne liegt.“

„Möchtest Du Kaffee dazu?“

„Gerne. Den aber nicht auf Karte.“

„Rabatt oder Punkte?“

„Rabatt.“

So geht es wohl bei Familie Tankwart zu Hause zu. Eine ähnlich hypnotisch formulierte Aussage betrifft den Kreditkartenbeleg: „Hier bekomme ich bitte noch ein Autogramm.“ – „Autogramm“! Das bedeutet wörtlich zwar „Unterschrift“ aber inzwischen versteht man umgangssprachlich darunter die Unterschrift einer berühmten oder bekannten Person – oftmals kombiniert mit einer Widmung. Hier können wir die Routine brechen. Wir leiten mit einer Gegenfrage unauffällig die Pointe ein:

„Möchten Sie eine Unterschrift oder ein Autogramm?“

„Nee. Autogramm.“

Jetzt heißt es schnell sein. In der Regel trägt das Tankstellenpersonal ein Namensschild. Können wir den Namen lesen, schreiten wir sofort zur Tat. Falls nicht, fragen wir höflich nach dem Vor- oder Nachnamen. In der Regel rechnet der Gegenüber nicht mit dieser Frage und wird reflexartig antworten, weil er für einen Augenblick in seiner Kommunikationsroutine irritiert ist. Nehmen wir an, unser freundlicher Tankwart heißt „Helmut“. Dann schreiben Sie auf den Kreditkartenbeleg: „Für Helmut, Tom“. Probieren Sie es aus. Das ist ein Standard, mit dem ich seit Jahren unterwegs bin und noch nie gab es deswegen Stress. Das Einzige, was mir zu denken geben sollte, ist die Tatsache, dass meine Kreditkartenfirma diese Belege anstandslos akzeptiert und die Beträge abbucht. In einem Fall sind mir zwei Angestellte der Tankstelle noch bis zum Auto hinterhergerannt weil sie sich nicht einigen konnten, woher man mich kennen müsse. Sie waren ziemlich enttäuscht, denn als Prominenter gehe ich wohl nicht durch. Dazu hat mein *YouTube*-Kanal noch nicht die Millionengrenze überschritten und die Sendungen im Radio, die mir zeitweise eine gewisse Prominenz bescherten, sind schon zu lange her.

Anders wiederum bei JET an der Kasse.

„Unsere JET-Wäsche ist gerade im Angebot."

„Danke, aber ausgerechnet heute bin ich mit dem Auto da."

Das braucht ein wenig Zeit, kommt aber und es verletzt niemanden. Es ist die Technik, die Aussage wörtlich zu nehmen, aber in einem anderen Zusammenhang umzudeuten. Auch hier stoßen wieder zwei Sachebenen aufeinander: Die Wäsche ist im Angebot und die Tatsache, dass ich mit dem Auto da bin. Der witzige Gegensatz wird durch das „ausgerechnet heute" etwas deutlicher. Denn mit einem Flugzeug bin ich selten alleine an einer Tankstelle unterwegs (= absolute Übertreibung in diesem Dialog).

Folgende Situation: Ich habe Kundenbesuch in der Firma. Ausgerechnet während dieser knapp bemessenen Zeit kommt der Heizungsableser. Vor einem Heizkörper im Foyer steht ein schweres Regal mit schweren Büchern. Normalerweise muss das geleert und verschoben werden, damit der Heizungsableser seine Arbeit machen kann. Der Ableser kommt also im unpassendsten Moment, weil wir ins Gespräch vertieft sind und fragt, ob „er mal kurz stören" darf:

„Aber nur, wenn es schnell geht."

„Kein Problem."

„Ich habe vergessen, das Regal vorzuziehen [gelogen, ich war zu faul]. Geht das vielleicht so?"

Er zeigt sein Ablesegerät mit einer Art Metallschlauch und einem „Ding" vorne dran.

„Kein Problem. Ich habe ein elektronisches Auge."

„Oh. Das tut mir leid. Wie lebt es sich denn damit?"

Hier war der Ebenenwechsel die Schlagfertigkeitstechnik und das Wörtlichnehmen des Begriffs „Auge". Was mich aber nachhaltig irritiert hatte, war seine Antwort „Och, das ist sehr praktisch ..." dicht gefolgt von einer längeren und etwas zu detailreichen Erläuterung seines technischen Gerätes, was einige Minuten in Anspruch nahm und meine volle Aufmerksamkeit erforderte, während mein Kunde sich das Lachen verkneifen musste. MEINE Wahrnehmung war: Der hat meinen Scherz gar nicht kapiert. Die FREMDWAHRNEHMUNG meines Kunden war: „Der hat sie aber ganz gut auflaufen lassen." Ich weiß es bis heute nicht und muss unbedingt beim nächsten Ablesen der Heizkörper noch einmal nachfragen.

Haben Sie es wiedererkannt? Das war die Rückkehr des Loriot-Klassikers von 1988: „Ach, DAS ist gestreift?" Halten wir fest: Meine Technik war das Wörtlichnehmen des Begriffes „elektronisches Auge" und das Übertragen auf den – offensichtlich an den Augen unversehrten – Heizungsableser. Der Ableser wiederum bezog sich mit der Technik des Wörtlichnehmens auf den zweiten Teil meiner Aussage: „Wie lebt es sich damit?" und übertrug sie auf die Sachebene: Kunde interessiert sich für mein spannendes Gerät, also bekommt er zum Dank reichlich Text von mir. Vermutlich können Sie hier eine Münze werfen, welche Version die richtige ist. Das Schöne an dieser Situation ist aber, dass niemand verletzt wurde – selbst für den Fall, dass der Ableser gar nicht bemerkt hat, dass wir uns für sein Ablesegerät nicht wirklich interessierten. In diesem Falle verlässt er einfach das Büro mit einem guten Gefühl, dass endlich mal jemand sein auffälliges Gerät thematisiert hat.

Facebook und Twitter

In der Vorrunde zur Teilnahme an der Meisterschaft der Schlagfertigkeit nutzen Sie *Facebook* und *Twitter* zunächst passiv. *Twitter* hat den Vorteil, dass Sie nicht unbedingt einen eigenen Account benötigen, um dort mitlesen zu können. Es gibt dort *Twitter*-Trends und Hashtags (Suchbegriffe, die mit einem # beginnen), die täglich zuweilen in Rankings angezeigt werden. Diese Themen, die besonderes Interesse hervorrufen, behandeln nicht gerade immer große, bedeutende Fragen, wie mein Beispiel aus der Welt der Swingerclub-Menüs gleich zeigen wird. Darüber hinaus gibt es die sogenannten „*Twitter*perlen", die man beispielsweise auf *Facebook* abonnieren kann. Es ist gewissermaßen eine moderne Form des *Reader's Digest* aus der schönen, blauen. *Twitter*-Welt. Hier einige jüngere Beispiele:

„Dieses Jahr möchte ich keinen Rückblick. Ich hätte lieber einen Ausblick."[21]

„Krass, dieser Weihnachtsbaum-Showroom. – DAS IST DER WALD."[22]

„Eigentlich warte ich bei Donald Trump nur noch darauf, dass er ankündigt, die Indianer wieder zurück nach Indien zu schicken."[23]

„Wenn ein Fahrrad gestohlen wird, hat keiner was gesehen. Aber wehe, man stellt 5 Tage vorher die Gelben Säcke raus – dann ist hier Party."[24]

„Wenn man sich die Bibel auf den Kindle zieht – ist das dann ein Christkindle?"[25]

---

21 *Twitter*-Nutzer: Einstueckkaese.

22 *Twitter*-Nutzer: MaGeLaNe72.

23 *Twitter*-Nutzer: Nebel_Berlin.

24 *Twitter*-Nutzer: humorlos4.

25 *Twitter*-Nutzer: Flashkovic.

„Liebe Kinder, lasst Euch von Euren Eltern nichts einreden. Ich habe Harry Potter mehrfach gelesen, ‚Bitte' ist gar kein Zauberwort."[26]

Niemand kann sagen, ob diese User spontane Einfälle hatten oder länger über den jeweiligen Formulierungen gebrütet haben. Aber sie sind nach demselben Prinzip aufgebaut, wie Schlagfertigkeit. Ich greife einige davon einmal heraus um es besser sichtbar zu machen. „Rückblick/Ausblick". Das ist der gleiche Wortrhythmus und das Spiel mit den Gegensätzen. „Indianer zurück nach Indien" – eine maßlose Übertreibung, denn jeder Mensch weiß, dass die „Indianer" nur deshalb so heißen, weil Kolumbus dachte, er wäre in Indien angekommen. Durch diese Absurdität in Kombination mit dem allgemein Bekannten entsteht der Witz, die Schlagfertigkeit. Ein gestohlenes Fahrrad mit dem Herausstellen des gelben Sackes zu kombinieren, ergibt keinen Sinn. Außer in der Schlagfertigkeit. Denn hier werden zwei Dinge miteinander verglichen, die nichts miteinander zu tun haben. Es wird eine Schein-Logik hergestellt. Vergleichen Sie hierzu die Populismus-Hinweise aus dem Kapitel „Kommunikation erkennen" vom Anfang dieses Buches. Die Kombination Bibel/Kindle zu Christkindle setzt sowohl beim Schöpfer, als auch beim Empfänger gewisse Vorkenntnisse voraus. So muss er den Markennamen „Kindle" als Begriff für einen E-Book-Reader kennen. Und dann muss der Begriff „Christkindle", der im Grunde genommen „Christkindl" geschrieben werden müsste, ebenfalls bekannt sein. Beispielsweise durch den bekannten Nürnberger Christkindlesmarkt.

Der Vorteil dieser Schlagfertigkeit und Abfolge von losen und lockeren Sprüchen auf *Twitter*: Sie können gewissermaßen von außen an Entwicklungen und Kreativität teilhaben, ohne selbst

26 *Twitter*-Nutzer: Cut_with_on_E.

direkt in Echtzeit liefern zu müssen, wie bei einem tatsächlichen Brainstorming im Konferenzraum.

So erschien bei *Twitter* unter den Top-10 der meist genutzten Hashtags plötzlich der Begriff #swingerclubessen, der eine gewisse Dynamik entwickelte und die Dokumentation eines klassischen Brainstormings ist. Es ging nicht um ein erotisches Etablissement in der Ruhrgebietsstadt Essen, sondern um kulinarische Köstlichkeiten, die im Swingerclub gereicht werden könnten. Sie können sich jetzt gerne Ihren Teil hier denken, aber ich habe von dem Hashtag über die Top-10 in meiner *Twitter*-Timeline erfahren und darüber, dass ein Kommunalpolitiker aus meinen *Twitter*-Kontakten bereits an der Diskussion beteiligt war. Zielsetzung des Suchbegriffes war es, möglichst anzügliche Gerichte zu kreieren. Sie können, auch ohne bei *Twitter* angemeldet zu sein, unter dem Suchbegriff #swingerclubessen eine gut dreistellige Zahl von einzelnen Postings durchgehen. Einige habe ich hier einmal klassifiziert, damit Sie auch in einer Printfassung einen Eindruck von dem Brainstorming (an dem sich auch viele Frauen beteiligt haben) bekommen. Natürlich sind unter den Tweets auch prollige 08/15-Beispiele wie „Wabbelpudding", „Steckrüben", „F*ckadellen" und „Pommes F*ckes" vertreten. Aber auch ganz normale Gerichte von denen die meisten auf jeder gut bürgerlichen Restaurantkarte stehen. Diese erlangen jedoch mit dem Bezug zum „Swingerclub" eine gewisse Zweideutigkeit und können so mehr oder weniger witzig sein. Erinnern Sie sich an das Beispiel „Streifenpolizist" aus dem Kapitel „Allgemeinbildung ist eine unserer stärksten Waffen"? – Genauso verhält es sich hier mit den Begriffen „Bockwurst", „Nudelsalat", „Strammer Max", „Sahneschnitte", „Hähnchen süß/sauer", „Popp-Corn", „Alter Holländer", „Falscher Hase", „Gürkchen", „Clubsandwich" und „Fruchtgummis". Im kreativen Mittelfeld finden sich dann Abwandlungen bekannter

Gerichte, bei denen nur wenige Buchstaben ausgetauscht wurden: „Heiße MILF[27] mit Honig", „1. Gang: Bang", „Naked Beans", „All You Can Meet"-Buffet, „Sado-Mazzarella" und „Darkroomkugeln". Allerdings finden Sie unter den zuweilen recht pubertär anmutenden Beispielen auch absolut geniale intellektuelle Ergebnisse wie zum Beispiel „Tinderfilet"[28], „Alles-kann-nichts-Mousse"[29] und „Kosakenzipfel"[30]. Die muss man allerdings auch zwischen zuweilen sehr unappetitlichen Beiträgen erst einmal finden und bilden eine kleine, intellektuelle Minderheit. Aber die wären mit Sicherheit nicht entstanden, wären ihre Schöpfer nicht auch mit einer ganzen Menge Mist konfrontiert gewesen. Es ist ein gutes Beispiel dafür, wie Brainstormings funktionieren – und das Gute daran: Sie selbst bleiben neutral außen vor und beobachten nur. Ja, mir sind auch einige gute und weniger gute Begriffe eingefallen und einige (die Guten wie auch Schlechte) sind dann von anderen ebenso erfunden und getwittert worden. Das ist dann auch gut so, denn meinen beruflichen *Twitter*-Account muss ich von derartigen Brainstormings freihalten, um nicht einen falschen Eindruck meiner Interessenslage zu vermitteln. Abends beim Bier in geselliger Runde kann das ein lustiger Partyspaß sein – hier in einem Sachbuch zur Schlagfertigkeit betrachten Sie es bitte lediglich als ein aktuelles Beispiel.

Ferner haben Sie über Ihren *Facebook*-Account die Möglichkeit, selbst einmal Schlagfertigkeit auszuprobieren. Wenn Sie hier eine Stunde oder zwei benötigen, bis Ihnen eine geschliffene Antwort einfällt, ist das nicht sonderlich schlimm. Vorausgesetzt, Sie hängen

---

27 Porno-Slang für eine attraktive Frau Mitte 40.

28 Tinder = Dating App.

29 „Alles kann, nichts muss" ist das Motto der Swinger-Szene.

30 Erfundenes Dessert aus einem Loriot-Sketch, der zahlreiche Rezeptvarianten inspirierte.

nicht stundenlang nonstop auf *Facebook* und setzten sich damit unter Stress, ist das eine schöne Spielwiese. Wenn einmal etwas misslingt, werden Sie es schnell erfahren und Sie können gegebenenfalls Postings wieder löschen. Ist jemand besonders witzig und schlagfertig, schauen Sie einmal in dessen Account. Hinterfragen Sie für sich, welche Techniken jemand anwendet und ob Sie davon lernen können.

So gesehen sind die Sozialen-Netzwerke tatsächlich einmal sozial und dienen der Erweiterung Ihrer Kommunikations-Kompetenz. Zunächst nur schriftlich, später mit etwas mehr Routine und Schnelligkeit dann auch in der verbalen Kompetenz, wenn Sie der verbalen Kommunikation nicht durch schriftliche konsequent ausweichen.

Praxistipp: Der Pöbelkreis

Der Begriff „Pöbelkreis“ stammt von einem meiner Seminarteilnehmer, der diesen sehr erfolgreich absolviert hat. Er ist eine meiner Abschlussübungen eines zweitägigen Schlagfertigkeits-Seminars – gewissermaßen so eine Art Gesellenprüfung, die jeder Teilnehmer freiwillig und ohne Gruppendruck absolvieren darf. Zielsetzung ist es, im Abstand von ungefähr fünf Sekunden eine schlagfertige Replik anzuwenden. Das bedeutet nicht, dass man fünf Sekunden nachdenken darf, bis eine schöne Antwort parat ist, sondern dass man alle fünf Sekunden einen Spruch um die Ohren gehauen bekommt, gegen den man sich dann zu wehren hat. Diese Übung, die ich gleich etwas genauer beschreiben werde, beginnt in der Regel sehr schleppend. Die Teilnehmer sind noch etwas unsicher, was da auf sie zukommen könnte. Am Ende aber sagen ausnahmslos alle, die in den Kreis gegangen sind, dass sie nicht gedacht hätten, so schnell und so effektiv schlagfertig sein zu können. Natürlich funktioniert das erst am Ende eines Seminars, am Anfang eines Seminars würde diese Übung die meisten Teilnehmer verschrecken und scheitern lassen.

Sie können die Übung zu großen Teilen auch ohne Seminarleiter durchführen, allerdings benötigen Sie dazu 10 bis 15 Mitwirkende, die ebenfalls an einer solchen Übung Freude haben. Und so wird's gemacht: Nehmen wir an, Sie haben 13 Teilnehmer zusammenbekommen. Einer geht in die Mitte und die zwölf anderen bilden einen Kreis, wie eine Uhr. Sie bilden die „Pöbler", der in der Mitte ist der „Schlagfertiger". Jeder der zwölf „Pöbler" denkt sich einen Vorwurf oder dummen Spruch aus, den er dem in der Mitte stehenden „Schlagfertiger" an den Kopf werfen wird. Wenn ihm ein Spruch eingefallen ist, hebt er zum Zeichen den Arm, behält den Spruch aber zunächst für sich. Wenn alle „Pöbler" die Hand gehoben haben weiß der „Schlagfertiger", dass sich alle eine schöne Pöbelei ausgedacht haben und die Runde beginnen kann. Von vorneherein disqualifiziert sind alle sexistischen Sprüche und Sprüche, die offensichtlich nur der persönlichen Demütigung des „Schlagfertigers" dienen. Zugelassen wären demnach

„Na – heute wieder mal nur halbe Tage arbeiten.",

„Dir kann man auch im Gehen die Schuhe besohlen." und

„Dafür wie du Auto fährst, müssen andere auf der Kirmes Geld bezahlen."

Nicht zugelassen sind Sprüche wie

„Du bist aber fett geworden.",

„So, wie Du aussiehst musst Du ja Single sein." oder

„Dir wird auch die nächste Frau weglaufen."

Der „Schlagfertiger" steht dem „Pöbler" gegenüber, der auf der Position der Zwölf steht. Er steht in einem Abstand von etwa 80 cm, also knapp an der Grenze der sogenannten „Komfortzone". Die beiden haben sich zunächst nichts zu sagen. Dann macht der „Schlagfertiger" einen seitlichen Schritt nach rechts und steht sofort vor der „Eins" in dieser Runde. In dem Augenblick, wo er dem „Pöbler" auf der Position Eins gegenübersteht, lässt der „Pöbler" seinen Spruch los. Der „Schlagfertiger" erwidert sofort, schert sich nicht um die Qualität und geht direkt zur Nummer Zwei, dann zur Drei usw., bis er am Ende mit dem Pöbler auf der Zwölf die Runde beendet. Zwischen Vorwurf und Antwort liegen maximal 1,5 Sekunden – besser noch weniger Zeit. Dann gibt es erst einmal einen anerkennenden Applaus für den „Schlagfertiger" und alle atmen einmal durch. Jetzt brauchen wir die „Pöbler" fürs Feedback, denn der „Schlagfertiger" kann sich unter diesem Stress, dem er gerade ausgesetzt war, nicht zwölf Vorwürfe und zwölf Antworten gemerkt haben. Jeder „Pöbler" nennt noch einmal seinen Vorwurf und die Antwort des „Schlagfertigers". Gemeinsam wird analysiert, ob er hier mit einem Standard oder einer anderen Technik geantwortet hat, oder was dazu geführt hat, dass ihm vielleicht keine passende Antwort eingefallen ist. Dann tauscht der „Schlagfertiger" mit einem „Pöbler" die Position. Der ausgetauschte „Pöbler" wird zum „Schlagfertiger" und geht seine Runde ab. So kommen nach und nach alle einmal in den Genuss, den Kreis der „Pöbler" von innen zu begutachten und Schlagfertigkeit auszuprobieren.

Übungen zur Schlagfertigkeit

Lesen Sie sie Fragen, Sätze und Behauptungen der nächsten Übungen und setzen sich unter Zeitdruck mit einer passenden Reaktion. Machen Sie sich wenig Gedanken um politische Korrektheit, um Vorgesetztenverhältnisse oder um bestimmte Beziehungsgeflechte in Familie und Freundeskreis. Ziel dieser Übungen ist es, möglichst schnell und flexibel zu reagieren. Das wird nicht immer angemessen oder super-witzig sein – aber es hilft, schneller und flexibler zu werden.

Dazu schreiben sie die Sätze auf kleine Zettel und werfen diese in eine Schüssel. Sie (oder ein Mitspieler) ziehen einen Zettel, lesen ihn laut vor und haben dann zwei Sekunden Zeit, mindestens eine Antwort darauf zu formulieren. Dann werfen Sie den Zettel gefaltet wieder zurück. Mit ihrem Smartphone oder einem Diktiergerät nehmen Sie die Zetteltexte und Antworten auf. Wenn Sie nicht mehr können und/oder Ihnen nichts mehr einfällt, hören Sie auf. Jetzt kommt die Testauswertung.

Sie brauchen die Zeit zwischen Zettel und Antwort nicht exakt nachzumessen. Um herauszubekommen, wie lange Sie für Ihre Antwort ungefähr gebraucht haben, sprechen Sie das Wort „Zwiebelkuchen“ beim Abhören laut aus (Nicht „Zwiebelkuchen“ nur denken! Das geht schneller als sprechen!). Das funktioniert dann so:

Diktiergerät: „Na, heute wieder mal nur halbe Tage?“

Sie (Live): „Zwiebelkuchen. Zwiebelkuchen.“

Diktiergerät: [Schlagfertige Antwort]

Gehen zwei Stücke „Zwiebelkuchen“ zwischen Vorwurf und Antwort, dann brauchten Sie etwa zwei Sekunden für Ihre Replik. Das ist schon gut, aber noch nicht gut genug. Trainieren Sie weiter.

Ergänzen Sie meine Vorschläge um weitere Aussagen aus Ihrem persönlichen Umfeld. Immer und immer wieder. Dann werden Sie bemerken, dass Sie sich selbst ins Wort fallen und die Antwort vom Diktiergerät schon kommt, noch bevor Sie das zweite Mal „Zwiebelkuchen" gesagt haben – Ihr Timing wird also besser. Wenn dann das zweite Stück „Zwiebelkuchen" durch immer mehr Übung schon verschwunden ist, machen Sie sich an der erste heran. Wenn Sie dann in der Pause zwischen Vorwurf und Antwort nur noch bis „Zwie" kommen, sind Sie schon fast ein Meister der Schlagfertigkeit. Bedenken Sie: Schnelligkeit ist hier – anders als etwa bei Ihrer beruflichen Tätigkeit – entscheidender als Qualität. Im Baugewerbe sagt man „Schnell, Preiswert, Gut. – Es gehen maximal zwei von drei Anforderungen". Probieren Sie es einmal aus und bleiben Sie dabei gelassen.

Kreativ unter Zeitdruck

Finden Sie innerhalb von jeweils fünf Minuten pro Begriff mindestens 20 alternative Bezeichnungen (alle Übungen hier ohne „Google", bitte!)!

- Zahnarztpraxis
- Zahnarzt
- Nagelpflege
- Hautarzt
- Bäckerei
- Sanitärbetrieb
- Betten/Matratzengeschäft
- Rechtsanwalt
- Sekretärin
- Sachbearbeiter
- Chef
- Unternehmensberater
- Wettermoderator/in

Finden Sie innerhalb von jeweils fünf Minuten pro Satz zehn Alternativen!

- Der Stuhl ist kaputt.
- Draußen ist es kalt.
- Die Band war fantastisch.
- Ich finde Dich doof.
- Der Kühlschrank ist leer.
- Die Toilette ist schmutzig.

(Dummen) Aussagen entgegentreten

Finden Sie schriftlich innerhalb von zehn Sekunden mindestens zwei Entgegnungen auf folgende Sätze:

„Besser Einparken können Sie wohl nicht, oder?“

„Sind Sie der ‚Salat Pute‘?“

„Du hast eine Grammatik wie Yoda.“

„Wie sieht denn schon wieder Dein Werkzeug aus?“

„Wie? Heute nur ‚halbe Tage‘?“

„Gehst Du dich wieder einschleimen?“

„Also ICH würde so etwas ja nicht essen.“

„ICH bin ja Veganer.“

„Essen drei ist alle.“

„Kaffee für zum hier oder für unterwegs?“

„Ihr Vortrag war aber extrem langweilig.“

„Das ist ziemlich unpräzise, was Sie da sagen.“

„Du hast auch jeden Tag das Gleiche an.“

„Können oder wollen Sie es nicht besser machen?“

„Gibt es hier sonst noch jemanden – außer mir – der hier arbeitet?“

„Du bist schon wieder zu spät.“

„Müssen Sie sich ausgerechnet hierhin setzen?“ (Wartezimmer)

„So wie Du arbeitest, mache ich Urlaub.“

„Sammeln Sie Treue-Punkte?" (Supermarkt)

„Du bist aber wehleidig."

„Hier ist aber 'ne schreckliche Stimmung."

„Das funktioniert doch gar nicht."

„Streber!"

„Stell dir mal vor: 900 Euro für nur EINEN Anzug."

„Also ICH kann auch ohne Alkohol lustig sein."

„Sie rauchen aber viel."

[Frau mit Top-Figur] „Ach, ich könnte auch mal wieder etwas abnehmen."

„Dir kann man auch im Gehen die Schuhe besohlen."

„Das glaubt Dir doch keiner."

„So etwas nennst Du ‚Weihnachts-Tradition'?"

„Dafür wie du Auto fährst müssen andere auf der Kirmes Geld bezahlen."

„Wieso strengst Du Dich nicht etwas mehr an?"

„Wir legen nicht viel Wert auf Materielles."

„Der tut nix."

„Der will nur spielen."

„Das hat er ja noch nie getan."

„Sie sind schon wieder einige Minuten zu spät."

„Also MEINE Musik ist das nicht."

„Wie? Sie sind noch nicht verheiratet?"

„Ihr Auto ist noch nicht fertig."

„Das sieht ja furchtbar aus."

„Also MEINE Kinder machen so etwas nicht."

„Sie bekommen das echt nicht hin."

„Kommt darauf an. Wenn man so was mag …"

„Waren Sie der Nächste?"

„Wir sind heute noch nicht dazu gekommen."

„Nein, das war nicht so abgesprochen."
„Hunde sind wie kleine Kinder."
„Nachgedacht hast Du da aber nicht."
„Das haben wir ja noch nie gemacht."
„Das ist aber spät."
„Die anderen machen das aber in der Hälfte der Zeit."
„Dass sich Ihnen abstrakte Kunst nicht erschließt, war ja klar."

Zitate

Versuchen Sie, diese Zitatvorschläge leicht abzuwandeln und mindestens fünf Varianten innerhalb kurzer Zeit zu erstellen. Gehen Sie intuitiv vor. Das wird keine Seminararbeit im Fachbereich Germanistik, sondern Ihr Handwerkszeug für Schlagfertigkeit. Bleiben Sie vor allem im Rhythmus. Prägen Sie sich die Sprachmelodie des Originals ein und behalten es bei der Variation bei. Ein Beispiel:

„Nachts sind alle Katzen grau."

Eine gültige Lösung wäre: „Nachts sind alle Jungen blau."

Eine ungültige Lösung wäre: „Nachts sind alle, die auf Partys gehen, blau."

Sie merken, wie der Rhythmus im zweiten Beispiel abweicht und Sie aus dem Takt bringt? Versuchen Sie es selbst, einige der Zitate und ihre Urheber kennen Sie bereits:

„Hier stehe ich, ich kann nicht anders."
„Das also ist des Pudels Kern"
„Wehe der Geister, die ich rief."
„Wer zu spät kommt, den bestraft das Leben."
„Nach dem Spiel ist vor dem Spiel."
„Vertrauen ist gut, Kontrolle ist besser."

„Stell Dir vor, es ist Krieg und keiner geht hin."

„Mailand oder Madrid – Hauptsache Italien"

„Entscheidend ist, was hinten rauskommt." [Helmut Kohl]

„Hol mir mal 'ne Flasche Bier, sonst streik ich hier." [Gerhard Schröder]

„Wir schaffen das." [Angela Merkel]

„Die meisten Spiele, die 1:0 endeten wurden gewonnen." [Günter Netzer]

„Die Mauer bleibt noch 100 Jahre." [Erich Honecker]

„Niemand hat die Absicht, eine Mauer zu bauen." [Walter Ulbricht]

„Ich habe Journalisten nie gemocht. Ich habe sie alle sterben lassen." [Agatha Christie]

„Hunde die bellen, beißen nicht."

„Der will nur spielen. Der tut nix."

„Am Ende werden wir uns nicht an die Worte unserer Feinde erinnern, sondern an das Schweigen unserer Freunde." [Martin Luther King]

„Frage nicht, was Dein Land für Dich tun kann, sondern was Du für dein Land tun kannst." [John F. Kennedy]

„Geh mir aus der Sonne." [Diogenes, korrekt: „Geh mir ein wenig aus der Sonne"]

„Da fließt noch viel Wasser den Berg hinunter"

„Das ist ja wie: Eulen nach Athen zu tragen!" [Aristophanes, Die Vögel, korrekt: „Wer hat die Eule nach Athen gebracht?"])

„Houston, wir haben ein Problem." [John Lovell]

Wendet jemand ein Zitat oder dessen Abwandlung gegen Sie selbst an, ist es eine erfolgversprechende Gegenstrategie, Ihre eigenen (oberflächlichen) Kenntnisse über die Quelle und Zusammenhänge des Zitats zu nutzen und damit Verwirrung zu stiften:

„Welche Interpretation meinst du denn jetzt? Die von Diogenes oder noch weitere 400 Jahre früher von Homer? Wobei da ja wiederum unklar ist, wann er wirklich gelebt hat."

Das stiftet eine Menge Verwirrung bei Ihrem Gegenüber.

Einige Lösungsvorschläge

Alternativen entwickeln

Hier Auszüge aus den vorangegangenen Übungen als Lösungsvorschläge:

Zahnarzt

- Nervenbohrer
- Marathon-Mann[31]
- Zahnsteinsammler
- Kassenpatientablehner
- Spielzeugaussuchenlasser
- Wurzelsepp
- Dr. Qual
- Zuzahlungskassierer
- Zahnfee
- Kariesprofiteur/Zuckerprofiteur

Chef

- Bestimmer
- AT-Besoldeter[32]
- Frühstücksdirektor
- Beförderungsbestimmer
- Dienstwagenfahrer
- Direkt-vor-der-Tür-Parker
- Meetingeinberufer
- Bonusverteiler
- Rumschimpfer
- Kantinen-Bessersitzer

31 Gleichnamiger Kinofilm, in dem Dustin Hofmann einen sadistischen Zahnarzt spielt, der jemanden mit dem Bohrer quält.

32 AT = außer tariflich (höheres Gehalt jenseits aller Eingruppierungen).

„Der Stuhl ist kaputt."

- „Der Stuhl ist defekt."
- „Der Stuhl war im Krieg."
- „Der Stuhl ist eine echte Herausforderung."
- „Der Stuhl ist in seiner Funktion eingeschränkt."
- „Der Stuhl bleibt sitzend in Bewegung."
- „Der Stuhl ist total für den Arsch."
- „Der Stuhl ist was für Liebhaber."
- „Der Stuhl ist nur noch Deko."
- „Der Stuhl ist eher Skulptur als Stuhl."
- „Der Stuhl ist ein typischer Wackelkandidat."

„Ich finde Dich doof."

- „Du hast echt noch intellektuelles Potenzial vor Dir."
- „An Dir haben Hirnforscher echt was zu knacken."
- „Bei Dir können Hirnforscher auch mal die unendliche Weite genießen."
- „Bei Dir machen Hirnforscher gerne mal Pause."
- „Na, wenigstens bist Du nicht dick."[33]
- „Du bist echt das neue ‚schlau'."
- „Also Quantenphysik ist nicht ganz Dein Ding, oder?"

Antworten finden

„Besser Einparken können Sie wohl nicht, oder?"

- „Sonst nutze ich ja auch immer Valet Parking[34]."
- „Ich wollte das letzte Stück zu Fuß gehen."

---

33 Der Gegner sollte Laurel & Hardy (Dick & Doof) kennen.
34 Service, bei dem Personal den Wagen für einen einparkt.

- „Ich parke nicht, ich dekoriere!“
- „Da sollten Sie mich mal beim Ausparken erleben.“
- „Mein Marshaller[35] hat heute seinen freien Tag.“
- „Doch. Aber warum soll ich Ihnen den Gefallen tun?“
- „Das ist der neue Trend: Parken im 78-Grad-Winkel.“
- „Ich probiere halt alle Optionen aus.“
- „Ich wollte, dass es schön aussieht.“
- „Ich dachte, da kommt noch ein Smart rein.“
- „Das ist der Sicherheitsabstand für Fußgänger.“

„Sind Sie der ‚Salat Pute‘?“

- „Nein. Heute gehe ich als Schnitzel.“
- „Nein. Ich bin [Name].“
- „Früher war ich mal Pute, jetzt bin ich Lammkeule.“
- „Ja. Und mental befinde ich mich schon auf dem Teller.“
- „Klar. Finden Sie eigentlich, dass mir das Dressing gut steht?“

„Du hast eine Grammatik wie Yoda.“

- „Das sehr unfreundlich von Dir ist.“
- „Aber die Macht ist mit mir.“
- „Wenigstens habe ICH anliegende Ohren.“
- „Pass auf, dass das Imperium mal nicht zurückschlägt.“
- „Da liegst Du genitiv[36] mit falsch.“

„Wie sieht denn schon wieder Dein Werkzeug aus?“

- „Soll ich ein rosa Schleifchen drum machen?“
- „Das ist gerade beim Werk-Zeugen. Da wollen wir mal schön diskret sein.“

35 Einwinker für Flugzeuge in deren Parkposition.
36 Ersatzwort für „definitiv“.

- „Also der Hammer sieht für mich aus wie ein Hammer."
- „Das ist ein Schraubendreher – kein Schrauben-Ausseher!"

„Heute wieder mal nur halbe Tage?"

- „Das was du hier siehst, nennt man Arbeits-Konzentrat!"
- „Besser halbe Tage, als halber Verstand."
- „Besser halbe Tage, als halbe Kompetenz."
- „Ja. Halbe Tage – doppelte Effizienz."
- „Leider. Es war nur noch eine halbe Freizeitstelle frei."
- „Wusstest du übrigens, dass man bei halben Tagen mit 30 Urlaubstagen 2 ganze Monate frei machen kann?"

„Gehst Du dich wieder einschleimen?"

- „Ne. Da ist von Dir noch ganz glitschig."
- „Ja. Ich hab doch Gleitzeit."
- „Ja. Damit Du wieder ausschleimen kannst."
- [Ernsthaft] „Aber erst am Wochenende. Da machen wir Wellness mit Fango und so"
- „Brauch ich nicht. Das haben schon Schnecken wie du gemacht."

„Also ICH würde so etwas ja nicht essen."

- „Musst Du ja auch nicht."
- „Dafür hast du ja auch einen EIGENEN Teller vor Dir."
- „Ich gebe Dir auch nichts davon ab."
- „Das ist sicher sehr schwer für Dich."
- „Das ist prima. Dann kann ich es ja essen."

ICH bin ja Veganer.

- „Wer will das wissen?"
- „Ich nicht."
- „Oh, das tut mir leid. Wie ist denn da die Lebenserwartung?"
- „Veganer? Sind die aus Raumschiff Enterprise oder StarWars?"
- „Ist das Dein erstes Outing?"
- „Ich bin katholisch."
- „Kenn ich. Hab' ich eine Allergie gegen entwickelt im Laufe der Zeit."
- „Keine Sorge. Dagegen gibt es inzwischen Medikamente."
- „Beobachtet die nicht auch der Verfassungsschutz?"
- „Leben die nicht in Mittelerde?"

„Essen drei ist alle."

- „Macht nichts, ich wollte nur für eine Person."
- „War das so lecker oder wurde das beschlagnahmt?"
- „Und wenn Sie mal für mich eine Ausnahme machen?"

„Kaffee für zum hier oder für unterwegs?"

- „Nein. Für mit Verb."
- „Für zum was oder für zum unter?"
- „Nein. Mit Tasse/Becher."
- „Nein. Für mich."

„Das war ja wieder mal ein ziemlich langweiliger Vortrag von Ihnen."

- „Sie wirkten gestern so müde, da dachte ich, hier können Sie mal ausschlafen."
- „Tut mir leid, wenn Sie so wenig davon verstanden haben."
- „Dass Sie Konzentrationsschwierigkeiten haben, ist mir neulich schon aufgefallen."

- „Dafür war es spannend zu sehen, wie Sie die ganze Zeit mit dem Schlaf ringen."
- „Tja. Manche Dinge sind wohl einfach noch zu komplex für Sie."
- „Da müssen Sie den zweiten Handlungsstrang übersehen haben."
- „Wenn Sie zuhören, habe ich immer so viel Lampenfieber."
- „Das war kein Vortrag, sondern eine Diskussion. Sie haben nur nicht mitgemacht."

„Das ist ziemlich unpräzise, was Sie da sagen."

- „Könnten Sie das bitte präzisieren?"
- „Das war jetzt aber ziemlich unpräzise von Ihnen formuliert."
- „Ich dachte, die Details lasse ich mal weg um Sie nicht allzu sehr zu verwirren."
- „Ein Trainer hat mir mal gesagt, man soll auf dem Level eines 14jährigen Kindes kommunizieren – dann verstehen es alle."

„Du hast auch jeden Tag das Gleiche an."

- „Dafür aber frisch gewaschen. (Im Gegensatz zu Dir.)"
- „Das heißt nicht ‚das Gleiche', sondern ‚dasselbe'"
- „Aber da drunter ist alles täglich frisch."
- „Nein. Für Dich ist nur jeder Tag irgendwie gleich."
- „Ich bin ja auch noch ganz der Alte."

„Können oder wollen Sie es nicht besser machen?"

- „Oh. Ich kann wählen?"
- „Das hab' ich noch nicht endgültig entschieden. Bis wann müssen Sie das wissen?"
- „Oder."

- „Da muss ich erst meinen persönlichen Coach fragen. Der hat die Unterlagen darüber."
- „Besser geht's nicht. Das ist schon das obere Ende des Gut-Seins."

„Gibt es hier sonst noch jemanden – außer mir – der hier arbeitet?"

- „Geben Sie mir 15 Minuten, dann frag ich mal rum."
- „Ach DAS macht die ganze Zeit hier so Geräusche."
- „Nein."
- „Gibt es sonst noch jemanden – außer mir – der das gar nicht bemerkt?"
- „Gibt es sonst noch jemanden – außer Ihnen – der hier so große Töne spuckt?"
- „Gibt es sonst noch jemanden – außer ihnen – der Sie für unverzichtbar hält?"
- „Nein. Die Abteilung besteht aus Arbeitern und Denkern. Da wären sie dann tatsächlich der Einzige, der hier arbeitet."

„Du bist schon wieder zu spät."

- „Lieber zu spät als ständig zu früh kommen, oder?"
- „Spät ist das neue Früh."
- „Ich wasche mir hinterher ja auch noch die Hände."
- „Das siehst Du falsch. Ich bin schon im Morgen. Und dafür ziemlich viel zu früh."
- „Hast Du sonst nichts zu tun?"
- „Und? Wie gehst du jetzt damit um?"
- „Und? Was macht das jetzt mit Dir?"
- „Meinst Du, unser Verhältnis wird dadurch schwer belastet?"

„Müssen Sie sich ausgerechnet hierhin setzen?" (Wartezimmer)

- „Ja. Sie sind doch sicher auch hier wegen offener Tuberkulose, oder?"
- „Ja. Ich habe gelesen, dass direkt am Fenster bessere Heilungschancen bestehen."
- „Ja. Denn die Patienten auf diesem Platz bekommen anschließend noch eine finanzielle Rückvergütung von der Krankenkasse."
- „Naja, wenn ich mich hier hinstellen würde könnte ich ja nicht sitzen."
- „Das hat der Arzt mir gesagt. Er meinte, ich soll für Sie so etwas wie ein Therapie-Hund sein und immer neben Ihnen sitzen."

„Sammeln Sie Treue-Punkte?" (Supermarkt)

- „Nur bei meiner Frau/meinem Mann."
- „Ist das ein Angebot oder eine Frage?"
- „Nein. Ich VERGEBE Treue-Punkte."
- „Nicht bei den Affären, die ich so habe."
- „Ja. Die letzten sind bei der Scheidung alle draufgegangen."

„Du bist aber wehleidig."

- „Du sagst doch immer, wir Männer sollten mal Gefühle zeigen."
- „Ich bin nicht wehleidig, ich bin sensibel."
- „Aber wehe dem Leid!"
- „Du interpretierst meine Gefühle sehr ungerecht."
- „Hab du mal meine Schmerzen – dann kann ich damit aufhören."
- „Kannst du mir zeigen, wo am Körper das ‚Weh' sitzt?"

Umgang mit Zitaten

„Da fließt noch viel Wasser den Berg hinunter."

- „Da fließt noch viel Schweiß die Stirn hinunter."
- „Da fließen noch viele Berge das Wasser hinauf."
- „Da fließt noch viel Blut die Flure hinunter."[37]
- „Da fließt noch viel Bier die Kehle hinunter."
- „Da fließt noch viel Flies das Werk hinunter."
- „Da fliest der Fliesenleger noch viel hinunter."

„Houston, wir haben ein Problem."

- „Stefan, wir haben ein Problem."
- „Houston, wir haben einen Praktikanten."
- „Houston, wir haben ein Meeting."
- „Houston, wir haben Husten."
- „Houston, wir haben keine gescheite Idee."

---

37 Beispielsweise: Entlassungswelle im Unternehmen.

Über den Autor

Tom Buschardt hat auf allen Seiten des Medienbetriebs jahrelange Erfahrung: Sei es als Journalist, als Gründer und Geschäftsführer eines journalistischen Dienstleisters sowie einer PR-Agentur oder als Medientrainer.

Der gelernte Hörfunkjournalist und PR-Fachmann Buschardt arbeitete sowohl für die *Kölnische Rundschau*, als auch für *WDR*, *RTL-Aktuell* und die *DEUTSCHE WELLE*, bei der er insgesamt über ein Jahrzehnt im Programm Politik/Wirtschaft und Zeitfunk/Aktuelles verbrachte. Als Reporter und Moderator arbeitete er außerdem für zahlreiche private Hörfunkstationen in NRW.

Seit Ende der 1990er Jahre arbeitet Buschardt erfolgreich als Medien- und Kommunikationstrainer. Für die *DEUTSCHE WELLE AKADEMIE* entwickelte er 2004 das Medientraining für die „Akademie Auswärtiger Dienst", die Diplomatenschule des Auswärtigen Amtes, an der er immer noch als Dozent tätig ist. Er coacht Politiker für Parteitage und Wahlkämpfe ebenso wie Vorstände für den Auftritt vor der Belegschaft, bei der Jahreshauptversammlung sowie für den Journalistenkontakt und öffentliche Auftritte. Darüber hinaus unterrichtete Buschardt an der *RTL Journalistenschule*, dem *FAZ-Institut* und war Mitglied der Ausbildungskommission für Volontäre bei der *DEUTSCHEN WELLE*.

Buschardt war zudem geschäftsführender Gesellschafter eines journalistischen Dienstleisters und einer daraus hervorgegangenen PR-Agentur für Marken- und Corporate-Kunden, die in den Branchen Pharmazeutik, Lebens- und Genussmittel, Einzelhandel, Chemie, Consumer-Artikel, Waschmittel, Straßenbau sowie für Verbände und Non-Profit-Organisationen aktiv war. Neben klassischen Brand-Communications managte er in dieser Zeit vor allem auch für zahlreiche Auftraggeber die Krisenkommunikation und verantwortete große PR-Etats.

Er entwickelte mit dem ehemaligen *Alarm für Cobra 11*-Stuntman Holger Schumacher die Seminarreihe Kommunikations-Stuntman, in der die Teilnehmer auch physische Herausforderungen meistern müssen und gibt seit Jahren erfolgreich Inhouse-Seminare zum Thema „Gelassen und Schlagfertig". Die die von ihm entwickelte VIP-Technik® der Medienkommunikation setzt er seit Jahren erfolgreich in zahlreichen Seminaren ein, ebenso wie die Technik des Ärger-Fastens®, zu der er auch eine eigene Seminarreihe anbietet.

Bei VISTAS veröffentlichte er bereits 1998 u. a. „Öffentlichkeitsarbeit: Hörfunk" sowie den „Ratgeber Freie Journalisten" in der 3. und 4. Auflage. Sein Buch „FEEDBACK. Kommunikation optimieren" liegt in zweiter Auflage vor.

ÄRGER FASTEN

Webseite zum Buch:	www.aerger-fasten.de
Internet:	www.buschardt.de
	www.200prozent.com
	www.facebook.com/aergerfasten
	www.facebook.com/200prozentKoeln
YouTube-Kanal:	www.YouTube200prozent.com
Direktkontakt:	tom@aerger-fasten.de
Twitter:	@aergerfasten

Dank

Ein ganz besonders herzlicher Dank geht an meine Partnerin Sandra Paul, die zahlreiche Schlagfertigkeits-Experimente zu diesem Buch und meinen Seminaren stets tapfer erträgt und immer angemessene Gegenwehr zeigt.

Ebenso ein Dank an Heiko Göbel-Büchner, der mich in einem gemeinsamen Gespräch zu diesem Buch inspiriert hat.

Außerdem im VISTAS Verlag erschienen

Tom Buschardt
FEEDBACK. Kommunikation optimieren.

204 Seiten
2. Auflage, Oktober 2016
ISBN 978-3-89158-617-4
12,– € (D)

Ob Korruptionsskandal bei der FIFA, der mutwillig herbeigeführte Absturz einer Germanwings-Maschine, oder der Fall Edathy: In FEEDBACK analysiert und kommentiert Medientrainer und Krisenkommunikations-Experte Tom Buschardt herausragende Medienereignisse der jüngeren Geschichte. Dabei macht Buschardt Kommunikationsmuster und Strategien sichtbar, gibt Verbesserungsvorschläge und zeigt Chancen wie Risiken unternehmerischer Kommunikation auf.

„Gestützt auf seinen langjährigen Erfahrungs- und Erlebnisschatz seziert Buschardt mit scharfem Blick wie feinem Wortwitz die Mechanismen der professionellen Kommunikation und ihrer medialen Rezeption. Warum Kommunikationsstrategien trotz perfekter Präsentation scheitern, warum kalkulierte und erprobte Provokationen in der Regel funktionieren. Aber auch, wie leicht sie sich aushebeln lassen, das leitet Buschardt gleichermaßen klar und aufschlussreich wie unterhaltsam her.“

– *Thomas Kuhn, WirtschaftsWoche*

Printed in Germany
by Amazon Distribution
GmbH, Leipzig

25591486R00150